실기교육방법론

이지중 · 이상현 · 조정호 · 이현주

PRACTICAL EDUCATION METHODOLOGY

태영출판사

머리 말

교육은 인간만이 가지고 있는 삶의 현상이자 양식이다. 교육적 행위를 통해서 비로소 성장세대들은 삶의 지식, 기능 및 태도 등을 배워 익힐 수 있다. 그리고 이를 바탕으로 자신의 삶의 자유와 평등, 나아가 자신이 속해 있는 세계의 바람직한 변화를 위해 노력할 수 있다. 인간이 인간답게 살아가기 의해선 반드시 교육을 필요로 하는 것이다.

실기교육방법론은 실기교사가 되기를 원하는 사람들이 교육학개론과 함께 수강해야 할 교과이다. 교육학개론이 교육 및 교육학에 대한 일반적인 소개와 허명을 위한 것이라면, 실기교육방법론은 교육 현장에서 학생들을 대상으로 구체적인 교육적 행위를 할 수 있는 이론 및 실기에 관한 교과라 할 수 있다. 이러한 교과를 바탕으로 미래의 실기교사들은 교육 및 교육학에 관한 일반적인 이론 및 실기에 관한 교수-학습 방법 등을 익힐 수 있다.

최근 실기교육은 학교 밖의 현장중심으로 바뀌고 있다. 그리고 학습자중심 교육으로 변화하고 있다. 급변하는 세계에 적응해 나갈 인재를 육성하려면 발견, 탐구, 사고력을 강조하는 학습자중심교육으로의 전환은 절실한 것이다. 오늘날 현장중심 교육이 강조되고 다양하게 개발되는 추세에 있는 것은 이러한 교육계의 변화를 대변해 주는 것이다. 그럴수록 우리는 실기교육을 기술교육에만 한정해서는 안 될 것이다. 교양교육과 나아가 인격교육까지도 포함하는 것이어야 한다. 교육이란 궁극적으로 바람직한 사람됨을 위한 실천적 기획이어야 하기 때문이다.

이 책은 필자들의 강의경험을 살려 실기교육방법론 수강생들이 비교적 간명하게 교과내용을 이해할 수 있도록 기술하였다. 제1장에서는 실기교육에 관한 기본적 이해와 실기교사의 역할을, 제2장과 제3장에서는 학습과 학습지도에 관한 이론을, 제4장에 학습자의 사회성 발달을, 제5장에서는 교육과정론에 관해 설명하였다. 제6장에서는 수업에 관한 해명과 아울러 각종 학습모형에 관해 간략히 설명하였고 제7장에서는 학습지도안의 계획과 작성에 관해 기술하여 예비교사들이 실제로 활용할 수 있도록 하였다. 제8장에서는 실기교육의 지도형태에 관해 설명하였으며, 제9장에서는 실기교육의 평가에 관해 해명하였다. 그리고 제10장과 제11장에서는 평생교육 및 계속교육 실태에 관한 것을 실음으로써, 최근 실기교육을 평생교육적 차원에서 이해하고자 하는 국제적 흐름에 보조를 맞추고자 하였다.

끝으로 어려운 출판시장의 상황에도 불구하고 졸고의 간행을 선뜻 허락해 주신 태영출판사의 김현태 사장님 및 여러 관계자 여러분께 머리 숙여 감사드린다. 그리고 이 책이 나오기 까지 물심양면으로 도와 주신 여러 선생님들과 여러 가족에게도 깊은 고마움을 느끼며 감사드리고 싶다.

2012년 1월

겨울의 길목에서

저자 씀

차 례

제 1 장

실기교육의 이해

1. 실기교육의 뜻
2. 실기교육의 변화
3. 실기교사의 역할

1. 실기교육의 뜻

실기란 어떤 일의 분야에서 그 일을 효율적으로 잘 다룰 수 있는 능력, 즉 실제의 기능이나 기술을 뜻한다. 도구를 활용하거나 손을 직접 이용하여 자신이 원하는 일을 보다 훌륭하게 그리고 생산성 있게 처리할 수 있는 능력을 말한다. 실기교육이란 이러한 실기를 교육적 차원에서 다루는 것을 말한다.

실기교육과 관련이 깊은 용어들로는 전문교육, 직업교육, 기술교육, 노작(勞作)교육과 같은 것들을 들 수 있다. 이는 모두 일반교육 또는 보통교육과 대비되는 것들이다. 흔히 일반교육 또는 보통교육이란 누구나 보편적으로 알아야 할 지식, 기능, 태도 등과 관련이 깊은 교육을 말한다. 이들은 모두 한 시민으로서 자신의 삶의 자유와 평등, 나아가 자신이 속한 사회의 바람직한 변화를 이루어가는 데 필요한 교육이라 할 수 있다. 이에 비해 실기교육 또는 전문교육은 농·공·상·수산 등 특수한 전문분야에 필요한 지식, 기능, 태도 등을 가르치고 배우는 교육으로 이해되는 것이다.

이러한 점에서 보면 실기교육은 산업분야의 지식과 기능을 길러 주고 거기에 필요한 바람직한 태도를 지니게 하는 일련의 교육이라고 정의할 수 있다(노승윤, 2006).

또한 실기교육은 이론교육과 대비되는 뜻으로도 이해되는 것이다. 이론교육에 비해 실제로 무엇을 행할 수 있는 교육을 말한다. 학교교육에서 이러한 기능을 맡고 있는 교과는 실기교과로서 이는 인간의 의·식·주 생활에 필요한 교양교육으로서 뿐만 아니라 직업적 성취를 위해 매우 중요한 것이다. 이러한 면에서 보면 실기교육은 실제적이고 실질적인 작업과 실험실습 등을 통하여 학생들에게 실기를 습득시키고 그에 따른 건전한 태도와 습관을 기르는 교육이라 할 수 있다(권건일, 2006).

이상과 같은 견해들을 모두 살펴볼 때, 실기교육이란 학생들로 하여금 어떤 특정 분야에서의 일을 처리하는 능력을 키우기 위해 이에 관한 지식, 기능 및 태도 등을 배우고 익히는 것이라 정의해 볼 수 있다.[1] 인간은 많은 부분 직업 또는 직장을 통해 삶의 보람을 성취한다는 차원에서 본다면, 실기능력은 인간의 삶 및 그 직업성과 밀접한 관련을 가지는 것이다. 그러므로 하루가 다르게 복잡하고 다양하게 변해가는 오늘의 산업사회에서 자신이 맡은 바 어떤 일을 시대에 뒤처지지 않으면서도 의미 있고 생산성 있게 다룰 수 있도록 가르치고 배운다는 점에서 실기교육의 중요성은 나날이 높아지고 있다 할 것이다.

이무근은 다음의 표에서 실기교육의 성격을 간략히 나타내고 있다(이무근, 2005).

〈실기교육〉

대상	직업 · 기술교육 기관의 학생
내용	각 직업 · 기술영역에서 필요로 하는 능력 중 사용빈도와 교육적 가치가 높은 것
기관	실업계 고등학교, 전문대학, 대학, 고등기술학교, 직업전문학교, 기능대학, 사내기술대학 등을 포함한 사회교육기관, 산업교원 양성기관
목적	실제적 능력의 습득과 그에 따른 건전한 태도 · 습관의 함양

1) 넓은 의미에서 보면 모든 교육은 이론면과 실기면으로 나누어진다. 그리고 이 양자는 상호 밀접한 관련을 맺는다. 국어 시간의 글짓기 수업의 경우를 보더라도, 학생들은 우선 글짓기의 필요성과 방법 그리고 좋은 글에 대한 이해를 가질 필요가 있다. 이를 위해 글짓기 교사는 글짓기에 관해 상세한 이론적 설명을 기할 필요가 있다. 이러한 것을 바탕으로 삼아 학생들은 좋은 글을 쓸 수 있는 실제적 능력을 기를 수 있게 된다. 영어교육도 마찬가지다. 말하기와 듣기의 능력과 독해와 문법의 능력은 실기와 이론의 영역이 적절히 배양될 때 효율적으로 이루어질 수 있다. 그런 까닭에 넓은 의미에서 실기교육은 초등학교에서부터 대학에 이르기까지 거의 모든 단계에서 이루어지고 있다고 볼 수 있다.

2. 실기교육의 변화

오늘의 실기교육은 학교 내의 실습실 중심에서 벗어나 학교 밖의 현장중심으로 변화하고 있다. 인턴십(internship)과 같은 새로운 교육방법이 활성화되고 있는 것은 이것의 좋은 예로 들 수 있다. 그렇지만 한국 교육제도의 특성상 학교교육의 큰 부분을 학교 밖의 직업 현장으로 그대로 옮길 수는 없는 일이다. 그래서 실기교육은 학교 안의 실습실과 직업현장 교육이 함께 중심이 되어, 직접 몸으로 부딪혀 가며 배우는 학습자중심 교육이라고 할 수 있다. 학습자중심 교육은 학습자의 책임과 능력범위 안에서 교육의 주도권을 학습자에게 주는 교육을 말한다. 즉, 자신에게 맞는 학습법을 스스로 선택하여 개별화 수업을 지향하는 교육인 것이다. 그리고 교사는 학습자의 의견을 존중하고, 학습자의 불완전성과 잠재적 가능성을 수용하는 교육이다.

그렇다고 해서, 학습자만 교육에 적극 참여하고 교사는 한가히 지내는 것은 아니다. 오히려, 학습자중심 교육에서 교사는 학습자를 늘 주시하여 학습자 개개인의 학습장애 요인이 무엇인가를 관찰해야 하고, 학습자가 개인적으로 의문점을 지니고 있으면 이를 충실히 이끌어 줄 준비와 자세가 필요하다. 강의와 같은 교사중심 수업에서보다도 학습자중심의 실기교육에서 교사는 더 많은 수업준비와 철저한 수업지도를 필요로 하게 되는 것이다.

사실 오늘날 교육학 이론상 학습자가 교육의 주체가 되어야 한다는 주장이 일반적이지만, 실제 교육 현장의 제반 여건 미비로 인하여 학습자들은 오랜 동안 교육의 목적이 아니라 수단시되어 왔다. 그러나 다행히 근래 학습자중심 교육에 대한 관심과 개선이 크게 고조되고 있다. 그 이유는 급변하는 세계에 적응해 나갈 인재를 육성하려면 발견, 탐구, 사고력을 강조하는 학습자중심 교육으로의 전환이 절실히 필요하기 때문이다. 오늘날 현장중심 교육이 다양하게 개발되는 것은 이러한 교육계의 변화를 잘 나타내 주는 것이다.

광복 이후 한국 교육의 발전 과정을 살펴보면, '교육이 인간행동의 계획적인 변화'라는 '공학적 개념'을 도입함으로써 과학적인 체계를 갖추게 되었다. 그 이유는 국가 발전의 한 축으로서 인력 개발을 위한 주문자 생산교육에 치중했음에서 찾을 수 있다. 이러한 교육은 일차적으로 학습자 개개인의 요구나 적성보다 국가와 사회 내지 기업 발전을 먼저 중시하였다. 국가와 사회 내지 기업을 우선시하는 경향은 교사중심 교육을 초래했기에, 과거 우리 교육계 전반에서 공학적 모델을 중시할 수밖에 없었고, 이에 따라 교육평가 측면에선 과정보다 결과를 중시하는 경향이 자리잡아 왔다.

그러나 이러한 공학적 교육은 직업현장에는 실효성이 있으나, 전인적 인간 발달을 지향해야 한다는 교육의 간과할 수 없는 역할을 소홀히 했다는 비판에서 자유로울 수 없다. 그런 까닭에 오늘날 실기교육 뿐만 아니라 교육계 전반에서 공학적 교육관에 대한 반성이 대두되고 있다. 교사가 중심이 되어 학습자를 공장에서 만들어 내는 제품처럼 가르치는 수준에서 벗어나 학습자가 교육의 주체가 되는 교육이 강조되고 있는 것이다. 이런 면에서 볼 때, 실기교육은 기술교육에만 한정되는 것이 아니라, 교양교육과 인격교육까지도 포함하는 것이다. 따라서, 실기교육은 기술교육에만 국한할 것이 아니라 직업생활과 관련된 문화이해와 소양교육을 포함하는 것이어야 하는 것이다(조정호, 2005).[2)]

3. 실기교사의 역할

1) 교사의 자질과 특성

정신적 · 육체적 미성숙자인 학생들에 있어 교사는 의식적이든 무의식적이

2) 기술과 지식을 현장교육으로 연마하는 실기교육은 국가에 따라서 상이하게 정의될 수밖에 없다. 교육은 그 자체가 삶이며 삶이 교육이라는 사실을 이해할 필요가 있다. 실기교육의 내용은 특정 사회에서 학교와 노동계의 연계 방식, 의무교육기간, 교육과정, 생활방식의 차이에 따라서 나라마다 문화마다 달라질 수 있음을 이해할 필요가 있는 것이다.

든 간에 매우 중요한 역할을 한다. 교육에 있어서 교사와 학생의 상호작용은 무엇보다도 핵심적 과정이다. 교육자는 그가 원하든 원하지 않든 간에 학생들과 어떤 관계를 맺어야 하며 그 관계 속에서 역할을 수행해야 한다.

이러한 교사의 역할은 첫째, 지식의 전달자이다. 그러므로 교사의 지식 수준에 따라 학생의 지식 수준이 달라질 수 있으며, 나아가 단순한 지식의 전달을 뛰어넘어 학생의 사고의 폭과 다양한 응용력 · 창의력을 키워줄 수 있어야 한다. 즉, 특정한 개념이나 원리를 학습자의 발달단계에 맞도록 설명해 주는 일이나, 학생들의 개인차에 맞도록 학습과정을 마련해 주는 일과 같은 학습 조직자의 역할을 수행하는 것이다. 둘째, 학생들의 정신발달과 가치관 형성에 커다란 영향력을 갖는다. 학생들은 교사와의 관계를 통해 인생에 대해 많은 것을 배우게 되며 그것을 통해 자신의 인생의 목표와 인생에 있어서의 가치관을 형성하게 된다. 셋째, 학생들에 있어 모방대상이 된다. 그러므로 교사는 자신이 학생들의 삶의 모형이 되고 있다는 것을 늘 의식하며 행동하여야 할 것이다. 이렇듯 학생들은 자신의 성장과정에서 어떤 교사를 만나느냐 하는 것은 가치형성시기에 어떤 매우 중요한 문제가 된다.

교사의 바람직한 자질이란 정의하기는 매우 어렵다. 여기서는 일반적으로 세 가지 측면에서 검토를 해 보고자 한다.

(1) 학생이 보는 교직자

Witty, P. A.가 '나에게 가장 도움을 줄 수 있는 선생님은 어떠한 분일까?'라는 질문을 학생에게 제시하여 조사한 결과를 빈도순으로 요약하면 다음과 같다.

① 협조적이고 민주적인 태도
② 개인에 대한 친절과 염려
③ 인내
④ 다방면의 취미

⑤ 보통적인 용모에 유쾌한 행동
⑥ 공평무사
⑦ 유머
⑧ 좋은 성격에 일관된 행동
⑨ 학생문제에 대한 관심
⑩ 사리에 맞도록 여러 가지 방법을 강구함
⑪ 인정과 칭찬을 이용
⑫ 과목의 수업 방법에 적부를 판단하는 능력

(2) 전문가가 보는 교직자

1 Commission on Teacher Education에서 지적하고 있는 교사의 자질

① 개성의 존중
② 지역사회에 대한 관심
③ 합리적인 행동
④ 협조의 기술
⑤ 지식의 탐구
⑥ 아동에 대한 우호성과 이해
⑦ 사회적 이해와 행동
⑧ 학교 내외에 있어서의 시민적 자질
⑨ 평가능력
⑩ 수업의 가치에 대한 확립

2 Myers, A. F.의 견해

① 아동에 대한 관심(Interest in Children)
② 인간 및 시사에 관한 관심(Interest in People and Events)

③ 건실한 사회철학(A Sound Social Philosophy)
④ 학구적인 태도와 습관(Studious Attitudes and Habits)
⑤ 창의력(Originality and Creative Power)
⑥ 객관적이고 분석적인 태도(An Objective, Analytical Attitude)
⑦ 유머(Sense of Humor)
⑧ 전문적인 수준(Professional Standards)

3 정범모의 견해

① 신체적 건강
② 정신적 건강과 정의적 안정성
③ 지능과 사회적 기능
④ 도덕적 성격
⑤ 일반적 교양
⑥ 전문학과의 교양
⑦ 제반 교육적 소양
⑧ 인성의 통합성
⑨ 교육적 사명감

(3) 행정가 및 교사의 견해

Charters, W. W.와 Donglas, W.는 41명의 행정가, 27명의 교사 그리고 2명의 교육학 교수를 면접하여 교사에게 필요한 자질들을 다음과 같이 열거하였다.

① 다방면의 관심(지역사회, 직업, 학생 등에 대한 관심)
② 정확한 판단(분별, 예견, 통찰, 의지)
③ 자제(인정, 위엄, 안정, 신중, 온건)
④ 지도력(자신)

⑤ 학력(지적 호기심)
⑥ 박력(용기, 결단, 강직, 독립, 목표성)
⑦ 성실
⑧ 적응성
⑨ 열의(민감, 활력, 감화, 자발성)
⑩ 허심탄회
⑪ 협조(도움, 충성)
⑫ 조심성(정확, 결단, 완전성)
⑬ 붙임성(친근성, 즐거움, 낙천성, 쾌락, 유머, 사교성, 즐거운 음성)
⑭ 세련성(편의, 기략, 좋은 인간미, 절제, 도덕, 단순성)
⑮ 신뢰성(계속성)
⑯ 건강
⑰ 이해성(음미, 예의, 친절, 동정, 기지, 감수성)
⑱ 매력(개인 용모)
⑲ 근면(인내와 참을성)
⑳ 결백(청결)
㉑ 민첩성(신속, 정확)
㉒ 창의성(상상, 풍부성)
㉓ 진취성(진보성)
㉔ 융통성
㉕ 검약, 절제

교사의 자질이 교육의 질을 좌우한다는 것은 널리 알려져 있는 사실이다. 때문에 많은 연구가들은 교사의 자질에 관하여 여러 측면에서 연구와 논의를 해오고 있다. 지금까지의 연구를 종합 검토하여 보면 교사의 자질은 대략 다음의 3가지 측면에서 거론될 수 있다.

첫째, 교사의 인간적 특성이다. 이는 시대적 · 사회적 요청에 비추어 교직자에게 요구되는 인간적 성격이 무엇인가를 밝히려는 것이다.

둘째, 교사의 교직적 특성이다. 이는 교직자에게 필수적으로 요구되고 있는 교육전문가로서 반드시 갖추고 있어야 할 여러 전문적 기능과 능력을 말하는 것이다.

셋째, 교사의 교양적 특성이다. 이는 교사의 인간적 특성과 혼동되기 쉬우나 그것과는 달리 교직적 특성을 습득, 발전시키는데 기반이 될 것으로 여겨지는 여러 교양들을 밝히려는 것이다.

따라서 교사의 자질은 한 가지의 자질로 이루어지는 것이 아니라 종합적으로 이루어지는 것이므로 한 마디로 말하기 어렵다. 그러나 교사의 자질로 가장 중요한 것은 신체적, 정신적 건강과 학문적, 인간적 소양, 그리고 올바른 윤리성이라 할 수 있다. 교사는 교육실천가로서 윤리의식과 직업의식을 갖춘 사람이어야 하는 것이다.

2) 교사가 갖추어야 할 조건

오늘의 교육에서 교사가 갖추어야 할 조건은 다음과 같이 간략히 기술할 수 있다.

첫째로, 교사는 이해와 사랑과 봉사심에 철저해야 한다. 교사는 필연적으로 어떤 복잡한 인간관계의 망 속에 들어가게 된다. 교사는 학생들에게 사랑과 이해와 친절과 따뜻함으로 대해야 한다. 받는 사랑이 아니라 주는 사랑을, 한없이 베푸는 사랑을 해야 한다. 똑똑한 학생을 칭찬하는 대신 지진아, 낙제생에 대한 동정과 책임감이 교사가 갖추어야 할 성품이다.

둘째로, 교사는 인간을 존중하는 태도를 지녀야 한다. 교육은 인간을 존중하고 그 존엄성을 믿는 것으로부터 시작되어야 한다. 학생들이 어리고 작다고 하여 경솔한 판단과 결정을 해서는 안 된다. 인간은 인간이기 때문에 존중해야 하고 또 사랑해야 한다.

셋째로, 교사는 신성한 교육관을 가져야 한다. 직업을 생계의 수단으로 생각하는 사람도 있고 그 직업 속에서 즐기며 인생을 지내는 사람도 있으나 교직은 사회 개혁 및 향상을 위한 유일한 최고의 수단으로 생각할 때에 사명감과 올바른 교육관을 확립하게 된다.

넷째로, 교사는 행동으로 옮기는 사람이 되어야 한다. 학행일치란 말이 있듯이 교양과 인간애를 갖추었으면 그것을 실제로 행하여야만 한다. 즉 교사의 행동, 언어 하나하나에 정성된 배려로써 행할 때 이와 같이 놀랍고 폭발적인 힘이 발휘되곤 한다. 이것은 교사만이 지니는 특권이요, 신비스런 작용이다. 그래서 교사는 늘 자기 자신을 다듬는 반성의 시간을 가져야 한다.

다섯째로, 교사는 학생들에게 희망을 주는 사람이 되어야 한다. 교사의 얼굴에는 언제나 미래를 내다보는 희망이 깃들어 있어야 한다.

제 2 장

학습의 이해

1. 학습의 의미
2. 행동주의 학습이론
3. 인지학습이론

1. 학습의 의미

학습의 사전적 의미는 '연습이나 경험의 결과로 일어나는 행동의 지속적인 변화'이다. 학습이란 경험을 통하여 지식을 취득하는 것을 말하는 것이다. 즉, 학습하기 이전에는 나타나지 않았던 행동이 학습을 함으로써 새로이 취득되고 반면에 어떠한 행동이 새로운 행동과 대치되어 소멸되기도 한다는 것을 뜻한다.

한편, 포괄적인 의미에서의 학습은 '경험의 결과로 생기는 행동 및 정신과정의 잠재력에 있어서의 비교적 영속적인 변화'라고 정의할 수 있다. 따라서 학습은 다음과 같은 몇 가지 특성을 지닌다. 첫째는 경험의 결과여야 한다. 따라서 자연적인 신체적 발달에 의한 생물학적 성숙이나 질병 등에 의한 변화는 학습으로 볼 수 없다. 학습은 자신이 직접 경험한 것의 결과일 수도 있고 남에게 일어난 일을 관찰함으로써 일어날 수도 있으며, 또한 자신의 생각으로부터 나올 수도 있다. 둘째는 학습은 비교적 영속적인 변화이어야 한다. 즉 신체적 피로, 약물 등에 의한 일시적 변화는 학습으로 볼 수 없다. 또한 학습은 비교적 오래 지속되는 변화를 의미하지만 학습된 어떤 행동은 잊어버릴 수도 있고 없어질 수도 있으므로 꼭 영속적인 것만은 아니다.

이러한 정의들 중에서도 가장 널리 알려져 있는 것은 Kimble의 정의이다. 그는 학습에 관한 정의를 첫째, 학습을 행동의 변화로 본다. 다시 말하면 학습의 결과는 언제나 관찰 가능한 행동으로 나타나야 한다. 학습 후의 학습자는 학습이 일어나기 전에는 할 수 없었던 어떤 것을 할 수 있게 된다. 둘째, 행동변화는 비교적 영구적이다. 즉 그것은 일시적인 것도 아니고 고정적인 것도 아니다. 셋째, 행동의 변화는 학습경험에 바로 잇달아 일어날 필요가 없다. 비록 다르게 행위할 가능성은 있지만 이러한 행동 잠재력이 즉시 행동으로 나타나지 않을 수도 있다. 넷째, 행동의 변화는 이 정의에 따르면 경험, 즉 연습에서 생겨난다. 다섯째, 경험 또는 연습은 강화를 받아야 한다. 다시 말하면 보상으로 나아가는 반응만이 학습될 수 있다.

한편, 학습은 수행(performance)과 항상 일치하는 것은 아니다. 수행이란 우리가 관찰할 수 있는 행동적 결과인 반면, 학습은 경험의 결과로 생기는 행동의 변화뿐 아니라 내적 변화(정신과정의 잠재력에 있어서의 변화)를 의미한다. 따라서 학습의 결과가 수행에 반영이 될 수도 있고 안 될 수도 있는 것이다. 예를 들어, 필요한 지식이나 기술을 습득한 학생들이 긴장, 불안, 피로 등으로 인해 자신들의 학습된 능력을 충분히 발휘하지 못하는 경우가 있다.

2. 행동주의 학습이론

행동주의(behaviorism) 심리학자들은, 과학으로서의 심리학은 객관적인 관찰이 가능하고 측정할 수 있는 행동만을 다루어야 한다고 주장한다. 행동주의 심리학은 Pavlov(1849~1936)가 현재의 행동을 과거에 학습한 영향의 결과로 설명한 조건반사실험(1906)에 크게 영향을 받았으며, Thorndike의 고양이 실험(1898)과 Skinner의 쥐의 실험(1938)과 같은 동물학습실험에 의해 과학적 측면이 더욱 견고히 갖추어지게 되었다.

그들은 모든 행동은 조건형성(conditioning)의 결과로 본다. 인간이해의 기본 공식을 자극-반응(stimulus-response)의 결합이라고 하고 이를 S-R심리학이라고 부른다. 이것은 학습을 자극 · 반응 및 연합이라는 세 개의 기본개념에 의하여 분석하고 설명하고 있다. 학습이 일어나기 위해서는 먼저 학습자에게 영향을 미치는 환경적인 요인으로서 자극이 있어야 하며 학습자는 이러한 자극에 반응을 한다. 그리고 이 자극과 반응은 연합이라는 관계에 의해서 고정되어야 한다. 행동주의 학습이론은 고전적 조건형성이론과 도구적 조건형성이론을 통하여 제시되었다. 고전적 조건형성에서는 학습자의 행동과는 상관없이 사건의 계기가 일어나고, 도구적 조건형성에서는 특정 행동에 수반한 보상과 처벌이 따른다.

1) 고전적 조건형성

(1) 고전적 조건형성의 과정

고전적 조건형성은 20세기 초 Ivan Pavlov(1849~1936)가 연구한 문제들 중의 하나이다. 그는 소화선(digestive glands)의 기능에 관한 연구로 1904년에 노벨상을 받은 러시아의 생화학자이다.

Pavlov는 개의 침샘선(salivary glands)이 각기 다른 종류의 음식에 어떻게 다르게 반응하는가를 연구하는 실험과정에서 개들이 Pavlov 자신이나 동료 실험자들이 연구실에 들어서면 침을 분비하기 시작한다는 것을 발견했다. 이 같이 음식의 직접적 자극없이 일어나는 침분비(psychic secretions, 심리적 분비)가 그의 원래의 실험 형태에 방해가 되기도 하였으나, 그는 결국 이 같은 반응 뒤에 숨어 있는 원리나 이유를 조사하기 시작하였다. 즉, 개에게 먹이를 주기 전에 bell 소리를 내거나 혹은 빛을 비추는 일을 되풀이하면 나중에는 먹이를 주지 않고 bell 소리만 내도 개는 타액을 분비하게 되었다. 이것은 Pavlov의 유명한 조건반사실험인데, 이 현상을 처음에는 정신분석(1904년)이라고 하였으나 곧 조건반사라고 명명하였다. 이 때 먹이를 무조건자극(unconditioned stimulus; UCS)이라 하고, 그것에 의한 타액이 나오는 것을 무조건반응(unconditioned response; UCR)이라고 한다. 그리고 bell 소리와 같은 것을 조건자극(conditioned stimulus; CS)이라 하고, bell 소리만을 듣고 타액을 분비하는 것을 조건반응(conditioned response; CR)이라고 한다.

그런데 이 실험에서 나타난 결과를 보면, 한 번 형성된 조건반사는 무조건자극을 수반하지 않으면 점차 그 강도가 감소되고, 조건자극을 주고 난 뒤에 나타나는 반사의 시간도 차츰 늦어져서 나중에는 조건반사가 소멸되어 버린다. 이것을 소멸이라고 한다. 그러나 다시 무조건자극을 조건자극과 함께 주면 다시 타액의 분비상태가 나타나며 그 강도도 커지고 시간도 빨라진다. 이와 같이 무조건자극과 조건자극을 시간적으로 접근해서 제시하고, 조건반사를 일어나게 하는 조작을 강화라고 한다.

Pavlov에 의하면 소멸과정을 대뇌피질의 제지의 결과라고 하지만 이 제지는 영속적으로 작용하는 것이 아니고 시간과 함께 소멸하며, 따라서 소멸되었던 반사도 일정시간이 경과하면 다시 조건자극에 의해 생긴다고 한다. 이 과정을 자발적 회복이라고 한다. 조건자극과 무조건자극과의 시간적 관계는 조건반사의 확립에 주요한 의미를 갖는다. 조건자극이 무조건자극과 동시에 주어지는 것보다 조건자극이 무조건자극보다 앞서 주어지되 짧은 시간 중복하는 편이 조건반사가 쉽게 형성되며, 무조건자극이 조건자극보다 선행하는 반대의 경우는 조건반사를 형성하기 어렵다. 조건자극이 연속해서 일정시간 주어진 다음 무조건자극을 제시하는 방법을 계속하면 조건자극이 주어진 다음 일정시간이 지나지 않으면 조건반사가 일어나지 않게 된다. 또한 조건자극이 주어진 다음 일정한 시간 간격을 둔 다음 무조건자극을 제시하는 방법을 반복하면 조건자극을 제시한 후 일정시간 지난 후에 처음으로 조건반사가 일어난다(박상호, 1994). 이 같이 어떤 중성적 자극(예 : 종소리)을 특정 반사적 반응을 항상 일으키는 다른 자극(예 : 침분비를 일으키는 음식)과 같이 짝지워 제시함으로 인해 그 중성적 자극이 특정 반사적 반응을 일으키도록 학습이 이르어진 것을 고전적 조건형성(classical conditioning)이라고 한다.

(2) 고전적 조건형성 과정의 기본요소

고전적 조건형성 과정에 포함된 기본요소인 자극과 반응에 대해 살펴보면 다음과 같다.

① 무조건자극(unconditioned stimulus : UCS) : 무조건이라 함은 학습될 필요가 없다는 것을 의미하며, 따라서 무조건자극은 어떤 자동적인 반사적

반응을 의미하며, 따라서 무조건자극은 어떤 자동적인 반사적 반응을 항상 일으키는 자극을 말한다.

② 무조건반응(unconditioned response : UCR) : 무조건자극에 대해 자동적으로 나오는 반사적 반응을 의미한다.

③ 조건자극(conditioned stimulus : CS) : 원래는 중성적 자극이었으나 무조건자극과 같이 제시됨으로 인해 고전적 조건화된 반응을 일으키는 힘을 얻은 자극을 의미한다.

④ 조건반응(conditioned response : CR) : 무조건반응과 유사하나, 무조건자극 없이 조건자극에 의해서만 일어난 반응을 말한다.

고전적 조건형성이 이루어지는 과정을 살펴보면 다음 〈표 2 - 1〉과 같다.

표 2-1 고전적 조건형성단계

조건형성 전	조건형성이 이루어지는 과정	조건형성 후
중성적 자극 → 반응이 없거나 (종소리) 무관한 반응 UCS → UCR (음식) (침분비)	CS + UCS → UCR (종소리) (음식) (침분비)	CS → CR (종소리) (침분비)

(3) 고전적 조건형성의 원리

고전적 조건형성이론은 새로운 행동을 나타나는 것을 조건화(conditioning)에 의해서 설명하려고 하는 이론이다. 다시 말하면 반응 대상이 전혀 다른 것이라도 특정한 훈련을 받게 되면 동일한 반응이나 새로운 행동으로 변화될 수 있다는 것이다. 그러므로 학습과정은 자극과 반응 사이에 일어나는 조건형성과정이라고 보는 것이다. 조건반사이론에서 제시되어 있는 학습의 기본적 원리는 다음과 같다.

1 강도의 원리

조건반사적 행동이 이루어지도록 하기 위해서는 최초의 자극보다 후속되는 자극이 점차 더 강해져야만 바람직한 결과를 낳게 된다는 것으로, 자극이 강한 것일수록 학습이 보다 잘된다는 것이다.

2 일관성의 원리

어떤 자극을 주어 행동의 발전적 변화를 갖게 하기 위해서는 자극의 성질이 일관성을 지녀야 한다는 것이다. 예를 들면, 어떤 경우에는 종을 치다가 어떤 경우에는 bell을 울린다든지 하면 학습이 이루어지지 않는다. 그렇기 때문에 처음부터 일관성이 있는 조건제시가 조건반사에 큰 영향을 준다.

3 시간성의 원리

조건자극은 무조건자극과 동시에 또는 그보다 앞서 제공되어야 효과가 크다는 것이다. 즉, 조건자극과 무조건자극 간의 시간이 조건반사에 큰 영향을 준다고 한다. 조건자극과 무조건자극이 거의 동시에 주어지는 것보다는 전자(CS)가 후자(UCS)보다 조금 앞서 제공되는 편이 조건반사형성에 큰 영향을 미치며 양자가 단시간에 중복하는 경우는 더욱더 용이하다고 한다.

4 계속성의 원리

자극과 반응의 관계는 반복적 횟수가 많으면 많을수록 자극과 반응의 결합이 높다는 것이며, 반복 연습이 학습에 필요하다는 뜻이다. 즉, 일관성의 문제와도 깊은 관계가 있다. 조건화는 한두 번에 이루어지는 것이 아니다. Pavlov의 실험에서 타액분비과정을 통하여 얻은 결과를 보면 40번~60번 정도를 실시하여야만 이루진다고 본다. 이와 같은 사실은 일종의 행동의 고정화가 그렇게 쉽사리 이루어지는 것이 아니라고 하는 사실을 증명하기도 한 것이다.

2) 도구적 조건형성

도구적 조건형성이론의 대표적인 학자로는 Skinner와 Thorndike를 들 수 있다. Thorndike의 학습실험에서의 종속변인은 문제해결 시간이었다. Thorndike는 동물이 갇혀 있는 곳에서 밖으로 빠져 나오는 과제를 수행하는 데 필요한 시간은 얼마나 걸리느냐에 관심을 가졌다. 반면 Skinner는 반응비율을 종속변인으로 이용하였다. Skinner의 주관심사는 보상이 조작적 반응이 일어나는 비율에 어떠한 영향을 미치는가에 있었다. 바꾸어 말하면 Thorndike는 어떤 동물이 어떤 반응을 하는데 얼마만큼의 시간이 걸리느냐에 주로 관심을 가진데 비하여, Skinner는 어떠한 변인이 반응의 비율이나 유형에 영향을 미치느냐에 주로 관심을 가졌다.

Skinner는 실험에서 도구적 조건형성을 증명하기 위하여 배고픈 쥐를 상자, 즉 스키너 상자(Skinner box) 안에 넣었다. 스키너 상자 안에는 아무것도 없다. 단지 튀어나온 막대기와 그 밑에 음식접시가 있을 뿐이다. 바 뒤에 있는 작은 전구는 실험자의 임의대로 켜질 수 있다. 상자에 혼자두면 쥐는 쉴 사이 없이 움직이고 때로는 우연하게 바를 누른다. 쥐가 처음에 바를 누르는 속도는 쥐의 조건형성 전 또는 조작적 바-누르기 수준을 결정한다. 조작적 행동(operant)의 수준을 결정한 후, 실험자는 스키너 상자의 밖에 위치된 음식통을 작동시킨다. 이제는 쥐가 바를 누를 때마다 작은 먹이가 음식접시로 나온다. 쥐는 그것을 먹고 곧 바를 다시 누른다. 음식은 바-누르기를 강화시키고 누르기 속도는 크게 증가된다. 음식통이 연결되지 않아서 바-누르기가 더 이상 음식과 연결되지 않으면 바-누르기 속도는 감소될 것이다. 즉, 고전적 조건반응에서 조작적 반응은 비강화에 의해 소거된다. 실험자는 만일 전등이 켜졌을 때 바를 누르면 음식을 주고 불이 꺼졌을 때 누르면 음식을 주지 않음으로써 변별을 일으킬 수 있다. 이 선택적 강화는 쥐가 불빛이 있을 때만 바를 누르도록 하는 조건이 된다. 이 예에서 불빛은 반응을 조절하는 변별자극이 된다. 이제 이 예시로서 우리는 조건형성된 조작적 행동의 의미를 생각해볼 준비가 되어 있다.

이와 같이 도구적 조건형성이론에서는 행동이 환경을 조작한다고 본다. 쥐의 바-누르기는 음식을 내놓게 하거나 얻을 수 있게 한다. 고전적 조건형성에서는 동물은 피동적이다. 단지 조건자극이 올 때까지 기다리고 그 다음에 무조건자극을 제공받는 것에 비해, 도구적 조건형성에서의 동물은 적극적이다. 동물의 행동은 그가 먼저 어떤 일을 하지 않는 한 강화될 수 없다. 따라서 조작적 조건형성은 반응에 대해 강화(reinforcement)를 받은 다음에 반응 확률이 증가되는 것을 말한다(정화영 외, 1985).

(1) Thorndike의 시행착오설(Trial and error theory)

시행착오설이란 어떤 목적을 달성하기 위해서 또는 새로운 문제 사태에 부딪쳤을 때에, 비교적 막연하게 시행과 착오를 되풀이하는 과정에서 그 목적을 이루게 되거나 문제를 해결하게 되는 것을 말한다. 다시 말해서 새로운 문제상황이나 자극상황에 당면한 유기체는 자기 자신의 반응목록(response repertoire)있는 여러 형태의 반응을 계속해서 맹목적으로 발생시키는 것에 의해 여기에 순응하려고 하는데, 이러한 여러 가지 반응 가운데는 우연히 성공하는 반응도 있고, 또는 실패하는 반응도 있다. 이 때에 성공된 반응은 다음 기회에 다시 작용되기 쉬우나 실패한 반응은 다시 작용하기 힘들게 된다. 이러한 반응양식을 시행착오에 의한 순응이라고 하는데 처음으로 이것이 습관 형성의 기본적 형태라고 생각한 사람은 Morgan이었다.

그 후 Thorndike가 문제상자의 실험을 통해 이것을 '시행과 착오의 우연적 성공의 방법,' 즉 'method of trial, error and accidential success'라고 하는 것이 좋다고 하였는데, 이것이 이른바 흔히 Thorndike의 시행착오설이라고 불리어지는 학습의 이론이다. 이 학설은 어린 아동들의 정신감응(telepathy)을 연구하는데서 시작되었고 후기의 시험에는 병아리, 고양이, 개, 원숭이 그리고 드디어 성인이 연구의 대상이 되었다. Thorndike의 주된 관심은 자극조건과 행동에 대한 경향뿐 아니라, 자극과 반응을 같이 묶어 주고 있는 것에 있었다. 그의 학습의 기본 형태는 시행착오 학습이다. Thorndike의 학습법칙은 다음과 같다.

1 준비성의 법칙

새로운 지식, 기능, 태도를 습득함에 있어서는 신체적, 정신적인 일정 수준의 성숙이 이루어져야 만족한 학습결과를 낳게 된다. 이러한 상태를 준비성이라고 부르며, 준비성이 있을 때는 학습의 효과가 크며, 없을 때는 학습의 효과가 낮다. 그러므로 정신적으로나 신체적으로 준비 태세가 갖추어져 있어야 한다. 즉 활동할 준비가 되어 있는 경우에서의 활동은 만족을 주며, 오히려 활동하지 않는 것은 불만족을 준다. 또 활동할 준비가 되어 있지 않는 결합이 활동하면 불만족을 생기게 한다.

2 연습의 법칙

학습은 연습에 의해서 강화되고 연습을 하면 할수록 효과가 높아진다. 즉, 자극과 반응의 결합은 반복하는 횟수가 많을수록 기억이 잘되고 학습효과가 크다는 것이다. Thorndike 이론에는 두 가지 법칙이 있다.

첫째, 자극과 반응 간의 결합은 그것을 사용함으로써 강화된다. 바꾸어 말하면 자극적인 장면과 반응 간의 단순한 연습만으로도 이들 간의 결합은 강화된다. 연습의 법칙 중에서 이를 사용의 법칙이라 한다.

둘째, 자극과 반응 간의 결합은 연습을 중단하게 되면 약화된다, 연습의 법칙 중에서 이를 불사용의 법칙이라 한다.

3 효과의 법칙

학습과정에서나 학습 결과가 만족스럽게 성취되면 자극과 반응의 결합이 강화되고, 불만족스러운 경우에는 결합이 약화된다. 이것을 효과의 법칙이라고 한다. 효과의 법칙은 반응의 결과에 따라서 생겨나는 자극과 반응 간의 결합이 강화되거나 약화되는 것을 지칭한다. 예컨대, 반응 다음에 만족스러운 상태가 따라오면 결합의 강도는 강화된다. 만약 자극에 따라서 반응이 따라오고 또 그 반응에 따라서 보상이 나타나면 자극과 반응 간의 결합은 강화된다. 반면 자극이 벌을 끌어오는 반응을 초래한다면 자극과 반응 간의 결합은 약화된다.

(2) B. F. Skinner의 조작적 조건형성

Skinner의 조작적 조건형성(operant conditioning)은 고전적 조건형성을 보다 정교화 내지 체계화시킨 것이다. 고전적 조건형성에서는 유기체가 외적 자극(종소리나 고기)의 영향을 많이 받았지만, Skinner는 외적 자극보다는 유기체 내부의 마음에 따른 경향성에 의해서 환경에 반응한다고 생각하였다. 문제상자에서 고양이가 고리를 나꿔채거나 발판을 누르는 것은 외적 자극의 영향보다는 의도적이고 능동적인 행동이며, 그는 이러한 반응을 조작행동(operant behavior) 혹은 조작적 조건형성(operant conditioning)이라고 하였다. 그는 Thorndike의 효과의 법칙을 근거로 조작행동의 경향성은 그 행동의 결과, 즉 반응 후에 보상이 있느냐 없느냐에 따라 그 조작행동은 강해지거나 혹은 약화된다고 보았다. 이러한 배경을 근거로 Skinner는 자신의 이름을 딴 실험상자, 즉 '스키너 박스(Skinner box)'를 고안하였다.

Skinner는 배고픈 쥐나 비둘기를 'Skinner box'라고 불리는 상자에 넣고 실험을 하였다. 실험상자 안의 동물은 지렛대를 누르거나 불빛이 켜진 단추를 쪼도록 설계되어 있고, 모든 동물의 반응은 자동적으로 기록되어 지렛대를 누르는 비율, 즉 반응률(response rate)을 측정할 수 있도록 설계되었다. Skinner box 안에는 쥐 실험의 경우 막대와 먹이 접시가 있고, 배고픈 쥐는 상자 안을 왔다 갔다 하다가 우연히 막대를 누르면 먹이가 접시로 떨어지게 되어 있다. 여기에 쥐가 막대를 누르는 행동은 작동적 행동이다. 막대를 누르면 먹이가 나온다는 것을 알게 된 배고픈 쥐는 점점 더 빠른 속도로 막대를 누르게 된다. 한편 막대를 누를 때마다 먹이를 주다가 어느 순간부터 막대를 눌러도 먹이를 주지 않으면 막대를 누르는 행동은 점점 감소하여 사라지게 되는데 이를 소거(extinction)라고 한다.

이 실험에서 쥐가 막대를 누를 때마다 먹이가 나오고 이에 따라 막대를 누르는 행동이 점점 빠르게 일어나는 것을 쥐가 막대를 누르는 작동적 행동은 먹이라는 보상(강화물)을 가져왔고, 먹이가 막대를 누르는 행동을 강화시킨 것이다. 이 같이 어떤 행동 뒤에 나타나 그 행동의 빈도를 증가시키는 결과를 가져오는 것을 강화(reinforcement)라 하고, 행동의 빈도를 감소시키는 결과를 가져오는 것을 벌(punishment)이라고 한다.

(3) 조작적 조건형성의 주요개념

1 강화

강화(reinforcement)는 조작적 조건형성의 핵심 개념이다. 왜냐하면 강화가 없이는 행동을 자극통제에로 가져올 수 없기 때문이다. 다음과 같은 강화의 4가지 중요한 측면은 훈련에 적절하다. 즉, 강화의 성질, 사용될 수 있는 강화의 종류, 강화계획, 강화결여의 결과 등이며 조금 더 구체적으로 살펴보면 다음과 같다.

첫째, 강화의 성질로서 1차적인 강화, 즉 배고픔에 대한 음식물의 가치를 강화하는 것과 달리 교육이나 훈련에 사용되는 대부분의 강화는 2차적이거나 혹은 학습된 것이다. 돈, 애정, 승인, 주의 등은 그것의 적절한 예이다. 교육자의 통제 내에 있는 다른 주요한 2차적 강화의 요인은 결과의 확인과 결과에 관한 지식이다. 여러분이 정확하게 혹은 적절하게 행동했다는 것을 아는 것은 강화를 높게 한 것이다. 자기교수적인 프로그램화된 자료는 실제로 정확한 반응과 학습자가 그의 정확한 지식으로부터 끌어낸 후속적인 강화 등을 보증하도록 작은 단계들로 계열화되어 있다.

둘째, 강화는 긍정적인 것이나 부정적인 것으로 될 수 있다. 비록 긍정적인 강화와 부정적인 강화가 조작의 정의에 있어서는 다를지라도 이 둘은 모두 반응 가능성을 증진시켜 준다. 긍정적인 강화는 그 장면에 어떤 부가를 수반하게 하며 부정적인 강화는 그 장면으로부터 어떤 것을 제거한다. 반응가능성을 감소시키는 벌, 즉 혐오적인 자극을 나타내거나 혹은 이전의 긍정적인 강화요인을 제거한다. 오늘날의 학교체제는 혐오적인 통제의 기초 위에 형성되어 있다. 즉 학생들은 만일 학습을 하지 않으면 그 보복으로 위협을 받는다. 수년 전에는 혐오적인 자극이 자작나무 회초리였으나 오늘날의 혐오적인 자극은 보다 교묘해졌지만 적지 않게 나타나고 있다. 벌은 여러 가지 결점 때문에 그난을 겪고 있다. 먼저, 벌의 효과는 일시적인 것이기 때문에 벌을 받는 행동은 재발하는 수가 있다. 뿐만 아니라, 벌을 줄 때 사용하는 혐오적인 자극은 도피나 혹은 보복을 하는 경향 및 자신을 무력하게 하는 불안과 같은 원치 않는 정서들을 유발할 수가 있다.

셋째, 강화계획, 즉 강화계획의 효과는 강화와 행동 사이에 긴밀한 일시적인 관계를 확립함에 의해 그리고 선택되어진 강화의 유형에 의해서 결정될 뿐만 아니라 강화의 계획이나 혹은 빈도에 의해서 결정된다. Skinner의 견해에 따르면 강화는 개개의 모든 반응이 일어난 후에 일어나기 때문에 가능한 한 계속적이어야 한다. 강화계획에 관한 연구는 계속적인 강화가 행동을 가장 빨리 습득하도록 하는데 기여하기는 하지만 가장 강한 파지력을 유발하지 않는다는 것을 보여 준다.

우리는 어떤 반응이 강화되어지지 않을 때 무엇이 일어날 것인가? 하고 물을 수 있다. 만일 강화가 계속 주어지지 않는다면 그 반응이 소거될 때까지

점점 줄어들 것이다. 강화에 의해 습득된 작동적 반응은 강화물을 없애면 사라지게 된다. 이 같은 소거현상은 부분강화보다 연속강화계획을 쓴 경우 더 빨리 일어나게 된다. 즉 연속강화가 보다 빠른 학습을 가져오지만, 학습된 행동을 오래 유지시키는 데 효과적인 것은 아니다. 이는 우리가 항상 바람직한 반응에 보상을 줄 수는 없는 현실을 생각할 때 다행이라고 할 수 있겠다. 초등학교 학생인 아이를 매일 아침 일찍 일어나서 세수하고 방정리 하고, 학교 가는 것에 대해 항상 보상을 주어 강화시킬 수는 없는 것이다. 부분강화의 대표적인 예로는 슬롯머신과 같은 노름을 들 수 있다. 가끔 돈을 따기도 하기 때문에 전체적으로는 많은 돈을 잃으면서도 노름을 계속하는 것은 부분강화로 학습된 행동의 소거가 쉽지 않음을 잘 보여주는 예라 할 수 있다.

부분강화계획은 강화와 다음 강화 사이의 반응 수에 기초한 반응비율계획(고정간격계획 또는 변동비율계획)과 강화를 받는 반응 간의 시간간격에 기초한 간격계획(고정비율, 변동비율, 고정간격, 변동간격계획) 중 어떤 것을 선택 · 사용하는 가는 연구대상 행동의 형태와 원하는 소거속도에 따라 결정된다.

2 강화계획의 종류

① 고정비율 강화계획(fixed ratio reinforcement schedule) : 특정수의 반응을 한 후에 강화를 주는 것으로 Skinner box에서 쥐가 5번 막대를 누를 때마다 먹이 1개를 주는 것을 예로 들 수 있다. 이 계획 하에서는 매우 빨리 반응을 하게 된다. 외판원이 물건 몇 개를 팔면 물건 한 개의 값을 대가로 받는 실적제의 경우 열심히 팔게 되는 것과 같다. 한편 고정비율계획의 경우 소거는 연속강화의 경우보다는 늦게 일어나지만, 결국은 강화물이 더 이상 안 나오는 것을 쉽게 알게 되어 소거는 비교적 잘 일어난다.

② 변동비율 강화계획(variable ratio reinforcement schedule) : 항상 고정된 수의 반응 후에 강화를 주는 대신 강화가 평균 몇 번째 반응 뒤에 오는

계획이다. 평균 10번째 반응에 강화를 주는 변동비율계획을 예로 든다면, 어떤 경우는 강화 후 첫 번째 반응, 또는 세 번째 반응, 또는 20번째 반응에 강화를 주어 전체적으로 평균 10번째 반응에 강화를 주는 것이다. 대부분의 슬롯머신이 이 같은 변동비율계획에 따라 설계되어 있으므로 사용자는 언제 강화를 받을지 알 수 없는 것이다. 따라서 당장 강화를 힘들다고 볼 수 있다. 변동비율계획의 경우 행동의 습득도 비교적 빠르고 강화를 제거한 후에도 반응이 높은 비율로 비교적 오래 지속되는 경향이 있다.

③ 고정간격 강화계획(fixed interval reinforcement schedule) : 일정 시간이 지난 후 나오는 첫 번째 반응에 강화를 주는 계획이다. 만약 매주 금요일에 심리학 과목의 퀴즈를 본다면 학생들의 공부하는 습관은 어떻게 될까? 아마도 주말에는 별로 공부를 안하다가 수요일, 목요일이 될수록 점점 공부의 양이 늘어서 금요일에 시험을 잘 볼 수 있게 할 것이다. Skinner box의 쥐도, 이를테면 2분 간격의 고정계획으로 강화를 주면, 일단 강화를 받은 후는 반응률이 뚝 떨어지고 2분이 가까워질수록 반응률이 높아진다. 따라서 강화 후 반응률이 뚝 떨어져서 대부분의 기간 동안은 천천히 반응하다가 간격기간이 다 되어가서 강화가 가까워지면 반응률이 급격히 높아지는 현상을 보인다.

④ 변동간격 강화계획(variable interval reinforcement schedule) : 항상 일정 시간이 지난 후 강화를 주는 대신, 평균 얼마의 시간이 지난 후(매번 시간 간격이 변화함) 첫 반응에 강화를 주는 계획이다. 이 계획에 의하면 대부분의 동물(또는 인간)들은 강화를 받는 가장 효과적인 방법이 빠르지 않게 안정된 속도로 반응하는 것이라고 알게 된다. 왜냐하면 강화가 반응수에 따라 나오는 것이 아니라 일정시간이 지난 후에 반응에 대해 나오기 때문이다. 예를 들어, 심리학 시간에 불규칙하게 퀴즈를 본다면 학생들은 비교적 꾸준히 예습 · 복습을 하게 될 것이다.

3 조형

Skinner 상자 안에 있는 동물은 우연히 설쳐 대다가 지렛대를 눌러 먹이를 보상받기도 하겠지만, 지렛대를 누르는 반응을 학습하지 못하여 굶어 죽을지도 모른다. 그러나 실험을 성공적으로 수행하기 위해서 실험자는 쥐가 지렛대 누르는 반응을 학습하도록 조형시킬 수 있다. 먼저 실험자는 배급기제의 조작을 통하여 전체 공간 중에서 지렛대가 있는 절반 안쪽에 있을 때만 보상을 준다면, 쥐는 상자 내부의 지렛대가 있는 부분에 남아 있는 경향이 있을 것이다. 다음에는 지렛대가 더 가까이 있을 때만 보상하고, 그 다음은 지렛대에 접촉했을 때만 보상한다. 그리고 다음은 지렛대를 눌렀을 때 보상을 받게 되어 결국 지렛대를 누르면 먹이, 즉 보상이 주어진다는 사실을 학습하는데, 이러한 현상을 조형(shaping)이라고 한다. 조형에는 두 가지 요소가 있는데, 하나는 차별강화(differential reinforcement)로 이는 어떤 반응은 강화를 받고 어떤 반응은 강화를 받지 못하는 것이다. 또 하나는 계속적 접근(successive approximation)으로 이는 실험자가 원하는 반응에 근접할 때만 강화를 받는다. 이러한 조형을 통하여 돼지가 밀차를 밀고, 개가 TV를 켜거나 끄고, 돌고래가 여러 가지 재주를 부릴 수 있다. 태권도를 배우는 소년은 기본 동작부터 시작하여 약속 대련, 자유 대련 순으로 고도의 기법을 발전시켜 나가는데 이것은 조형의 한 과정이다.

4 소거

Skinner 상자에서 먹이를 보상받도록 훈련된 쥐에게 이번에는 아무리 지렛대를 누르더라도 먹이를 주지 않으면 지렛대를 누르는 반응은 점차 감소되어 일정한 선 이하에서 고정화된다. 다시 말해, 지렛대 누르는 반응이 원래의 우연수준 이하에서 머물게 되는데 이러한 현상을 소거(extinction)라고 한다.

5 자발적 회복

일단 지렛대를 누르는 반응이 소거된 쥐를 일정시간 동안 다른 곳에 있도록 한 뒤에 다시 Skinner 상자에 넣으면 쥐는 다시 지렛대를 누르는 반응을 한다. 이러한 현상을 자발적 회복(spontaneous recovery)이라고 한다.

6 미신적 행동

이제까지 살펴보았듯이 도구적 조건형성이란 어떤 행동의 결과에 의해 그 행동이 증가 또는 감소하게 되는 것이다. 한편 모든 학습이 행동과 그 행동의 실제 결과간의 관계에 의해 이루어지는 것은 아니다. 즉 어떤 행동 뒤에 우연히 보상이 뒤따르는 것뿐이었는데, 행위자는 보상을 그 행동의 결과로 오해하여 그 행동을 증가시킬 수 있다. 이 같은 행동을 미신적 행동(superstitious behavior)이라고 한다.

Skinner는 비둘기들에게 실험을 하면서 비둘기의 행동에 관계없이 일정시간 간격으로 먹이를 주었는데, 그는 이 실험에서 비둘기들의 이상한 행동(어편 비둘기는 동그랗게 돌고, 구르고……)을 볼 수 있다. 즉, 비둘기의 그러한 행동들은 아침 음식물이 제공되던 순간에 하던 것으로써 우연히 그 행동이 강화되었기 때문인데 Skinner는 이를 미신적 행동이라고 하였다. 이 같은 미신적 행동의 일상의 예로는 야구선수가 우연히 어떤 양말을 신고 나간 날 홈런을 쳤던 경험이 있다면, 그 선수는 운동시합 때마다 그 양말을 신으려고 한다는 것이다.

3. 인지학습이론

인지심리학자들은 학습과정을 자극과 반응 같은 요소들이 단순하게 연결되어 나가는 과정이라고 보는 데에 반대한다. 오히려 주어진 상황이 전체적으로 조직 또는 구성되는 관계를 이해하는 과정, 즉 인지하는 과정으로 봐야 한다고 주장한다.

이들의 주장에 의하면 사람은 감각적 자료에 없는 어떤 것을 넣거나 빼면서 자기 나름대로 조직하려는 경향이 있다는 것이다. 학습능력이란 의미 있는 전체를 구성하고 있는 관계를 파악하는 통찰력 또는 이해력이다. 이것은 우리에게 주어지는 것이 아니라 우리가 알아내야 하는 것이기 때문에 이해력은 곧 문제해결력이기도 하다. 인지설은 동기를 생리적 충동이나 조건화된 습관에서 비롯한다고 보지 않고, 개인의 목적과 심리적 필요에 기인한다고 주장한다. 학습은 외부로부터 주어지는 상이나 벌, 강화에 의해서 지배되는 것이 아니라 유기체 스스로 판단하는 성공과 실패에 따른 이해력에 의해서 조정된다는 주장이다.

학습은 목적적인 활동이기 때문에 개인의 목적에 따라 자신이 깊이 관여된 과제는 파지가 되며 그렇지 못한 과제는 파지가 되지 않을 뿐만 아니라 쉽게 망각이 된다. 인지설은 파지와 망각의 동기적 요인을 중요시하는 것이다. 인지설은 또한 전이의 근거도 이러한 이해와 목적에서 찾으려고 한다. 전이는 자동으로 일어나는 것이 아니라 개인이 의도하는 바에 따라 일어난다는 것이다.

1) 통찰학습

Köhler는 침팬지를 대상으로 여러 가지 실험을 하여 통찰설(insight theory)을 학습이론으로 창안해 냈다. 그의 실험에 대한 예를 하나 들면 다음과 같다.

실험실 방 천장에 바나나를 높이 매달아 놓고 그 아래에 막대기나 상자를 놓아 둔다. 그리고는 배고픈 유인원 설탄(Köhler의 가장 똑똑한 침팬지)을 들여보낸다. 이와 같은 실험장에서 설탄이 바나나를 따 먹는 학습을 관찰하였을 때, 그 유인원은 자신이 처한 문제 장면을 한참 동안 두루 살피더니 갑자기 바나나를 따 먹을 수 있을 만큼 상자를 쌓아올리고 막대기를 이용, 바나나를 따 먹었다. 또 다른 실험을 보면, 막대기만을 실험장에 흩어 놓되 막대기가 짧게 되어 있어 하나로는 도저히 바나나를 따 먹을 수 없게 만들어 놓았다. 그리고 짧은 막대기는 서로 연결할 수 있도록 만들어 놓았다. 이러한 상태에서 그는 막대기를 가지고 여러모로 살핀 후 처음에는 짧은 막대기로 바나나를 따 먹기 위한 노력을 기울였으나 실패한 다음, 주위를 다시 살피더니 두 개의 막대기를 연결하여 마침내 바나나를 따 먹었다.

Köhler는 이 실험을 통하여 학습은 시행착오도 조건반사도 아닌 통찰(insight)에 의해 이루어지는 것이라고 주장하였다. 즉 학습을 지배하는 기초적인 원리는 결국 통찰로서 문제를 해결할 수 있는 인지구조가 머리 속에 들어오는 것이라 볼 수 있다는 것이다(임채식 외, 2008). 다음은 통찰학습에 영향을 주는 변인이다.

① 통찰은 문제 상황의 배열에 달려 있다. 적절한 과거 경험은 필요하지만 해답을 보증하지는 못한다. 해답에 대한 필요 요소들이 정리되어 그들의 관계가 지각될 수 있을 때에만 통찰은 쉽게 올 것이다. 예컨대, 만일 침팬지가 막대기와 음식이 같은 곳에 있는 우리 안에 있었다면 막대기 문제를 더 쉽게 푼다. 그러나 만일 침팬지가 막대기를 보기 위해 음식에서 눈을 돌려야 하는 상황이라면 문제해결은 더 어렵게 된다.

② 일단 통찰로 해답이 나오면 그것은 즉각적으로 반복될 수 있다. 갑작스런 해결은 통찰의 법칙이다. 침팬지가 바나나를 끌어당기는 데 일단 막대기를 사용했다면 침팬지는 다음 번에도 즉각 막대기를 찾을 것이다.

③ 통찰로 달성된 해답은 새로운 사태에 적용될 수 있다. 통찰실험에서 학습된 것은 조건형성된 연합의 특수한 세트가 아니라 수단과 목적 간의 인지적 관계이다. 따라서 한 수단은 다른 수단을 위해서 대치될 수 있다.

또한, Yerkers는 고릴라의 지능을 연구한 결과 통찰적 행동의 특징을 다음

8개 항목으로 요약하고 있다.

① 문제가 되어 있는 장면의 통찰, 시찰 및 일관된 검사
② 주저, 정지 집중된 주의태도
③ 많건 적건 적당한 반응을 해 보는 것
④ 처음의 반응이 실패하여 다른 반응을 해 보는 것, 한 가지 방법에서 다른 방법으로 옮아가는 것이 날카롭고 돌발적인 것
⑤ 목적 및 목표에 끊임없이 주의하며 그에 의해 내적 요구를 지속하는 것
⑥ 한계점이 생겨 거기에서 학습자가 돌연 곧바로 단호하고 필요한 적응행동을 표한 것
⑦ 한번 실행한 뒤에는 적응반응을 쉽게 반복할 수 있다는 것
⑧ 문제가 되고 있는 사태의 본질적 방면 혹은 관계를 주의해서 발견하는 두드러진 능력이 있는 것과 또한 비교적 중요하지 않은 방면을 제거해 버리는 능력이 있는 것 등이다. 이러한 Yerkers의 통찰적 행동의 표준은 Köhler의 주장을 구체적으로 명료하게 나타내었기 때문에 아동의 학습에도 응용할 수 있다.

한편 통찰설에 있어서 법칙으로는 유사성의 법칙, 근접성의 법칙, 폐쇄성의 법칙, 계속성의 법칙을 들 수 있다.

(1) 유사성의 법칙(The law of similarity)

이는 어떤 것을 지각함에 있어서 독립된 부분을 비슷한 것끼리 연결지워 하나로 이루어 가면서 지각하게 되는 경향을 말한다.

(2) 근접성의 법칙(The law of proximity)

독립적인 각각을 가까운 것끼리 연결지워서 하나의 의미 있는 형태로 지각하게 되는 경향을 말한다.

(3) 폐쇄성의 법칙(The law of closure)

독립된 부분의 조직 및 연결에 있어서 불완전한 것을 그대로 지각하는 것이 아니라 완전한 것으로 생각하고 연결해 가는 경향을 말한다.

(4) 계속성의 법칙(The law of good continuation)

형태화함에 있어서 독립된 부분을 조직하는 것은 처음 시작한 것에 따라서 동일한 형태로 계속해서 완성해 가는 경향을 말한다.

2) 잠재학습

조건형성이론을 주장하는 행동주의 심리학자들은 학습이 일어나기 위해서는 강화가 필수적이라고 설명한다. 그렇다면 우리가 알고 있는 지식은 모두 강화에 의해 학습된 것일까? 동물실험을 통하여 연합이론에 대한 비판을 가한 또 다른 인지이론가는 Tolman이다. 그는 행동이론가들이 도구적 학습에서 자극-반응의 연합을 강조한다는 데 대해서 동물은 연합을 학습하는 것이 아니고 인지를 획득한다고 주장한다. 복잡한 미로(complexmaze)의 출발지점에 선 쥐는 목표지점을 향해 전진할 때 다양한 방향의 갈림길에서 어떤 올바른 길을 선택해야만 하는 상황에 놓인다. Tolman은 쥐는 미로를 통과하면서 특정한 선택지점에 놓일 때마다 목표상자로 가는 인지도(cognitive map)를 뇌 속에 그려간다고 주장하였다. 그는 쥐가 새로운 자극이 나타날 때마다 신념과 기대를 학습한다고 하였다. 즉, 새로운 자극은 목표상자로 가는 길이 맞는지 틀리는지의 신념을 갖게 하고 올바른 길로 찾아들면 다음에 어떤 자극이 나타날 것인지, 즉 기대(expectation)를 학습한다는 것이다.

우리는 시내를 오가는 길에 필요에 의해서가 아니라도 우연히 어떤 은행이나 책방, 노래방 등이 어디에 있고, 그 사이사이의 길의 모양 등을 습득하여 알게 된다. 즉 보상을 위해 학습하는 것이 아니라 저절로 오가는 길의 인지도를 가지게 되는 것이다. 그러다가 나중에 필요한 경우 과거에 학습하였던 것을 끄집어 내어 사용하게 되는 것이다. 이를 Tolman은 동물실험을 통해 입증하고자 하였던 것이다.

3) 관찰학습(사회학습이론)

Bandura는 어린이들을 대상으로 한 여러 실험에서 관찰학습의 중요성을 잘 보여 주었다. 그의 대표적인 한 실험에서는 어린이들을 두 집단으로 나누어 한 집단(실험집단)의 어린이들에게는 어른이 Bobo라고 불리는 큰 인형을 때리고 차고 하는 공격적 행동을 하는 것을 비디오로 보여주었고, 다른 한 집단(통제집단)의 어린이들에게는 이와 같은 비디오를 보여주지 않았다. 그리고 두 집단의 어린이들에게 실제 그 Bobo라는 인형을 주고 놀도록 하였더니, 비디오를 통해 공격적인 행동의 모델을 관찰했던 실험집단의 어린이들은 자기들이 본 대로 인형을 때리는 공격적 행동을 하였다. 반면, 통제집단의 어린이들은 인형을 가지고 정상적으로 놀았으며 공격적인 행동을 보이지 않았다. Bandura는 이 같이 우리는 타인을 관찰함으로써 다양한 행동을 배울 수 있다는 사회학습이론을 주장하였다.

Bandura는 관찰학습은 네 과정으로 이루어진다고 설명하였다. 첫째는, 모델의 행동에 주의를 기울여야 한다. 둘째는, 모델의 행동을 기억해야 한다. 셋째는, 관찰한 것의 인지적 표상(기억)을 실제행동을 재생할 수 있어야 한다. 넷째는, 관찰한 것을 실제로 행동화할 동기가 있어야 한다. 따라서 위에서 설명한 실험의 경우 어린이들은 모델의 공격적 행동을 주의 깊게 보았으며, 모델의 행동을 인지적으로 표상화하여 기억하였고, 어른을 신체적으로 모방하려는 행동을 수행할 수 있었을 뿐 아니라 그렇게 모방하기를 원해서 행동화하였음을 알 수 있다. 따라서 관찰함으로써 학습할 수 있다는 것은, 시행착오를 거치면서 서서히 틀린 행동을 제거하고 올바른 행동을 가꾸어 나가는 과정 없이 타인의 실수나 성공을 보고 복잡한 행동들을 곧바로 습득할 수 있다는 뜻이다.

그러나 앞의 Bandura의 실험에서도 보았듯이, 관찰학습의 위력은 부정적인 반사회적 행동의 경우에도 나타나기 때문에 심각한 결과를 초래할 수 있다는 것이다. 특히 눈에 띄는 것은 자살사건이 사회적으로 크게 보도된 이후 자살하는 사람들이 증가한다는 사실이다. 어떤 자살사건이 신문의 1면에 보도된 이후 2개월 간 평소 통계보다 10% 정도 많은 사람들이 자살을 했으며, 이들 중 상당수가 신문에 보도되었던 자살자와 나이가 비슷하거나 성별이 같은 경우였다고 한다. 어떤 경우는 모방 자살자의 침대에서 지난 신문의 자살보도 기사부분이 오려져 있는 것이 발견되기도 하였다.

한편, 어린아이들의 경우에도 잘못된 모방에 의해 비극적 결과를 가져오기도 한다. 말레이시아의 네 어린이들이 슈퍼맨 티셔츠를 입은 채 빌딩에서 뛰어내리다가 죽은 사건이 있었는데. 그들은 분명 자신들도 TV에서 본 슈퍼맨같이 날을 수 있을 것이라고 믿었던 것이다. 실제 이와 비슷한 사건은 우리나라에서도 보도된 바 있다. 따라서 어린이들이 TV, 비디오 앞에서 많은 시간을 보내는 현실을 고려해 볼 때, 어린이들 프로그램에 대한 심리학적 점검 및 주의가 절대적으로 필요하다(이무근, 2005).

이처럼 우리들의 지식이나 행동의 많은 부분이 타인을 관찰함으로써 학습한 것임을 우리는 쉽게 알 수 있다. 많은 지식을 관찰을 통해서 학습하게 되는 것이다. 뿐만 아니라 다른 동물들도 관찰을 통해 많은 것을 배운다. 예를 들어, 어린 바다곰은 어미곰이 물고기를 잡는 것을 지켜보면서 어디에 서서 어떻게 고기를 잡는지, 그리고 잡으면 어디로 가지고 가서 먹는지 등을 관찰함으로써 배운다. 이와 같이 관찰학습을 통해 사회의 한 구성원에서 다른 구성원으로 한 세대에서 다음 세대로 지식이 전달되는 것이다. 모든 것을 스스로의 경험에 의해 시행착오를 거치며 새로 학습할 필요가 없다는 점에서 관찰학습은 유기체의 보다 효과적인 적응에 중요한 기능을 하는 것으로 볼 수 있다.

제3장

학 습 지 도

1. 학습지도의 원리
2. 학습의 전이이론
3. 학습지도의 조건

1. 학습지도의 원리

학습지도의 원리는 학습활동을 지도할 때에 기준이 되고, 또 학습지도를 바람직한 방향으로 이끌어 나가기 위한 교육방법의 기준이 된다. 즉 학습지도에서 전개되는 교사의 여러 가지 활동을 규제하는 원칙적인 기준을 말한다. 여기서는 교사가 학습지도를 하며 학습자가 자신이 학습활동을 하는데 있어서 기준이 되는 원리를 생각해 볼 것이다.

1) 자발성의 원리

자발성의 원리는 인간 활동의 근원이라고 생각할 수 있는 대전제가 되는 것이다. 이는 '자기활동의 원리'이며 학습의 수동성을 능동성으로 바꾸어야 한다는 원리인 것이다. 다시 말해, 자발성(spontaneity)이란 인간 내부에서부터 우러나오는 모든 방면으로 자라나려는 능력, 충동 또는 가능성을 말한다. 따라서 교육자는 항상 이 자발성을 이해하고 최대한으로 이끌 수 있도록 노력해야 한다.

사실 인간의 성장 · 발달은 많은 부분 인간 내부에서부터 모든 방면으로 자라나려고 하는 자발성에 의해서 성장하는 것이고, 또 이것이 외부적인 환경의 영향을 받아 상호작용함으로써 사람됨은 이루어지게 되는 것이다. 그러므로 학습지도는 학습자 스스로가 배우고자 하는 자발적인 의욕을 가지고 있을 때 효과적으로 이루어진다. 즉 동기가 내재된 학습을 하는 것이 지극히 중요한 학습지도의 원리이며 이것을 자발성의 원리라고 한다. 그러면 이러한 자발적인 학습을 가능케 하는 자발성은 어떻게 이끌어 질 수 있을까?

첫째로, 상 · 벌에 의한 학습의 동기유발을 들 수 있다. 학습 의욕이 전혀 없는 학습자에게 자발적인 학습활동을 기대할 수는 없다. 이러한 경우 교사에 의해서 적절히 주어지는 상 · 벌은 아동으로 하여금 '칭찬받고 싶어서' 또는 '꾸중 듣기 싫어서' 자진해서 학습하게 할 수 있다.

둘째로, 흥미에 의한 학습의 동기유발을 들 수 있다. 상 · 벌이라는 외적인 수단에 의해서가 아니라, 내적인 면으로 동기를 이끌려는 것으로서 학습의 흥미화라는 방법이다. 여기서는 어떤 아동이 특정한 방면, 예컨대 음악을 좋아하거나 미술을 즐겨한다는 본래 가지고 있는 흥미를 돋우는 것뿐만 아니라, 학습의 진행을 흥미롭게 하여 학습의 동기를 유발하는 것이 더욱 문제가 된다. 이 후자의 방법으로는 딱딱한 이론을 재미있는 영화나 활동을 보여서 이해시키거나 계산법을 시장 놀이를 통해서 익히게 하거나 복잡한 역사의 내용을 연극화해서 이해시키는 등의 여러 가지가 있을 수 있다. 이러한 방법은 오늘날의 새로운 학습지도법에서 널리 사용되고 있는 것을 볼 수 있다.

셋째로, 학습의 생활화를 통해서 동기를 유발하고 자발적인 학습을 가능하게 할 수 있다. 학습자가 그의 생활상 필요에 의해서 여러 가지 지식, 기능을 학습하는 것이 학습 의욕을 불러일으키는 학습방법이 될 수 있는 것이다.

2) 개별화의 원리

학습의 내용과 진도 등을 학습자의 개성과 능력 등에 합치시키는 원리이다. 인간이란 근본적으로 개인차가 있어서 학습도 동일하게 취급할 수 없는 것이므로, 학습지도의 방법도 학습자 각자의 능력, 유전적 소질, 생활환경 그리고 이미 쌓아온 경험 등에 의해서 또는 학습자의 학습에 대한 요구 수준에 따라 적합한 지도 방법을 모색해야 할 것이다. 학습자들이 같은 사물에 대해서도 각자의 이해하는 정도가 다르며 학습 능력도 모두 다르기 때문이다. 그러므로 학습의 효과를 높이고 성공적으로 이끌어 가기 위해서는 개인적인 차이를 충분히 고려해야 할 것이다.

각 개인은 지능 특성, 흥미, 가정적 배경 등 모든 면에서 차이가 있으므로 교육은 먼저 학습자의 이와 같은 개인차를 이해하고 이것을 교육목표 달성에 유기적으로 통합하여 가능한 데까지 그 능력을 충분히 발전시켜가야 하는 것이다. 이와 같은 활동에 따라 비로소 개인은 가장 적합한 사회적 위치와 역할을 발견하게 되며 또 사회에의 적극적인 참여가 기대되는 것이다. 그 능력이나 특성을 이해하지 않는 데서 오는 부당한 자아 수준에의 고집 또는 지나치게 높은 수준만을 요구하는 결과는 개인의 불만과 불행한 결과를 초래하는 결과가 되기 쉽다. 이처럼 개별화의 원리가 교육방법의 중요한 원리이며 모든 학습지도의 출발점이라고 한다면, 이를 위해 우리에게 필요한 것은 학습자 개개인에게 알맞은 실천적 기획일 것이다. 앞서 살펴보았듯이 개별화의 원리란 궁극적으로 학습의 내용과 진도 등을 학습자의 개성과 능력 등에 합치시키는 것이다. 이러한 학습을 가능케 하는 실천적 기획은 다음과 같다.

첫째로, 능력별 학급 구성을 생각할 수 있다. 아동을 그의 능력과 필요의 차이에 따라서 가급적 여러 학습 집단을 나누고 학습마다 학습 내용과 진도를 달리하는 방법이다. 또한 학습 집단 내의 아동수가 많을 때에는 되도록 여러 개의 소분단(동질분단 또는 이질분단)으로 나누어 각자가 자기 능력에 적합한 진도로 학습을 진행시켜 가도록 함으로써 학습의 개별화를 가능하게 할 수 있다.

둘째로, 교육과정을 개별 학습으로 하는 부분과 공동 학습으로 나누어 하는 방법을 생각할 수 있다. Washburn이 고안한 위네트카 플랜(Winnetka plan)은 교육과정을 공통 필수와 사회적, 창조적 활동의 두 과정으로 나누어 공통 필수 과목은 아동이 각자 자기의 능력과 진도에 맞추어 학습할 수 있게 하고 사회적, 창조적 활동은 집단생활을 통해서 학습하도록 하였다. 이러한 방법 역시 학습의 개별화를 가능케 하는 것이다.

셋째로, 각종 클럽 활동을 생각할 수 있다. 아동은 각각 자기가 좋아하고 자기 능력에 맞는 여러 가지 클럽에 소속하여 각자 자유로이 개성적 활동을 전개할 수 있다. 클럽활동은 공동으로 행해지는 것이긴 하나 실제로는 개별적인 활동이 전제되고 있어서 개별적인 경험을 주고 있다.

3) 사회화의 원리

학습은 개인의 인격 완성이나 인간 형성을 목적으로 하는 의도적, 계획적 활동이나, 다른 면에 있어서의 학습은 개인을 사회화하는 동화작용이며 사회인으로 형성하는 사회작용인 것이다. 그러므로 아동이 하나의 독립된 인간으로서 그들이 소속한 사회에 참가하여 사회적인 활동을 원만히 할 수 있도록 학습을 지도해야 한다. 이를 위한 학습내용은 우리 사회가 안고 있는 여러 사상과 문제를 바탕으로 삼는 것이 좋다. 이를 토대로 학생들 각자의 입장에서 그 해결책을 찾아보고 또한 집단토의 등을 통해 이를 사회에 적용시킬 수 있는 구체적인 방안 등을 탐구하게 하는 등의 공동학습을 진행시킬 필요가 있다.

현대 교육에서는 개성을 존중해서 최대한으로 이를 발전시키는 것과 아울러 사회적 발달을 최대한으로 신장시키지 않으면 안 된다. 인간은 사회적 존재이며 또한 사회적 존재이어야만 한다. 사회적인 틀 속에서 학습지도를 함으로써 어린이를 사회적 존재로 하여 사회적 인격성을 형성하고자 하는 것이 사회화의 원리이다. 그러므로 교육적 차원에서 아동이 하나의 독립된 인간으로서 그들이 소속한 사회에 참가하여 사회적인 활동을 원만히 할 수 있도록 그들을 지도할 필요가 있는 것이다. 이것은 모든 학습활동이 '공통적 목표로 향해, 학습 활동의 계획과 실행을 공동으로 행하는 공동적 학습을 통해 사회학적 인간을 형성할 것'을 목표로 한다. 이것은 모든 학생이 동일하게 활동한다는 것이 아니고 각자의 자기의 개성에 맞는 학습활동을 하여 그리고 그것이 집단의 다른 사람에게 공헌하게 되고 자기 자신도 다른 사람의 활동에 의해서 많은 것을 배우게 되도록 노력하는 것이다.

그러면 이러한 사회화의 학습을 가능하게 하는 것은 무엇인가?

첫째로, 토의법(Discussion method)을 들 수 있다. 학습지도의 방법으로 토의법이 채택될 때 아동은 자기 혼자서 해결할 수 없는 문제를 여럿이 함께 의논하여 해결을 얻을 수 있는 기회를 갖게 된다. 자기 의견을 발표하고 타인의 의견을 존중하면서 공동적으로 하나의 문제를 해결해 나가는 과정 속에서 아동들의 사회성이 육성된다.

둘째로, 분단학습(Group study)을 들 수 있다. 분단 내에서는 모르는 점에 대해 서로 의견을 나누고 지적으로 우수한 학생이 뒤떨어지는 학생을 도와주기도 하는 상호 협력하는 학습이 이루어진다. 이러한 아동들 간의 협력적인 방법을 통해서 사회성이 육성된다.

셋째로, 문제해결법(Problem solving method)과 프로젝트학습법(Project method)을 들 수 있다. 이것은 아동들 자신이 공동으로 한 문제를 해결하고 또는 하나의 물건을 제작하는 활동을 통해서 학습하는 방법이다. 이러한 공동 활동은 학습의 사회화를 가능케 한다.

넷째로, 각종 클럽활동, 자치회 등을 들 수 있다. 아동들은 자치회 활동 클럽활동 등을 통해서 각자의 개성을 살릴 수 있는 동시에 자기가 속한 소속집단 속에서의 사회생활을 배우게 된다. 다시 말해서 학교생활에서 전개되는 학급회의 자주적인 운영을 비롯하여 클럽활동이나, Home Room의 운영, 또는 공통되는 교과학습도 모두 학습의 개별화와 더불어 사회화를 위한 실습이요 실천의 장으로 구성될 수 있다.

이와 같이 생각하면 학습에서의 개별화의 원리와 사회화의 원리는 일반적인 관계에 놓이게 된다. 그러므로 학습지도에서의 사회화의 원리를 구현시킴에 있어서는 학습의 개별화와 사회화의 균형을 생각해야 하며 전인적인 지도의 관점에서 두 원리가 조화를 이루도록 해야 한다.

4) 통합의 원리

오늘의 교육은 지식이나 기능보다도 그것을 포함한 전인교육, 즉 전체로서 환경에 적응할 수 있는 내재적인 모든 능력을 조화적으로 발달시킬 것을 요구하고 있다. 그러므로 종래 교실에서 토막토막으로 나누어져 있어 실생활과

거리가 먼 교재를 다루었던 교수법이나 일정한 체계가 없는 단편적인 지식의 주입식 주지주의적 교수 방법에서 벗어나, 사회, 향토, 자연, 문화, 인생의 여러 생활 영역과 밀접하게 연관하여 인간 생활을 종합적으로 이해하도록 이끌어야 한다. 여기에 기초를 둔 것이 통합의 원리이다. 즉, 오늘의 교육은 생활 교육이어야 하며 동시에 전인으로서의 교육이어야 하기 때문에 학습지도는 전체로서의 학습자를 전체로서의 생활환경에 적응시키고, 학습자가 본래부터 갖고 있는 모든 방면으로 자라나갈 수 있는 능력을 조화적으로 발달하도록 하지 않으면 안 된다는 것이다. 구교육이 인간의 지적 발달만 목표로 한 것이라면, 오늘의 교육은 지적으로는 물론이고, 신체적, 사회적, 정서적인 모든 면을 조화적으로 발달하도록 이끌어야 하는 것이다.

학습지도에 있어서 통합의 요구는 다음 두 가지로 나누어 생각할 수 있다.

첫째, 초등학교 저학년에서의 교재를 통합하여 지도하는 지식의 통합이 있다. 저학년인 경우 국어와 체육, 수학과 음악 등을 구별하여 지도하는 것보다 동시에 이루어지는 학습이 전개됨으로써 지식을 배우기 이전에 종합적 생활이 습득되는 것이다.

둘째, 인격의 통합을 들 수 있다. 다각적인 경험을 시키는 과정에서 타인을 위하고 자기의 의견을 정확히 표현하여 협동적인 태도를 육성시킴으로써 전인적인 인격을 쌓을 수 있는 것이다.

종합해서 기술하면 학습지도에서의 통합화의 원리를 구현시키기 위하여 먼저 교과 교재를 통합하고 학습 문제해결의 진행 방식을 종합적으로 지도하여 그와 같이 함으로써 생활지도와 밀접한 관련을 맺어 가정과 학교와 사회의 삼자가 긴밀한 관련을 취해 가려는 것이다. 그리고 그것이 궁극적으로는 전인적 인간발달의 교육 목표에 행해져야 할 것임은 재론할 필요도 없다. 왜냐하면 학습지도 대상인 학습자는 나눌 수 없는 하나의 전인적인 인격체이기 때문이다. 따라서 그들에 대한 지적인 훈련도 의지나 정서의 도야도 개개 아동의 전인적인 인격에 관련되는 것으로 이루어져야 한다. 이것이 학습지도의 활동

면에서의 통합의 원리인 것이다.

5) 직관의 원리

직관은 우리들의 직접 생활의 기초이며 지식의 출발점이 되는 것이다. 즉 모든 의식의 근원은 감각기관으로써 우리는 이 감각기관을 통하여 외계의 사물을 관찰하고 이것을 통일적으로 경험하고 체험하여 구체적으로 알게 되는 것이다. 학습지도는 아동의 직접 경험에 호소하여 단순히 도구 등에 의한 직관 뿐만은 아니라 스스로 직접해 보는 것을 강조하기에 이르렀다. 직관의 원리란 어떤 사물에 대한 개념을 인식시키는데 있어서 언어적인 방법의 설명보다는 구체적인 사물을 직접 제시하거나 경험시킴으로써 효과가 커진다는 것을 말하는 것이다.

오늘날 시청각적 방법(Audiovisual method)이 강조되는 것도 이러한 까닭이며, 일찍이 Commenius는 '감각을 통하지 않은 지식은 있을 수 없다'라고 말한 것도 이러한 맥락에서 이해할 수 있는 것이다. 그 후 Pestalozzi의 노작교육, 그리고 Dewey나 Kilpatrick 등의 실험과 경험을 위주로 한 교육도 이러한 관점에서 주장되었던 것이다. 그러므로 특히 오늘의 교육은 시청각의 원리와 방법을 항상 연구하여 실제 교육에 활용하도록 노력해야 할 것이다(이재원 외, 1981).

2. 학습의 전이이론

우리는 생활에 필요한 모든 지식이나 정보를 하나하나 다 배우는 것은 아니다. 한두 가지를 배우면 그것을 비슷한 상황에 얼마든지 응용할 수 있게 되는 것이다. 우리가 영어를 알면 그와 유사한 독일어를 배울 때 도움이 된다. 이것은 영어의 문법과 독일어 문법 간에 다소의 공통점이 있기 때문이다. 또한 수학을 잘 하는 학생이 물리를 잘한다고 하는 사람들이 있는데, 이것은 물리학에서 수학적인 개념을 많이 응용하고 있기 때문이라고 할 수 있다. 이와 같이 한 상황에서의 학습이 다른 상황에서의 학습이나 문제해결에 직접 · 간접적으로 영향을 미치는 것을 전이(transfer of learning)라고 한다.

이것은 학습이 단순한 자극 - 반응 간의 연합이 아니라 우리의 인지 · 사고 과정의 결과임을 보여주는 것이다. 따라서 어떠한 학습이 참으로 유용한 것이 되기 위해서는 그저 오래 기억되는데 그치지 않고 새로운 학습을 하는데 도움이 되며, 또한 새로운 상황에서 널리 응용될 수 있어야 한다. 우리가 학교에 다니는 것도 여기에서 학습한 것을 미래의 직장생활이나 사회생활 등 학교 외의 생활에 이용함으로써 보다 큰 자기 발전을 기하기 위한 것이다. 만일 학교 교육이 학교 외의 생활에 기여하지 못한다면 학교는 그 존재 이유를 상실케 된다. 따라서 학교 교육의 성패는 그 전이 효과에 있다 해도 과언이 아니다.

이러한 전이는 크게 두 가지로 나눌 수 있다. 하나는 선행 학습이 후행 학습을 촉진시키는 정적전이(positive transfer)이고, 다른 하나는 오히려 방해가 되는 부적전이(negative transfer)이다. 예컨대, 소설을 즐겨 읽었던 것이 작문이나 독해에 효과가 있었다면 이것은 정적전이이고, 반대로 까다로운 통계 숫자를 읽고 처리하는데 어려움을 겪게 했다면 이것은 부적전이에 속한다. 이러한 전이의 현상은 과거의 경험에 의해 주로 좌우되지만, 그 밖에도 학습 방법, 학습 자료의 제시 방법, 경험을 일반화하는 습관, 학습 자료의 유사성, 학습 태도, 학습의 장 등의 영향을 받는다. 따라서 이들이 적절히 조화를 이룰 때에 전이 효과도 그만큼 커질 수 있다.

그러면 전이는 어떻게 해서 일어나는가? 전이를 설명하고 있는 이론에는 형식도야설, 동일요소설, 일반화설, 형태이조설이 있다.

1) 형식도야설(formal discipline theory)

인간의 뇌와 중추 신경 계통에 관한 충분한 연구가 없었던 시기에 정립된 형식도야설에서는 인간의 정신은 기억, 추리, 주의력, 의지, 상상 등의 여러 개의 개별적인 능력으로 구성되어 있으며, 교육의 전이 효과를 높이기 위해서는 학습의 특수 내용과 상관없이 이러한 일반 능력을 훈련시켜야 한다고 생각하였다. 이러한 입장은 체력이 어떤 훈련에 의해 강화되면 그 훈련의 내용과 상관없는 여러 상황에 적응되듯이, 정신 능력 역시 어떠한 내용을 갖고서 훈련을 받든 간에 일단 강화된 능력은 여러 다른 경우에 자동적으로 응용된다고 믿고 있는 것이다. 그러나 형식도야적 과목들을 공부해도 다른 과목에 자동적으로 전이되는 일반적인 정신 능력이 개발되지 않는다는 것은 우리 상식으로도 충분히 수긍이 간다. 정신 능력보다는 학습에 대한 일반적인 태도, 새로운 사실이나 개념을 습득하는 효율적인 방법이라든지 새로운 상황에 대한 적응 방식 등이 전이된다고 보는 것이 타당할 것이다

2) 동일요소설(identical elements theory)

동일요소설에서는 선행 학습과 후행 학습 간에 동일한 요소가 있을 때에는 서로 간에 연합 또는 연결의 현상이 일어난다고 한다. 즉 먼저 이루어진 학습과 후에 이루어지는 학습 간에 동일한 사실, 기술 혹은 방법이 존재할 때에 전이 현상이 일어난다는 것이 동일요소설의 기본 가정이다.

이러한 이론에 입각해서 교육과정을 구성하고, 교수-학습 과정을 계획한다면 학교 외의 상황에서 이용되는 보다 구체적인 사실과 기능을 직접 학습 자료에 포함시켜야 한다. 예를 들어, 어떤 학교의 교육 목적이 장차 학생들로 하여금 공장에서 취업토록 하는 것이라면, 용접·기계 조작·목공·자동차 기술·청사진법·선반, 이 밖에 유사한 교과들을 이수시키는 것이다.

3) 일반화설(generalization theory)

전이가 일어나기 위해서는 이전 상황에서 이해한 원리를 다음 상황에 일반화시킬 수 있을 정도로 두 상황 사이에 공통요소가 충분히 있어야 한다고 보는 견해다. 다시 말해서 구체적인 사실, 기능, 태도의 습득을 강조하는 단편적이고 서로 관련없는 일상의 지식보다는 광범위한 원리와 일반화를 강조하는 장기적인 프로젝트와 과제, 문제해결 활동, 집단 토의 및 그 밖의 활동들을 활용하는 것이 학습 성과를 높이는데 도움이 된다는 것이다.

4) 형태이조설(transposition theory)

이 이론에 의하면 어떤 요소의 연결이나 원리의 일반화로 인해 전이가 일어나는 것이 아니고, 전체의 구조와 부분들의 내적 관계의 발견에 의해 전이가 가능해진다고 한다.

앞의 네 가지 어느 이론을 지지하던지 간에 한 가지 분명한 사실은 전이가 일어나기 위해서는 처음 학습 상황과 그 다음에 오는 학습 상황이 유사한 것으로 지각되어야 하며, 어떠한 조건하에서 학습이 이루어졌느냐에 따라 전이의 양이 달라진다는 것이다. 무엇을 습득, 기억하고 있다 해서 전이가 자동적으로 이루어지는 것은 아니며, 전이가 된다 해도 부적전이일 수도 있고 정적전이일 수도 있다.

그러면 어떻게 하면 전이를 촉진할 수 있는가. 지금까지의 내용을 종합하면 학습 성과가 파지되지 않는 한 그것이 전이될 수 없으며, 무엇인가 처음에 획득되지 않는 한 파지 현상은 나타날 수가 없다. 따라서 전이와 파지를 촉진시키기 위해서는 학습 동기, 최초 획득, 파지, 전이가 차례로 강조되어야 할 것이다. 이를 구체적으로 제시하면 다음과 같다(이무근, 2005).

① 학습하고 기억하려는 의도를 고취시킨다.
② 첫 학습을 의미 있게 조직한다.
③ 일반화된 태도, 지식, 능력들은 새로운 상황에 쉽게 전이되므로 일반개념과 일반능력을 강조한다.
④ 개인의 태도나 지식, 능력을 다양한 상황에서 이용될 때에 더욱 포괄적이고 일반적으로 될 수 있으므로 이들을 적용해 볼 수 있는 기회를 많이 제공해 줄 필요가 있다.
⑤ 대부분의 기능, 개념, 태도, 능력들은 단기간에 습득되는 것이 아니고 긴 시일에 걸친 연습과 연구에 의해 다져지는 것이다. 따라서 계열성 있는 누적 학습을 제공해 주는 것이 좋다.
⑥ 선행학습이 완전할수록 전이 효과가 높다.
⑦ 특히 강조한 내용이 전이 효과가 높다.

3. 학습지도의 조건

1) 준비성

학습효과의 문제는 교수-학습의 과정에서 대단히 중요한 것이다. 효과를 예상하지 않은 계획이나 활동은 있을 수 없으며, 교사의 노력은 바로 학습효과에 초점을 둔 것이다. 준비성은 일정 학습을 효과적으로 수행할 수 있게 하는데 필요한 준비상태나 정도를 말한다. 즉 어떤 학습 과제를 능히 또한 적당한 곤란감이나 도전감을 가지고 행할 수 있는 지적, 정서적, 사회적, 신체적 기타 여러 가지 측면의 특성이 충분할 것을 의미한다.

학습자에게 일정 과제를 학습시키고자 할 때 전제되어야 할 조건에는 여러 가지가 있지만, 중요한 것은 그 과제를 학습하기에 적합한 발달 수준에 학습자가 도달되어 있느냐 하는 것이 먼저 고려되어야 한다. 발달 수준에 미치지 못한 학습자는 학습에 대한 흥미나 의욕이 결국 상실되기 마련이기 때문이다. 다시 말해서 어린이에게 어떤 일을 시킬 경우 그것을 성공적으로 이룩하게 하려면 어린이 자신이 그 일을 해결할 수 있는 수준에 도달해 있어야 한다는 것이다. 어느 일정한 수준에 도달하지 못한 어린이에게 수준에 맞지 않는 학습을 시키면 자연 흥미도 갖지 않게 되고, 시킨 일 자체를 했다손 치더라도 그 일은 잘 못될 가능성이 크다. 그러므로 어떤 학습을 효과적으로 시키기 위해선 그것을 학습하기에 충분한 신체적, 정신적 준비가 되어 있어야 하는 것이니 이것을 준비성이라고 한다.

달리 보면 어떤 일을 학습할 수 있을 정도로 신체적, 지적, 사회적으로 성숙되어 있다는 것은 이 시기에 그것을 학습해야 한다는 말이 된다. 그리고 이 시기란 바로 최적시기(Optimum time)로서 이 시기보다 일찍 혹은 늦게 학습시키면 최대의 효과를 올릴 수 없다는 뜻이 된다. 그러므로 어떤 학습 내용을 몇 학년에 배열해야 할 것인가 하는 교육과정의 구성이 심리학적 측면에서 고찰하여야 한다. 그리고 지적인 학습에서 뿐만 아니라, 정서적 학습, 사회적 학습에서도 앞에서 기술한 준비성의 법칙이 보다 광범위하게 응용되어야 하는 것이다(박상호, 1994).

그러나 또 지나치게 준비성을 강조하면 오히려 과오를 범하게 될 수도 있다는 지적이 있다.

첫째, 성장이란 끊임없이 전진한다. 그럼에도 불구하고 준비도라는 것이 발달의 어느 한 시점을 가리키는 듯이 생각해서는 안 된다.

둘째, 준비성이라는 것이 자연히 오는 것이라고 그냥 기다리고만 있어서는 안 되고 적당한 자극이나 시행을 시켜서 준비성이 생기게 할 수 있어야 한다.

셋째, 교사는 항상 학습자와 접촉하면서 여러 점으로 학습자의 준비성의 유무나 부분적인 점을 파악해야 한다.

위와 같은 준비성은 여러 면에서 논의되기도 하지만, 일반적으로 성숙의 정도와 지능의 정도, 그리고 경험적인 배경, 그리고 개인차 등의 영역에서 말하게 된다.

(1) 성숙(Maturation)

성숙과 학습은 매우 밀접한 관계가 있다. 성숙이란 말은 성장이라는 말과 흔히 같은 뜻으로 사용하고 있지만 그 의미는 조금 다르다. 또한 발달이라는 말과도 다른 의미로 사용된다. 즉, 영어에서 성숙은 maturation, 성장은 growth, 발달은 development로 구별하고 있는 것으로도 알 수 있다. 이 같은 구별은 어디까지나 상대적인 것이므로, 사용하는 사람에 따라서는 발달이라는 말로 성장이나 성숙까지도 포함해서 사용하는 경우가 있다. 그러나 만일 서로 다른 의미로 사용하는 경우는 대체로 어떤 차이를 갖고 있냐 하면, 성장은 신체적 변화, 성숙은 기능의 변화, 발달은 정신적인 변화를 가리키는 경우가 많다.

이렇게 볼 때, 학습 내용이 성숙도에 따라 적당한 것이 못되면 교육받은 만큼의 효과는 나타나지 않을 수 있다. 이런 까닭에 효과적인 학습을 위해서는 아동의 성숙도에 따라 학습해야 한다는 이론이 나오는 것이다. 이와 같은 성숙은 인간의 생리적 발달과 밀접한 관계를 맺고 이루어진다. 그리고 학습과의 관계를 보면 서로 상보적 관계에 있는데 이것을 구별한다면 성숙은 특별한 자극조건, 즉 훈련(training)이나 연습(practice)이 없이 일어나는 성장을 말하는데, 성숙과 학습과의 상관관계에 대해서 Gates와 Jersild는 다음과 같이 들고 있다.

① 학습은 성숙의 수준에 의존한다.
② 성숙은 특별한 훈련(학습)에 의해서 더욱 촉진되어 간다.
③ 성숙은 학습의 준비성(readiness)을 이룬다.
④ 준비성은 학습에 의해서 촉진된다.

McGraw는 학습과 성숙의 관계에 대하여 다음과 같이 말하고 있다.

① 학습활동은 성적의 요인에 의해서 크게 영향을 받고 있는데 특히 유아의 경우 더욱 그러하다.

② 복잡한 행동일수록 성숙의 요인보다 학습의 요인이 크게 작용한다.

③ 신체적 활동보다 정신적 활동에 학습은 더 큰 영향을 미친다.

④ 각 활동은 아무리 훈련을 하더라도 더 이상 발달할 수 없는 변화의 한계점이 있다. 뿐만 아니라 학습 내용이 성숙도에 대해서 적당한 것이 못되면 훈련받은 만큼의 효과는 나타나지 않는다. 이런 까닭에 효과적인 학습을 위해서는 아동의 성숙도에 따라 학습해야 한다는 이론이 나오는 것이다.

여기에서는 효과적인 학습을 전개시키기 위하여 성숙과 학습이 서로 관계되는 몇 가지 원칙을 생각할 수 있다.

첫째, 일반적으로 성숙 정도에 따라 학습을 하면 효과적이나 그렇지 않으면 학습자와 지도자, 양자 모두 실패감을 맛보게 된다.

둘째, 성숙 정도에 따라 학습의 질과 양을 맞추면 효과가 크다.

셋째, 성숙 정도에 따라 학습시간의 길이를 조절하면 효과가 있다.

넷째, 지적 방면의 학습은 성숙 정도에 따라 가능한 한 일찍 학습시키는 것이 효과적이다.

다섯째, 성숙 시기에 따라 어떤 기능이나 활동이 가장 쉽게 영향받는 시기가 있다. 따라서 그 시기를 잘 포착하여 학습지도를 하면 학습과 성숙을 성공적으로 이끄는 좋은 기회가 된다.

(2) 지능(Intelligence)

'지능은 곧 학습능력이다'라고 할 정도로 학습과 밀접한 관계가 있다. 그 관계를 살펴보기 전에 먼저 지능 자체의 개념을 알아보아야 하겠다. 지능이 무엇이며, 그 구성 요소는 어떻게 되어 있는가 하는 것은 심리학이 과학적

각광을 받은 이후부터 현재에 이르기까지 해결하지 못하고 있는 문제의 하나이다.

우선 잡다한 지능이론 및 정의를 몇 개의 유목으로 분류해서 정리해 보면, 첫째, 지능의 적응적 성격을 강조하는 정의다. 이에 따르면 지능이란 한 개인의 전체 환경에 대한 적응이며 생활의 새로운 문제 및 새로운 상태에 대한 일반적인 정신적 적응성(general mental adaptability)이라고 한다. 둘째, 지능을 학습하는 능력(ability to learn) 혹은 교육받을 수 있는(educable) 능력의 범위를 말하는 것으로 보는 것으로 통상적인 관점이라고 할 수 있다. 이외에도 추상적인 사고를 하는 능력(ability to carry on abstract thinking)을 지능이라고 보는 관점도 있다. 셋째, 위의 정의와 관련되기는 하나 다소 그 의미를 달리하는 정의로서 지능이란 추상을 배울 뿐 아니라 그것을 구체적 사실과 관련시키는 능력이라고 보는 관점이다. 넷째, 위의 세 가지 개념보다 종합적이고 포괄적인 정의 방법이다. Wechsler는 지능이란 목적을 향해 행동하고 합리적으로 사고하며 환경을 효과 있게 다루는 개인의 집합적 능력(grobal or aggregate capacity)이라고 했다.

사실상 조건반사적인 면과 시행착오적인 면에 이루어지는 학습은 사실상 지능과는 별개의 것으로 생각해도 무방하다. 학습의 준비성에서 고려되는 지능이란 지각, 기억, 추리, 사고 등의 활동만이 학습에 영향을 미치기 때문이다. 다시 말해서 지각작용을 통한 직접경험 그리고 직접경험의 기억작용, 건전한 추리작용에 의한 추상력을 통한 판단력 등이 학습의 기본능력이라 할 수 있으며, 이 능력들이 특히 학습의 준비성에서 요구되는 지능이라고 할 수 있는 것이다. 즉, 지능측정에서 지능지수를 좌우하는 정신연령(MA)이 곤란한 과제를 해결할 수 있는 학습의 준비도로 생각되는 것이다.

그러나 사실 각급 학교에서 각 교과를 일정한 학력 또는 정신연령에 맞도록 배열한다는 것은 쉬운 일이 아니다. 왜냐하면 아직도 이면에 관한, 즉 교과에 대한 특수한 준비도는 아직도 충분한 연구가 되어 있지 못하고 있기 때문이다.

예를 들면, 수학에 있어서 소수 문제를 취급하는 데에 정신연령은 어느 정도 되어야 하느냐 하는 연구는 아직도 객관적인 결론을 맺지 못하고 있다는 것이다. 그러나 여러 다른 각도에서 지능지수와 각 교과의 상관관계에 대한 연구는 비교적 많이 발표되고 있다. 이 발표된 내용에서는 아직도 학습의 조건으로 지능이 많은 영향을 미친다고 보고 있다.

(3) 경험(Experience)

학습의 성과는 일차적으로 학습자의 지능이나 성숙에 의존하지만 이와 아울러 학습자의 경험적인 배경에도 커다란 관련성이 있다. 예를 들면, 지능이나 성숙이 거의 학습자에게 같은 교재를 두고 또한 같은 조건에서 가르쳤다고 할 때 그 결과는 거의 같은 현상으로 나오지 않을 때가 많을 것이다. 그 원인은 두 학생 간의 학습태도와 방법의 차도 있겠으나, 더 중요한 것은 교재에 대한 과거의 경험의 유무인 것이다. 가령 지난 생활에서 경험한 적이 있었던 것은 보다 쉽게 이해될 뿐 아니라 흥미도 더 갖게 되어 보다 강한 학습동기를 내기 쉽다. 전혀 경험해 보지 않은 학습자에 비해서 노력에 비하여 현저한 차를 나타낼 수도 있을 것이다. 그러므로 준비성에서 경험적 배경도 중요한 요소가 된다고 할 수 있다. 지금까지는 경험을 다만 일상생활에서 얻어지는 구체적인 생활경험만을 이야기했으나, 그 개념을 확장하여 생활경험 뿐만 아니라 교과학습 경험도 이에 포함될 수 있다.

그렇지만 어떤 경험이든지 모두가 교육적이라고만 할 수 없다. 경험이 가지고 있는 교육적 가치는 결코 동일하지 않다. 어떤 경험은 교육적 가치가 있고 어떤 경험은 그렇지 못할 뿐만 아니라, 해롭기까지 하다. 즉, 어떤 경험을 막론하고 그것이 계속하여 오는 경험의 성장을 저지하거나 왜곡하는 결과를 가져올 때 그 경험은 비교육적인 것이다. 이러한 경험은 장래에 보다 더 풍족한 경험을 가질 가능성을 제한하기 때문이다. 따라서 교육적으로 가치 있는 경험은 그 경험을 함으로써 다음에 올 경험의 영역을 넓히는 효과가 있어야 한다. 그러나 어떤 경험은 경험자의 기계적 기능을 어떤 특정한 방향으로 증진시키기는 하는데 그로 말미암아 사람을 어떤 틀 속에 몰아넣는 수가 있다면 그 경험은 역시 비교육적인 것이다.

어떤 경험이 교육적으로 뜻있는 것이기 위해서는 그 경험이 다른 경험과 유기적인 연관성을 갖게 되어야 하는 것이다. 그렇기 때문에 아무리 어떤 경험이 감격적인 것이라 할지라도 그 경험이 다른 경험과 유기적인 관계를 가질 수 없다면 그 경험자의 활동력만을 낭비하게 만든다. 재미있는 경험이 아무리 활기를 띠고 생생하다 한들 만일에 그 경험의 주인공으로 하여금 자제(Self-control)할 능력을 감퇴시키고 쓸데없는 불만과 불평을 일삼게 하고 반항심만 양성하며 성격을 산만하게 하고 분열적으로 이끌어 가는 것이라면 비교육적인 경험이 되는 것이다.

이와 같이 경험이란 중요한 뜻을 갖고 있는 것으로서 학습자가 학습하는 데에 또 학습시키는 데에 중요한 조건이 된다. 다시 말해서 학습의 발전은 항상 학습자의 지난날의 학습 경험이 중요한 준비성으로서의 성질을 갖게 된다는 것이다. 경험이 학습의 준비성으로서의 조건이 되기 때문에 앞에 기술한 바와 같이 교육적 경험을 어느 정도 해 왔는가를 고려하여 학습전개가 이루어져야 한다(천병기, 1994).

(4) 개인차

모든 사람들은 각자 자기 나름대로의 독특한 개성을 가지고 있다. 이 독특한 개인차는 학습의 능력이나 성격발달 그리고 그 속도 등에서 다양하게 나타나는데, 사실 이러한 개성차는 학습의 준비성의 복잡한 요인이 된다. 나이가 같은 또래 집단에서도 구성원 각자의 개성차에 따라 학습동기나 학습방법이 달라질 필요가 있기 때문이다.

일반적으로 이러한 개성차를 자세히 살펴보면, 개개인의 내적인 차이라고 말할 수 있다. 즉, 개성차란 개인 간의 편차 또는 변이도를 말하고, 개인의 내적인 차란 양적인 편차나 변이도가 없는 두 사람 간에 인격구조의 차(질적차) 또는 같은 개인이 때와 장소에 따라 달리 나타내는 편차를 말한다. 예를 들면, 갑동이와 을동이 사이에 만약 IQ가 110으로 똑같다면 양자 사이에는 IQ에 있어서는 개인차가 없다고 하겠으나, 갑동이의 IQ의 구조는 수리보다 언어가 더 높고 을동이는 언어적인 면보다 수리면이 높을 수 있다. 이러할 때 이러한 차를 개인내차라고 한다. 이와 같이 각각의 학습자들은 필요와 흥미에서도 개인차를 나타내고 있다. 또 남녀 간에도 각각의 차이가 있어 그들 나름대로 즐겨하는 공부나 즐겨하는 놀이의 일반적인 경향성이 있다. 남학생별로 즐겨하는 공부, 여학생별로 즐겨하는 놀이가 각각 다르다는 것이다. 이와 같이 그들의 심리적면에서 전부 개인차를 갖고 있기에 학습의 준비성에서 그 개인차를 파악하여 학습 문제를 제기해야 보다 효과가 있다는 것이다.

개인차에 입각한 지도란 이 두 가지를 모두 고려한 것이라야 한다. 이 외에 준비성의 요인으로서 흥미, 관심, 정서, 성격 등을 들 수도 있으나, 이것은 앞에서 들은 네 가지 항목에 포함시킬 수도 있을 것이다. 개인의 학습에 대한 즌비성에서 지능이나 개인차 등을 들고 있으나 이와 같은 것도 개인에 있어서드 그날의 신체적 상태나 정서의 변화, 그리고 일기의 변화 등에서도 변화가 생기기 때문에 학생의 그 당시의 상태를 파악하기란 어려운 점이 많다(박상호, 1994).

2) 동기유발

동기(motive)란 학습자의 행동을 어떤 목표로 이끌어 가는 내적 충동 상태를 뜻한다. 그러므로 동기유발(motivation)이란 학습에 있어서 학습자가 하고자 하는 경향을 생기게 하는 것을 말한다. 이렇게 보면 학습 동기란 학습자가 그 학습에 대한 의욕을 가지고 학습활동을 전개하는 힘을 말하는데, 이 학습 동기를 유발시키는 데는 크게 두 가지로 나누어 생각할 수 있다. 하나는 학습자 스스로 자발적으로 학습하려는 의욕을 갖는 것으로서의 동기이고, 다른 하나는 외부에서 학습활동을 일으키도록 하는 유인으로서의 동기이다.

따라서 동기유발에도 자연적인 것과 인위적인 것, 즉 내부로부터의 동기유발과 외부로부터의 동기유발로 나누어 생각할 수 있다. 전자는 학생 자신 속에 그 동인을 가진 경우로서 그들의 흥미, 요구, 경험, 능력 등에 호소하는 방법이고, 후자는 인위적으로 학습 의욕을 일으키는 방법으로써 보통 상과 벌, 혹은 칭찬과 질책, 성공감과 실패감의 경험을 이용하는 것을 비롯하여 학습 목적의 확인, 학습 장면이나 학습 형태에 대한 배려 등을 들 수 있다. 그런데 상벌이나 질책, 칭찬 등은 어디까지나 수단이지 목적이 되어서는 안 된다. 흔히 사용되는 유인이란 말은 엄격하게 따지면 동기가 아니고, 동기를 만족시키기 위해서 어떤 행동을 유발하는 외적 조건이기 때문이다. 그렇기 때문에 학습의 실제에 있어서는 동기와 유인이 동반되는 것이 보통이다. 따라서 학습 활동을 실제로 지도하는데 있어서는 이 점을 충분히 유의하여 학습자의 학습동기가 무엇이며 또한 그 동기에 자극을 주어 만족할 수 있는 방향을 찾게 하는 유인은 어떤 것인가를 알아내는 것이 중요하다.

이상과 같은 뜻을 지닌 동기는 학습활동에 영향을 미치는 세 가지의 기능을 갖고 있다.

첫째로, 동기는 학습의 활기를 띄게 하는 기능을 갖고 있다. 이것은 아동들의 학습 내용 그 자체에 의하여 동기가 유발되는 경우와 또는 학습 결과에 부수적으로 수반되는 상이라든가 칭찬 또는 성공감 등에 의해서 동기가 유발되는 두 가지의 경우를 생각할 수 있다. 그런데 학습자가 어릴 때에는 학습 내용 그 자체에 대해서보다 칭찬이라든가 상을 받기 위한 것이 목표에 도달하는 동기가 되는 경우가 많다. 그러나 그것이 부수적인 것이라고는 해도 학습자에게 효과를 초래하는 한 학습내용 자체가 수인을 가져오게 하는 경우와 같이 효과적인 것이요, 학습의 동기가 되는 것임에는 틀림없다.

둘째로, 동기는 학습내용 및 질, 양 등을 선택할 수 있는 기능을 갖고 있다.

모든 아동들은 자기 자신이 흥미 있는 학습 문제에 대하여는 항상 적극적인 반응을 보이지만 그렇지 않은 경우에는 학습에 대한 실패를 하거나 아예 외면을 하게 된다. 또 같은 내용을 같은 시간에 두 사람에게 들려주어도 그것을 받아들이는 내용이나 태도는 각각 다르다. 그것은 듣는 자세, 즉 듣는 동기가 다르므로 해서 다른 반응을 보이는 것을 알 수 있다. 즉 내부적 동기가 외계에 더하여 다른 반응을 보인다. 그러기 때문에 학습은 외부에서의 강요가 아니라 명확한 목표를 향해 동기를 유발시키는 것이 학습을 능률적으로 지도하는 방법이 된다.

셋째, 동기는 학습의 목표를 향해서 활동시키는 기능을 갖고 있다. 학습에서 동기가 유발되었다고 할 때 그것은 자신이 학습할 학습 목표를 확인하고 있다는 말이다. 그러나 우리는 지금까지 아동들에게 학습목표를 인식시키는 방법이 사실상 미흡한 점이 많았다. 무조건 또는 무의미한 그런 입장에서 교과서를 읽혔고 기억하도록 했으며 그래서 오직 많은 지식과 기능을 갖추게 하려는데 지도의 중점을 두었다. 그런 까닭에 아동들은 자신이 배우는 내용이 언제 어디에 필요한 것인가를 생각조차 하지 않는 입장에서 학습하게 된 것이다. 이것은 완전히 비능률적이고 비생산적이며 수동적이고 타율적인 학습이라 할 수 있다. 이러한 입장에서 조속히 탈피하여 학습자로 하여금 자신이 뚜렷한 학습 목표를 갖고 학습활동에 임할 수 있는, 즉 동기가 주어지는 학습활동이 요망된다. 이것은 학습활동에서 뿐만 아니라 계획, 실행, 평가 단계에까지 그렇게 되어야 한다.

이러한 동기의 기능을 최대한 살려서 학습을 하면 어떤 결과를 가져올 것인가. 즉 동기와 학습 능률과의 관계를 살펴보면 다음과 같다(박상호, 1994).

첫째, 동기는 학습의 속도를 결정짓는다. 학습에 있어 동기를 일으키면 일으킨 만큼 학습의 속도는 빨라진다. 그러나 동기의 강도라는 것도 어느 한계가 있는 것이다. 너무 강하다보면 동기에 휩싸이고 목표에만 정신이 팔려 넓은 범위의 학습 수단을 적절하게 사용하지 못한다는 것을 명심해야 한다.

둘째, 동기는 학습의 도달 한계를 결정지어 준다. 이것은 학습하려는 동기의 강도에 따라 학습 내용의 양과 질의 한계가 결정된다는 것이다. 동기가 강하면 강한만큼 양이 많고 질이 좋으며 약하면 약할수록 양은 적고 질은 낮다는 것이다.

셋째, 동기가 강하면 오류를 적게 범하게 된다. 물론 오류를 적게 범한다는 것은 비단 동기에만 관계되는 것은 아니다. 어느 면에서는 방법적인 면에서 더욱 영향을 받기도 한다. 그러나 여기서 뜻하는 것은 학습하려는 동기가 강하게 유발되면 학습하고자 하는 의욕 때문에 비교적 오류를 적게 범하고 학습의 속도도 빨라진다는 것이다.

이상의 논의를 바탕으로 우리는 학습과 동기의 상관성에 관해 다음과 같이 정리할 수 있다(이무근, 2005).

첫째, 학습자가 학습활동에 대한 흥미를 갖고 있는 경우, 학습이 능률적으로 또 효과적으로 된다. 교사에게는 학습자의 흥미가 어디에 있는가를 발견하는 일이 학습지도나 성격 발달에 지름길이 되는 것이다. 왜냐하면 흥미는 그 속에 동기를 핵심적인 요소로 갖고 있기 때문에 학습의 동기를 일으키는데 있어 가장 큰 비중을 갖는다.

둘째, 상이나 벌이 학습의 동기유발의 근원으로 효과가 있다. 일반적으로 상이 벌보다 월등하게 동기유발의 효과가 있다고 알려져 있지만 벌도 때로는 좋은 동기유발이 되기도 한다. 그러나 학습지도에 임하는 교사는 상이나 벌이 목적이 아니고 수단이라는 것을 잘 인식하고 적당한 학습 장면에서 효과적으로 사용해야 한다.

셋째, 경쟁과 협동에 의하여 동기유발의 효과가 나타난다. 일반적으로 경쟁이 협동보다도 동기유발에 있어 유효하다고 하겠다. 그러나 협동에 의한 동기유발의 효과로서는 협동 집단이 경쟁 집단보다 응집력이 강하고 우호적 분위기이기 때문에 학습자는 상호 원조하여 집단의 생산성을 높이고 문제를 해결함으로써 만족감, 성취감, 책임감을 가지게 되는 점에서 민주적 방법이라고 할 수 있다. 그러나 이와 같이 경쟁과 협동을 동기유발에 이용하는 경우, 예상치 못한 여러 가지 문제가 생길 수 있다. 따라서 자신의 학습 방법과 노력을 비교하여 외적 동기유발로 학습 의욕을 높인 후에 다른 사람의 성적을 객관적으로 인정하여 협동하는 태도를 기르는 것이 중요하다.

제 4장

학습자의 이해

1. 애착
2. 자아존중감
3. 도덕성의 발달
4. 지능의 발달
5. 창의력의 발달

1. 애착

인간은 태내에서부터 부모의 영향을 받으며 출생 이후에도 계속해서 유대관계를 맺으며 자란다. 부모의 따뜻한 보살핌과 피부접촉, 편안함이 애착(attatchment)을 하게 한다. 부모와의 애착은 유아가 부모와 가까이 있게 만들고 부모와 떨어져 있을 때는 불안을 느끼게 한다. 뿐만 아니라 유아가 부모에게 느끼는 애착의 정도는 일생동안 타인과의 관계형성에 영향을 미치기 때문에 인생 초기부터 관심을 가져야 할 중요한 심리적 발달이라 할 수 있다.

1) 신체접촉

애착 연구의 권위자인 할로우(1959)는 새끼원숭이들을 대상으로 실험을 하였다. 출생 직후에 부모와 떨어져 무명담요가 있는 우리에서 새끼원숭이를 사육하였는데, 이들은 담요에 강한 애착을 보여 담요를 빨기 위해 걷어 가면 매우 슬퍼하였다. 원숭이들에게 두 개의 인공 대리모를 만들어 주었는데, 하나는 철사로 몸통을 만든 철사 대리모였고 우유병이 달려 있고 다른 하나는 몸통을 고무로 싼 후에 부드러운 천으로 덮은 천 대리모로 우유병은 달려 있지 않았다.

이후 원숭이들을 관찰한 결과, 우유는 주지 않음에도 불구하고 천 대리모에게 가 있는 시간이 철사 대리모보다 훨씬 길었다. 불안할 때마다 천 대리모에게 달려가 안기고 환경을 탐색할 때도 천 대리모에게 안전할 때까지 주변을 살피며 매달려 있었다. 이후의 연구들은 천 대리모를 더욱 선호하게 만드는 요인으로 따뜻하고 흔들어 주고 젖을 먹이는 것 등을 들고 있다. 새끼원숭이들에게 신체접촉은 심리적 안정감을 주어 의지할 수 있고 위로를 줄 수 있는 대상이 되는 것이다. 유아도 부드럽고 따뜻하고 흔들어 주며, 토닥여 주는 사람에게 애착을 한다. 부모와 유아간의 정서적 의사소통은 대부분 접촉을 통해서 일어난다. 마음이 불안하거나 육체적으로 고통스러울 때 마음 놓고 기댈 수 있고 새로운 것을 탐험하고자 할 때 안정된 기지(base camp) 역할을 해 주면 애착이 안정적으로 이루어진다. 애착은 전생애에 걸쳐 인간관계를 형성하는 과정에 영향을 미친다. 이러한 애착은 연령이 높아지면서 부모로부터 또래와 배우자에게로 전이되므로 더욱 중요하다.

2) 친숙성

많은 동물들은 친숙한 대상에게 애착을 한다. 로렌츠(1937)는 새끼거위나 오리, 병아리가 부화 직후 몇 시간 내에 최초로 보게 되는 움직이는 대상을 어미로 알고 애착함을 밝혀 냈다. 후속연구들은 이러한 각인(imprinting)은 자기 종(種)에 가장 잘 되지만 다양한 대상(다른 종의 동물, 바퀴가 달린 상자)에게도 각인이 된다는 사실을 밝혀 냈다. 일단 각인이 형성되면 다른 대상에게는 더 이상 각인되지 않는다.

인간은 새끼오리와 같은 형태로 각인되지는 않지만 자주 접촉하게 되는 사람이나 사물에 호감을 느끼며 각인된다. 친숙한 친구들과 함께 있고 싶어하고 입맛에 길들여진 음식을 먹고 싶어하며 새로운 곳보다는 살아오던 동네에 살기를 원한다. 친숙성은 안전하게 느끼도록 만들고 만족감을 주기 때문에 자연스럽게 애착하도록 만든다.

3) 애착의 유형

애착은 개인에 따라 차이가 있다. 에인스워스(1973)는 낯선 상황(strange situation)에서 어머니가 잠시 자리를 비웠다가 돌아왔을 때 유아의 반응을 보면서 애착의 유형을 안정애착(secure attachment), 회피애착(avoident attachment), 저항애착(resistent attachment), 혼란애착(disorganized attachment)의 4가지로 구분하였다.

연구대상의 60% 정도의 유아가 안정애착 유형을 보였는데, 유아는 어머니와 함께 있을 때는 편안하게 놀면서 새로운 환경을 즐겁게 탐색하며, 어머니로부터 쉽게 떨어진다. 어머니와 함께 놀 때 밀접한 관계를 유지하며, 어머니가 떠나면 불안해하다가 어머니가 돌아왔을 때 반갑게 접촉하며 위로를 받고 쉽게 편안해진다.

연구대상의 20% 정도를 차지하는 회피애착 유형은 어머니와 함께 있을 때에도 친밀감을 보이지 않으며 무관심한 반응을 보인다. 어머니와 분리되거나 재회하는 장면에서도 무시하거나 회피하는 반응을 보인다.

연구대상의 10~15%를 차지하는 저항애착 유형은 어머니가 방을 떠날 기미를 보이면 불안해하고 어머니 옆에서 떨어지지 않으려고 한다. 탐색활동은 거의 이루어지지 않으며 어머니가 방을 나가면 매우 심한 분리불안을 보인다. 어머니가 돌아오면 접촉하려고는 하지만 어머니로부터 안정감을 얻지 못하고 소리를 지르거나 밀어내는 양면성을 보인다.

연구대상의 5~10%를 차지하는 혼란애착 유형은 불안정 애착의 가장 심한 형태로 회피애착과 저항애착이 결합된 것이다. 어머니를 다시 만나도 굳은 표정으로 어머니에게 다가간다든지 어머니가 안아줘도 먼 곳을 쳐다본다.

에인스워스(1983)는 이러한 차이의 원인이 어머니의 행동에 있다는 것을 생후 6개월 된 유아와 어머니를 관찰하여 알게 되었다. 유아가 하고 있는 것에 관심을 가지고 적절한 반응을 보인 어머니의 자녀들은 안정애착을 보였다. 반면에 유아의 행동에 둔감하고 무반응한 어머니이거나 자신이 원할 때만 아이에게 주의를 기울이는 어머니의 자녀들은 불안정 애착을 보였다.

4) 애착대상의 부재

할로우는 새끼원숭이들이 인공 대리모 없이 완전히 고립된 상태에서 사육되면 정서적 장애가 발생한다는 것을 발견하였다. 어른이 되어서도 다른 원숭이들과 함께 있으면 무서움에 질려 떨고 있거나 공격적인 모습을 보였다. 인공수정을 시키면 암컷은 새끼원숭이에게 무심하며 학대하고 살해하는 경우드 있었다.

인간의 경우에도 사랑받지 못하고 자란 사람은 남을 사랑하지 못하는 경우가 많다. 아동을 학대하는 부모들은 대부분 아동기에 방치되었거나 학대받았던 경험이 있었다고 한다. 햄스터에게 어렸을 때 계속적으로 위협하고 공격을 가하게 되면, 성장한 후에 같은 크기의 다른 햄스터와 같은 우리에 들어 있을 때 겁쟁이가 되나 더 약한 햄스터들과 함께 있을 때는 깡패가 되어 버린다. 인간은 이 보다 훨씬 탄력적으로 반응하지만 극단적인 아동기 외상은 두뇌에 극단적인 흔적을 남길 수가 있다. 매일 여러 시간 동안 보호해 주던 어미가 없어진 새끼쥐는 성장한 후에 뉴런의 수가 적어진다(신현정 · 김비아,, 1996 재인용).

이처럼 유아는 부모와 격리될 때 매우 불안해하지만 13개월에 격리불안이 고조되다가 서서히 낮아진다. 생애 초기의 애착은 시간이 흐름에 따라 점진적으로 약화되어 보다 넓고 다양한 상황으로 나아가며 낯선 사람과 어울리며 멀리 떨어져 있는 사람과도 정서적으로 애착을 유지할 수 있게 해 준다.

2. 자아존중감

인간이 성장함에 따라 자신에 대하여 평가하게 된다. 자아존중감은 인간의 기본적인 욕구로 이 욕구의 충족여부는 생사를 가름할 정도로 중요한 문제이다. 한 개인의 심리적 적응은 자아존중감과 깊이 연관되어 있기 때문이다. 자아개념(self-concept)이 자신이 누구인지에 대한 인지적 반응이라면 자아존중감(self-esteem)은 자신이 누구인가에 대한 느낌, 즉 정의적 반응이다. 이 두 용어는 혼용해서 쓰기도 한다.

1) 자아존중감의 발달

자신의 기대수준에 비추어 어느 정도 기준에 도달하면 긍정적인 자아존중감을 갖게 되나 그렇지 못할 때는 부정적 자아존중감을 가지게 된다. 자아존중감은 중요한 타인과의 상호작용으로부터 중요하게 여겨진다고 느낄 때 생기기 시작하며 작은 성취나 칭찬, 성공의 경험을 통하여 형성된다.

브랜든(1969)은 자아존중감은 인간의 기본욕구로써 이 욕구의 충족여부는 생사를 가름할 정도로 중요한 문제라고 하였고, 로젠버그(1985)는 자아존중감은 심리적 행복과 밀접한 관련이 있다고 하였다. 매슬로우(1965)도 모든 인간은 자아존중감에 대한 욕구가 있다고 하였다. 이 욕구를 충족시킨 사람만이 자신을 가치 있고 유능한 사람이라고 생각하여 자신감을 가지는 반면, 이 욕구를 충족시키지 못한 사람은 열등감을 가지고 자신을 보잘 것 없는 사람이라고 생각한다는 것이다. 이러한 자신에 대한 부정적인 생각은 정신질환을 유발할 가능성이 있어 청년기에 낮은 자존감을 갖게 되면 약물남용, 섭식장애, 우울증, 비행과 자살 등의 문제를 가져온다고 하였다.

일반적으로 유아기에는 자아존중감이 가장 높은 시기이다. 유아들은 여러 영역에서 자신의 능력에 대하여 자신감이 있고 새로운 과제를 해결하기 위해 노력한다. 그러나 아동기에는 또래와 비교하기 시작하면서 객관적인 시각에 맞추어 현실적인 수준으로 자아존중감을 조정한다. 중학생이 되면서 새로운 학교의 진학과 사춘기, 가족의 변화 등 스트레스가 중복되는 경우 자아존중감이 크게 낮아진다.

또한 자아존중감은 개인적 특성에 근거하여 형성되기도 하지만 부분적으로 가정, 계층, 인종, 가문 등의 소속집단에 의해 형성되기도 한다. 소속집단에 의해 규정되는 자아존중감을 집단자아존중감(collective self-esteem)이라고 한다. 흑인들은 인형을 살 때 옅은 피부색을 선호하고 남미계통의 사람들은 자신의 인종에 대하여 부정적인 느낌을 갖는다. 이것은 집단자아존중감이 낮음을 의미하는 것이다(심우엽, 2006).

2) 자아존중감에 영향을 주는 요인

자아존중감은 여러 가지 요인이 통합되어 형성된다. 특히 개인적 특성, 가족관계, 학교의 영향 등은 자아존중감 형성에 영향을 미치는 중요한 요인으로 알려져 있다.

(1) 부모

부모는 자아존중감 발달에 가장 큰 영향을 미친다. 부모의 교육정도, 직업, 수입에 의해 결정되는 사회 경제적 지위는 자녀의 자아존중감에 영향을 미친다. 연령이 높아질수록 부모의 사회 경제적 지위는 더욱 영향을 미친다.

부모의 양육태도는 자아존중감에 영향을 주는 중요한 요인이다. 자아존중감이 높은 아이의 부모는 수용적이며 애정적이고 자녀의 문제에 관심을 갖는다. 이러한 부모는 자녀의 행동기준을 제시하고 이해시켜 설득할 수 있는 능력이 있다. 또한 자녀가 도움을 필요로 할 때 적절한 도움을 준다.

(2) 학업성취

자아존중감의 하위영역 중의 하나인 학문적 자아존중감(academic self-esteem)은 초등학교 때부터 나타나기 시작하여 중학교 이후 현저히 발달한다. 다른 학생과 비교하여 자신의 학업성취가 바람직하다고 평가할 때 긍정적인 학문적 자아존중감을 가지지만 그렇지 않을 경우에는 자신감을 잃고 부정적인 학문적 자아존중감을 갖게 된다. 이러한 현상은 학년이 올라갈수록 누적되어 중학교 이후의 학문적 자아존중감의 차이는 더욱 뚜렷해지면서 전반적인 자아존중감에 영향을 준다.

자신의 능력과 학업성취에 대하여 긍정적 자아존중감을 가진 학생일수록 성공에 대한 성취기대가 높고 끈기 있게 공부하며 보다 도전적인 과제를 추구한다. 반면 훌륭한 학업기술을 가졌으면서도 자신의 능력에 대하여 낮은 자아존중감을 가진 학생은 학습동기가 낮고 새로운 과제에 대한 흥미와 동기가 부족한 편이다.

(3) 신체적 매력

서구에서는 자아존중감에 영향을 미치는 요인 중 신체적 매력과 또래로부터의 인기가 학업성취보다 높다. 자신의 신체적 매력을 평가할 때 객관적으로 판단하기보다는 매스컴이나 또래의 평가 등에 더 영향을 받는다.

그러나 연령이 높아지면서 신체적 매력에 집중되어 있던 관심은 자신이 잘 할 수 있는 활동으로 옮겨가기 때문에 큰 상처 없이 자아존중감이 유지된다. 특히 우리나라에서는 학업에서의 성공이 자아존중감에 미치는 영향이 크므로 학문적 자아존중감이 신체적 매력에 대한 자아존중감을 대치할 수 있다(이옥형, 2006).

3. 도덕성의 발달

아동기와 청년기에 해결해야 할 중요한 과제 중 하나는 도덕성을 발달시키는 것이다. 도덕성은 옳고 그른 것을 구별하고 충동을 통제하며 타인을 배려하는 심리적 힘을 말한다(이현주, 2009). 도덕성 발달이론은 피아제의 이론을 기초로 하여 콜버그가 심화시켰다. 한편, 길리간은 콜버그가 주장하는 도덕성 발달 이론은 남성들에게 적합한 도덕성이며 여성들의 특성에는 맞지 않는다는 비판을 제기하면서 배려지향적 도덕성을 주장하였다.

1) 정의지향적 도덕성

피아제는 아동의 도덕판단이 인지발달에 기초한다고 믿었다. 콜버그는 피아제의 이론에 동의하여 도덕적 딜레마를 제시하고 아동들과 청소년들에게 판단하도록 하였다. 남자 아동과 남자 청소년들을 대상으로 옳고 그른 것을 판단할 때 일어나는 사고의 발달, 즉 도덕적 추리를 기술하였다. 그 결과에 근거하여 도덕적 발달단계는 인지적 수준에 따라서 3수준 6단계로 나눌 수 있다고 보았다.

(1) 수준 1 전인습적 도덕성

9세 이전의 아동들은 자기중심적인 시각으로 자신의 이익과 욕구만족이 선악을 판단하는 준거가 된다.

· **단계 1 벌과 복종 지향** : 처벌을 피하거나 보상을 얻기 위해 복종한다.
· **단계 2 도구적 상대주의 지향** : 자기의 이익과 부합하여 행동한다.

(2) 수준 2 인습적 도덕성

청년 초기에 나타나기 시작하며 타인과의 조화로운 관계를 기준으로 사회지향적 도덕성으로 발전한다.

· **단계 3 조화로운 대인관계 지향** : 다른 사람에게 인정을 받기 위해 행동한다.
· **단계 4 법과 질서 지향** : 법과 사회적 규칙은 지켜져야 한다고 생각한다.

(3) 수준 3 후인습적 도덕성

사회에서 통용되는 기존 가치에 대한 반성적 관점과 스스로 구성한 보편적인 도덕적 원리에 의존한다.

- **단계 5 사회계약 정신 지향** : 사람들의 보편적 권리를 인정하는 것을 도덕적인 것이라 생각한다.
- **단계 6 보편적 도덕원리 지향** : 자신이 생각하는 기본윤리에 따라 행동한다.

콜버그는 전인습적 도덕성에서 시작하여 인습적 도덕성을 거쳐 후인습적 도덕성에 도달한다고 주장하였다. 이 단계는 어느 문화에서나 불변적이나 최종단계는 개인마다 다르다고 하였다. 많은 연구들이 이러한 주장을 뒷받침해 주고 있으나 일부 문화권과 특히 여성들에게는 비합리적인 도덕성이라는 비판을 받고 있다.

2) 배려지향적 도덕성

콜버그의 동료이자 제자인 길리건(1982)은 여성들은 남성들과는 다른 도덕성을 가진다고 주장하였다. 여성들은 인간관계의 맥락 안에서 자신을 정의하고 배려의 관점을 도덕성으로 판단한다고 보았다. 여성들에게 도덕적 문제들은 경쟁적인 권리보다는 여러 가지 갈등상황 속에서 책임감으로부터 나오는 것이며 그 해결양식도 추상적이고 형식적인 것이 아니며 상황적이고 설명적인 것을 원한다는 것이다.

길리건(1988)에 의하면 도덕성은 공정한 정의와 따뜻한 배려라는 두 가지 요소들로 이루어졌다는 것이다. 두 요소는 문제를 파악하는 방식이 다르며 발달유형에도 차이가 있다고 하였다. 그러나 콜버그는 배타적으로 정의의 측면만을 중시하여 도덕성을 고려한 것은 여성의 도덕성을 왜곡한 성적 편견을 가진 것이라고 주장하였다.

길리건에 의하면 정의와 권리는 남성들의 도덕판단에 주로 나타나고 공정성과 평등의 원리가 적용되는 도덕성이다. 반면 배려와 책임감의 윤리는 여성들에게 지배적으로 나타나며 상호의존성, 애착에 기반을 둔다고 하였다.

길리건은 여자 성인들을 대상으로 연구한 결과 도덕성의 발달은 3수준과 2과도기의 단계를 거친다고 주장하였다.

(1) 제 1수준 자기중심적 단계

도덕적 선으로 생각하는 것은 오로지 자기중심적 배려이다.

(2) 제 1.5수준(첫번째 과도기) 이기심에서 책임감으로 변하는 단계

자신의 욕구에 덧붙여 타인의 요구를 생각한다.

(3) 제 2수준 책임감과 자기희생의 단계

자신에게 의존하는 사람이나 열등한 사람에게 배려하고자 하는 단계로 모성애적 도덕성을 나타낸다. 자신은 배려의 대상에서 제외한다.

(4) 제 2.5수준(두번째 과도기) 선행에서 인간관계의 진실로 변화하는 단계

자신과 타인과의 관계를 고려하여 자신을 배려하는 행동이 이기적인 행동인지 아니면 책임있는 행동인지에 대하여 의문을 갖기 시작한다.

(5) 제 3수준 자신과 타인을 배려하는 단계

자신도 배려의 대상이 되어야 한다는 것을 깨닫고 다른 사람과 함께 자신도 배려하게 된다.

길리건은 이러한 발달단계가 콜버그의 이론을 보완한 것이라고 주장하였다. 또한 콜버그의 발달단계와 구조적 유사성을 제기함으로써 인지발달 이론을 견지하고 있다는 것을 보여주고 있다.

4. 지능의 발달

1) 지능의 정의

지능은 교육의 효과를 결정하는 중요한 변인 중의 하나이다. 지능(intelligence)의 정의는 학자에 따라 차이가 있다. 최초의 지능검사 제작자인 비네(Binet)는 “지능은 일정한 방향을 취하고 그것을 유지하려는 경향성, 목표에 도달하기 위하여 적응하려는 능력, 그리고 자기비판 능력이다”라고 정의하였고, 터만(Terman)은 “지능은 추상적 사상(events)을 다루는 능력이다”라고 정의하였으며, 웩슬러(Wechsler)는 “지능은 개인이 목적에 맞게 행동하고, 합리적으로 사고하며, 자신을 둘러싼 환경을 효과적으로 처리하는 종합적 능력이다”라고 정의하였다. 이 외에도 수많은 지능의 정의가 있으나, 지금까지 발표된 지능의 정의를 몇 개 유목(catagory)으로 나누어 볼 수 있다(이옥형, 2007).

첫째, 지능은 적응능력(ability to adaptation)이다. 지능이란 한 개인의 전체 환경에 대한 적응이며, 생활의 새로운 문제 및 새로운 상태에 대한 일반적인 정신적 적응성이다. 지능이란 개인이 문제사태에 부딪혔을 때 행동을 보다 효과적으로 재조직하는 능력을 말한다.

둘째, 지능이란 학습능력(ability to learn)이다. 지능이란 개인이 교육받을 수 있는 범위를 말한다. 보다 지적인 사람은 지적인 면이 부족한 사람보다 더 잘 배울 수 있고, 더 넓게 배울 수 있다. 이 중에서도 지능은 추상적 사고를 학습하는 능력으로서 문제를 다룰 때 개념이나 상징 기호를 얼마나 효과적으로 이용하느냐에 있다고 보는 학자도 있다.

셋째, 지능이란 학습능력뿐만 아니라 그것을 구체적 사실과 관련시키는 능력이다. 구체사실과 일반화, 구체사실과 개념을 어느 정도 관련시킬 수 있느냐를 지능의 본질로 보려는 입장이다.

넷째, 위의 세 가지 정의보다는 보다 종합적이고 포괄적인 정의이다. 앞에 언급한 웩슬러의 정이가 여기에 속한다. 오늘날은 지능을 한 정적으로 정의하기보다 통합하여 조작적으로 정의하려는 경향이 보다 강한 편이다.

2) 유전과 환경의 상호작용

인간의 모든 특성이 그렇듯이 지능도 유전과 환경의 상호작용에 의해 발달한다. 미국 텍사스 주에서 1960년대에 아이를 입양한 300가정을 표집하여(Texas Adoption Project) 입양아와 양부모 및 형제간 지능의 상관을 조사하였다. 그 결과 생물학적으로 관련이 없는 입양형제간의 상관이 크게 떨어져 유전이 지능에 큰 영향을 미치는 반면 환경의 영향은 갈수록 감소하였다. 또한 Herrnstein & Murray(1994)는 지능점수에 따라 사람들이 양극화된다고 주장하였다. 지능이 높은 집단은 부, 사회적 성공, 명성과 지위를 얻는데 비해 낮은 집단은 가난과 무능력, 범죄로 연결된다는 것이다. 그래서 학업성취, 수입, 직업적 성공, 심지어 이혼율까지도 교육적 배경이나 가정의 사회·경제적 지위로 예언하는 것보다 지능으로 예언하는 것이 더 정확하다고 보았다.

그러나 많은 학자들은 이러한 주장을 반박하였다. 학업성적, 수입, 사회적 성공과 지위 등에는 지능보다는 다른 요인들이 더 큰 영향을 미칠 뿐만 아니라 지능검사 결과가 전체 평균과 인종별 평균 그리고 인종별 지능순위가 측정때마다 달라지기 때문이라고 하였다.

5. 창의력의 발달

1) 창의력의 정의

창의력(creativity)은 협의로는 과학자나 예술가 등이 과학적인 발명 및 발견, 예술적 창작을 수행하는 데 요구되는 핵심적 능력을 말한다(Torrance, 1962).

광의로는 과학자나 예술가가 갖고 있는 본질적인 능력은 물론 일상생활에서 당면하는 여러 가지 문제 사태를 새롭고, 독특하고, 가치 있는 방법으로 해결하려는 고차원적인 정신능력이라고 할 수 있다(Osborn, 1963).

길포드(Guilford, 1967)는 인간의 사고유형 중 확산적 사고가 바로 창의력과 관련된다고 보았다. 확산적 사고는 수렴적 사고와 서로 대조되는 능력이다.

① 확산적 사고(divergent thinking) : 인지 혹은 기억된 정보로부터 새롭고, 신기하고, 다양하고, 비습관적인 답과 해결책을 생성하는 능력이다. 산출의 다양성과 양에 강조점을 둔다.

② 수렴적 사고(convergent thinking) : 인지 혹은 기억된 정보로부터 가장 좋고, 습관적인 답과 해결책을 생성하는 능력이다. 이미 정답이 정해져 있는 사고 문제를 해결하는 능력이다.

2) 창의력의 구성요인

길포드가 제시한 창의력의 구성요인은 다음과 같다.

① 유창성(fluency) : 아이디어의 양적인 풍부성
② 독창성(originality) : 평범하지 않은 독특한 반응
③ 유연성(flexibility) : 사고의 방향의 포괄성과 다양성
④ 정교성(elaboration) : 중심이 되는 생각을 정교화하거나, 세부사항을 덧붙여 문제에 포함된 의미를 명확히 하고 부족한 것을 보충하는 능력
⑤ 민감성(sensitivity) : 문제 사태에 대하여 민감하게 지각하는 능력
⑥ 재구성(redefinition) : 새로운 절차나 구상을 꾸미는 능력

3) 창의력 검사

최근 사용되고 있는 창의력 검사는 다음과 같다.

① 단어연상검사 : 일반적으로 알려져 있는 단어를 제시하고, 각 단어에 대하여 일정한 시간에 되도록 많은 정의를 내리도록 하는 검사이다.
② 용도검사 : 일정한 용도를 가지고 있는 사물을 제시하고, 각 사물의 본래의 용도 이외의 용도를 가능한 한 많이 제시하도록 하는 검사이다.
③ 도형찾기 검사 : 복잡한 도형 속에 숨겨져 있는 어떤 도형들을 찾아내게 하는 검사이다.
④ 이야기완성검사 : 뒷부분이 생략된 짤막한 이야기를 지시대로(도덕적으로, 유머러스하게, 슬프게) 종결짓도록 하는 검사이다.

4) 창의력 계발방법

창의력은 누구나 잠재적으로 갖고 태어나는 능력으로, 환경 및 교육의 영향에 의해 개발, 육성되기도 하고 저해되기도 한다. 창의력을 촉진시키기 위하여 부모 및 교사는 어떻게 학습풍토를 조성하며, 어떻게 어린이를 지도하는 방법은 다음과 같다.

① 어린이들의 창의적 행동에 대하여 허용적인 태도를 가져야 한다. 어린이가 적절하지 못한 질문이나 아이디어를 표현해도 그것을 먼저 경청하고, 그 나름대로 가치가 있다고 일단 받아들이는 태도에서 창의력은 증진될 수 있다.
② 어린이의 창의적 사고가 출현될 수 있도록 인지적 자극을 주어야 한다. 왜, 무엇이, 언제, 누가, 어디서, 어떻게 등의 질문을 통하여 새로운 현상을 설명할 수 있도록 지식을 확대시켜 준다.
③ 어린이의 독립성 · 개방성 · 감수성 등을 강화하고 신장시켜야 한다. 창의력은 인지적 특성뿐만 아니라 성격 및 동기적 특성과 관련이 깊기 때문이다.
④ 다양한 문화적 · 교육적 경험이 제공되어야 한다. 창의력이 높은 사람은

어떤 분야의 본질적인 지식을 많이 가지고 있으며, 고차원적인 인지책략을 가지고 있다. 따라서 어렸을 때부터 창의력을 높일 수 있는 다양한 자극을 경험할 수 있게 해 주어야 한다.

⑤ 자유롭게 질문하고 탐구할 수 있는 자발적인 학습 분위기가 조성되어야 한다. 자율적이며, 모험이 허용되고, 자유분방한 자발적인 학습 분위기에서 다양하고 독창적인 사고를 이끌어 낼 수 있다.

제 5 장

교육과정론

1. 교육과정의 이해와 학습

1) 교육과정의 어원

교육과정, 즉 커리큘럼(curriculum)이란 말은 라틴어의 쿠레레(currere)에서 온 것이다. 이 말은 경주로(race course)에서 직접 뛰는 것 또는 말을 달려 경주하는 그 자체에 해당하는 뜻이다. 곧 인간 활동의 장소나 활동의 연속을 의미한다. 이러한 말이 달리고 사람이 뛰는 경주의 course를 의미하던 curriculum이 교육 분야에서 자주 사용됨에 따라 교육과정을 말하는 것으로 변천해 오게 되었다. 이처럼 course, 즉 curriculum의 의미는 변천해 왔지만 분명한 사실은 이것에는 시작과 끝이 있고 개인이 달성하고자 하는 목표와 각자 겪게 되는 다양한 체험이 있다는 것이다. 예컨대, 마라톤 경기를 할 때 경기의 코스는 사전에 합의된 것이긴 하나, 사람들이 그 코스를 달리면서 갖게 되는 생각(경험)은 매우 다양해 질 수 있는 것이다. 그러나 '달리는 주로'란 어떤 경기에서든 일정한 과정을 의미한다는 것에 주의를 기울일 필요가 있다.

이와 같은 뜻을 지닌 'curriculum', 즉 교육과정이란 용어가 처음으로 사용된 책은 1918년에 Frank Bobbitt에 의해 출판된 「교육과정」에 의해서이다. Bobbitt 이후 교육과정은 학문적 연구의 대상이 되었다는 점에서 Bobbitt의 교육과정이 이 분야의 출발점을 이룬 것으로 보인다.

2) 교육과정의 정의

교육과정을 아주 넓게 규정하는 정의가 있는가 하면 좁게 규정하는 정의가 있고, 교육을 위한 계획을 중심으로 개념화하려는 사람이 있는가 하면 교육을 통해 일어난 결과를 중심으로 개념화하려는 사람도 있다. 이처럼 교육의 정의가 다양하므로 분류체계 또한 다르게 나타나고 있다.

교육과정에 대한 정의를 역사적인 변천에 따라 살펴보면 크게 네 가지로 요약할 수 있다.

첫째, 학생들에게 가르쳐야 할 교수-학습 내용(content)으로 정의하는 입장이다. 이는 가장 전통적이고 현재에도 가장 대표적인 정의라고 할 수 있다.

둘째, 학교에서 교사의 지도하에 학생들이 갖게 되는 모든 경험(experience)으로 보는 입장이다. 이는 교육의 전통적인 지적 훈련기능을 배제하지 않으면서도 인간의 정의적 태도 함양 기능을 적극적으로 수용하는 차원에서 새롭게 주장되면서, 주로 진보주의 교육사조에 동조하는 많은 학자들의 지지를 받아왔다.

셋째, 교육의 계획(plan)으로 보는 입장이다. 이는 바람직한 교수-학습의 결과를 위해서는 학교에서 학생들이 겪는 모든 경험을 사전에 보다 완벽하게 계획하여야 한다는 생각을 반영하는 것으로 1950년대 후반부터 강조되기 시작하였다. 이러한 입장에서 Tyler는 교육과정을 교육목적을 달성하기 위하여 학교에 의해 계획되는 모든 학습으로, Taba는 모든 학습을 위한 하나의 계획으로 정의하였다.

넷째, 교육과정을 교육의 결과(outcome)로 보는 입장이다. 이는 앞서 살펴본 계획으로서의 교육과정에 그 결과의 측면을 더하여 강조하는 것이다. 이러한 입장은 1960년대 이후 학교교육 프로그램이 과연 기대하는 성과를 제대로 거두고 있는가 하는 교육의 책임에 대한 비판적 관점을 반영하는 것으로서, 교육과정을 계획에 의한 결과로 파악하여 결과를 더 중시하고 계획은 그 결과를 위한 수단이라고 보는 것이다(권건일, 2006).

2. 교육과정의 유형

1) 교과중심 교육과정

가장 좁은 의미의 교육과정에 대한 정의이자 가장 오래된 것이기도 하다.

그리고 오늘날에도 교육과정의 뜻을 가르쳐야 할 교과에 한정하는 것으로서 계속 사용되고 있는 것이다. 이 정의군에는 교수요목, 코스, 개요, 교사용 지침서, 교과서 등이 포함된다. 교과란 본래 인류가 쌓아 올린 문화유산 중에서 중요하다고 생각되는 부분을 골라 체계적으로 조직해 놓은 조직체라고 할 수 있다. 여러 문화유산 중 어떤 것이 중요한 것인가 하는 것은 개인, 사회, 시대, 철학에 따라 달리 규정될 수 있지만, 어쨌든 교과란 문화유산을 계통적으로 조직, 분류한 이른바 교과의 체계이고 이렇게 체계적이며 조직적인 교과를 통해 학습자로 하여금 문화유산을 유용하게 활용할 수 있도록 학습시키려는 것이다.

교과로서의 교육과정을 지지하는 사람들은 교과를 통하여 이성을 계발시키는 것을 목적으로 하고 있으며, 이러한 이성은 인간 실존의 가장 근본적인 문제에 대한 논리적인 토론에 의하여 계발된다고 주장하고 있다. 따라서 교과중심 교육과정의 기본적인 생각은 첫째로, 각 교과는 그 자체의 논리와 체계가 있고, 둘째로, 학습이란 체계적으로 전개시키는 것이 좋은 방법이라는 것이다.

(1) 특징

교과중심 교육과정이 갖는 일반적 특징은 다음과 같다.

① 문화유산의 전달이 주된 교육내용이 된다. 교과는 문화유산을 분류하고 논리적으로 체계를 세운 것이다. 따라서 교과중심 교육과정은 문화유산 중심 교육과정이라고 할 수 있다.

② 교사중심의 교육과정이다. 교육자는 피교육자보다 월등히 많은 지식과 기술이 있어야 하며 이 지식과 기술을 피교육자에게 전달한다.

③ 설명위주의 수업방법을 요구하는 경우가 많다. 교과중심 교육과정에서도 실험, 실습, 시범, 토의 등의 학습활동을 하고는 있지만, 이것보다는 교과내용에 관한 교사의 상세한 설명을 필요로 하는 경우가 더 많다.

교사의 자질 중 '설명력'이 요구되는 까닭이 여기에 있다.

④ 한정된 교과영역 안에서만 학습활동이 이루어진다. 교과중심 교육과정에 있어서는 교과의 맥락을 중시한다. 따라서 학습활동은 이런 선 안에서 이루어지며, 일정한 선을 넘어서 다른 교과까지 침범하는 것을 싫어한다. 예컨대, 지리과에 있어서는 지리의 내용만을 취급하는 활동이 전개된다.

(2) 장단점

교과중심 교육과정의 장점은 다음과 같다.

① 경험을 효과적으로 해석하는데 꼭 필요한 것이다. 교과중심 교육과정은 현재의 경험을 해석할 수 있는 체계를 마련할 뿐만 아니라 미래경험의 길잡이 노릇을 해 주는 것이다.

② 교과의 조직은 단순하고 명확하다. 교과중심 교육과정에서는 무엇을 어떻게 가르치면 된다는 것이 분명하다. 교사들은 교육과정 구성자가 미리 정해 놓은 것을 그대로 가르치면 되므로 혼란을 피할 수 있다.

③ 객관적인 평가기준에 의해서 학습결과를 쉽게 평가할 수 있다.

④ 교사와 학생 및 학부형들에게 최대의 안정감을 준다. 교사나 학생 자신이 무엇을 해야 하느냐를 분명히 알고 있기 때문이다. 교사는 자기가 가르치고 있는 교재에 정통하면 되는 것이고, 학생은 교재에 있는 대로 학습하면 된다.

의에 든 장점 외에도 시간과 노력을 절약해 준다든가 개인의 지성개발에 적당하다든가 교육과정의 개편이 용이하다는 장점을 주장하는 학자들도 있다.

한편, 교과중심 교육과정이 갖는 단점은 다음과 같다.

① 단편적이고 분류적인 교과조직에 빠지기 쉽고 교과의 전체를 통합하는 전체구조가 부족하다.

② 지식의 체계를 존중하고 교과의 논리적 일관성을 중시한 나머지 학생들의 심리적인 측면을 소홀하게 다루고, 성인사회의 요구를 강요하기 쉽다.

③ 오늘날의 학습은 문제해결이라든가 자료해석과 원리의 실제 응용과 같은 행위를 통한 계발적인 활동이 요구되고 있는데, 이러한 것은 별로 고려되지 않은 채, 비실용적인 지식의 습득이나 단순한 언어주의에 빠지기 쉽다.

④ 일반적인 원리, 원칙을 중시하기 때문에 추상적, 일반적 경험이며 언어주의에 빠지기 쉽고, 그로 인해 학생들의 학습의욕을 자극시키기가 어렵다.

⑤ 학문의 분과적 논리체계가 중심이 되기 때문에 각 교과별로 그 신념을 달리하고 별개의 행동양식을 요구하게 된다. 그리하여 학생들은 분과적 단편적인 교과지식에는 능통하지만 자기 행동을 종합적으로 적응해 가는 힘이 부족해지기가 쉽다.

(3) 운영상의 유의점

교과중심 교육과정의 약점을 다소나마 줄이고, 효과적으로 운영하기 위해서는 다음과 같은 유의사항에 착안해야 될 것이 요망되고 있다.

① 교사는 학과에 대한 전문지식과 이를 학생에게 잘 이해시킬 수 있는 교수법에 능해야 한다. 즉 교사는 전문학과에 대한 충분한 실력이 갖추어져 있어야 하며 이를 효과적으로 가르칠 수 있을 정도의 유능한 지도법은 필수적인 대전제가 되는 것이다.

② 각 교사에게는 자기 담당교과에 대한 적합한 시설을 갖춘 교실이 마련되어 있어야 한다. 아무리 교과중심 교육과정이라고 해도 교과서 자체만으로 이루어질 수 없다. 미술시간에는 미술교실로, 음악은 음악교실에서 과목을 배울 수 있도록 물적 환경의 정비가 있어야 한다.

③ 실제견학이나 특별활동계획이 추가되어야 한다. 학습활동의 장소를 교실로 국한시킬 필요는 없다. 생물시간에는 식물원도 견학할 수 있도록

하고, 물리공부를 하기 위해서 발전소로, 상업시간에는 은행으로 갈 수 있어야 한다. 따라서 교통수단으로서의 학교 버스도 필요하다.

2) 경험중심 교육과정

경험으로서의 교육과정을 지지하는 입장은 교육과정을 '학교에서 일어난 경험의 총체'로 보는 넓은 의미의 입장으로서 진보주의 교육자들에 의하여 제창되었다. 이러한 입장을 최초로 주장한 사람은 Caswell과 Cambell인데, 그들은 저서 「교육과정의 개발(Curriculum Development)」에서 교육과정을 "교사의 지도 아래 아동이 갖는 모든 경험"이라고 정의하고 있다.

(1) 특징

Hopkins는 경험중심 교육과정의 기본적 특징을 다음과 같이 진술하고 있다.

① 교육과정의 중심을 교과에 두지 않고 학생에 둔다.
② 교재를 가르치는 데에 중점을 두지 않고, 청소년의 원만한 성장을 촉구하는 데 둔다.
③ 교재를 미리 선택하여 조직하지 않고 학습의 장에서 결정한다.
④ 교육과정은 교사가 정하여 일방적으로 강요하지 않고 모든 학습자의 협력과 참가에 의하여 진행된다.
⑤ 산만한 사실을 가르치는 것보다 유용한 의미의 체험을 시키는 데에 중점을 둔다.
⑥ 기능이나 습관을 다른 학습에서 분리하여 가르치지 않고 더욱 큰 종합적 경험의 일부로 가르친다.
⑦ 교재와 결부된 교수법에 주력하지 않고 학습자의 학습흥미에 따라 지도하기에 노력한다.

⑧ 모든 학생에게 일률적인 학습을 시키지 않고 개인의 흥미와 개별적 능력을 고려한다.

⑨ 일정한 형에 맞추지 않고 학습자의 창조적인 성격을 육성하려 한다.

⑩ 교육을 수업이라 하지 않고 끊임없는 성장과정이라 생각한다.

이와 같이 경험중심 교육과정은 교재중심의 교육과정이 교사의 설명이 주된 방법이었던 것과 크게 대조적이다. 끊임없이 변하는 사회에서 생활해 가려면 지식을 기억하는 것보다 어떠한 환경에서나 올바르게 문제를 해결해 갈 수 있는 능력을 습득하는 것이 중요하다. 이런 점에서 경험중심의 교육과정에서는 학생들이 신변생활의 문제를 스스로의 힘으로 검토하고 종합적으로 해결할 수 있는 방법을 체득할 수 있다.

표 5-1 교과중심 교육과정과 경험중심 교육과정의 비교

교과중심 교육과정	경험중심 교육과정
① 교과목을 중심으로 한다.	① 학습자를 중심으로 한다.
② 교재를 바탕으로 한 수업을 중시한다.	② 학습자의 전인적 발달을 중시한다.
③ 자기 자신을 위하여, 또는 장래 생활에 대비하기 위해 지식, 기능의 전달을 강조한다.	③ 자기 생활개선을 목표로 하고 그에 활용할 수 있는 경험을 강조한다.
④ 인류생활의 경험을 간접적으로 받아들인다.	④ 자기의 생활경험을 직접적으로 받아들인다.
⑤ 실제지도에 직접 관계없는 제3자에 의하여 구성되고 통제된다.	⑤ 학생과 교사·부형·교육행정가 기타 많은 사람들에 의해 구성되고 통제된다.
⑥ 모든 학습자가 학습장면에서 동일한 반응을 보이며 동일한 학습효과를 기대한다.	⑥ 개개의 학습자가 학습장면에서 다양성 있는 반응을 보이며 획득된 학습 결과가 다양성 있기를 기대한다.
⑦ 특별한 교과의 특별한 수업방법 개선을 강조한다.	⑦ 학습과정의 끊임없는 변화의 갱신을 도모하고 진보를 촉진함을 강조한다.
⑧ 교육과정 구성의 원리적 형태에 기인하는 교육을 강조한다.	⑧ 사회성 있는 동적·창조적 개성을 구성함에 중점을 둔다.
⑨ 학교에서 가르치는 것을 내용으로 한다.	⑨ 경험의 연속적·총체적 발전을 내용으

	로 생각한다.
⑩ 사장된 지식의 획득이나 언어주의에 빠지기 쉽다.	⑩ 사람은 행함으로써 배운다는 학습심리의 근본적 진리에 합치한다.

(2) 장단점

경험중심 교육과정의 장점을 열거하면 다음과 같다.

① 학습자의 욕구, 질문 및 흥미와 밀접히 관련지어져 있어서 그들의 자발적 활동을 유발하기 쉽다.

② 교실 이외의 사회적 환경을 넓게 학습활동에 이용할 수 있다.

③ 참다운 민주시민의 자질함양이 용이하다.

④ 학교생활의 여러 가지 일들을 종합시켜 준다.

⑤ 학교와 지역사회와의 유대를 강화해 준다.

반면에 단점은 다음과 같다.

① 교육과정의 기본적인 분류가 명확하지 않다. 교과중심의 교육과정은 국어 · 사회 · 과학 · 수학 등의 교과목이 그대로 교육과정 구성의 기본적 분류가 되는데, 경험중심의 교육과정은 어린이의 흥미나 욕구가 활동영역을 결정하기 때문에 그 분류가 그만큼 어렵고 명확하지 않다.

② 경험중심 교육과정에서 삶의 경험이 얕거나 지도요령이 미숙한 교사는 오히려 실패를 하는 경우가 많다. 교과교육과정은 교수요목이 정해지면 그 교과 전문가들의 손에 의해 교과서가 편찬된다. 그리고 교사들은 선정된 교과서를 할당된 시간에 따라 정해진 교재를 다루게 되므로 다소 능력이 부족한 교사라도 어느 정도 학습의 효과를 거둘 수 있다. 이에 반해 경험중심의 교육과정은 정해진 사항이 없이 학생을 연구하고 그에 따라 의미 있는 경험을 쌓으려는 것이므로 이에 대한 준비가 부족한

교사는 실패하기 쉽다.

③ 소극적인 견지에서 말하면 경험중심의 교육과정은 행정적으로 통제하기 힘들다. 가르칠 내용을 정해 그것을 교과서에 실려 학습시키면 행정적인 통제가 용이하다. 그러나 경험중심 교육과정은 일정한 기준을 세울 수 없으므로 표준화된 학력을 측정할 수 없다.

④ 경험중심의 교육과정은 구체적인 사항이나 경험에서 학습하는 학생들의 학습수준에는 유효하다. 그러나 일반적인 경험이나 법칙 또는 원칙적 지식을 구하는 단계의 학습자에게는 적합하지 않다는 점이다.

⑤ 경험중심 교육과정이 학생들의 흥미나 욕구에 따라 생활상태 그대로 교육과정을 구성하는 것은 학교의 기능에 비추어 그 본질이 과소평가되는 점이 없지 않다.

(3) 운영상의 유의점

경험중심 교육과정을 보다 성공적으로 운영하기 위하여서는 다음과 같은 면에 유의를 해야 할 것이다.

① 교사의 충분한 실력과 지도력에 관한 문제이다. 즉, 일반교양과 학습자를 이해할 수 있는 심리적 소양을 기초로 해서 구안교수법에 대한 전문지식을 갖추어야 한다.

② 아동 학생들의 흥미와 학교활동에 대비할 수 있는 시설과 환경이 마련되어야 한다. 즉 교실, 운동장, 비품, 교구 등의 물적 환경이 갖추어져 있어야 한다는 것이다.

③ 아동 학생들이 공동으로 사용할 수 있는 특별활동실(activity-room)이 따로 설치되어야 한다. 그 교실은 곧 학생들이 흥미를 발산하는 곳이자 문제해결의 장소가 되게 해야 한다.

④ 학교 버스의 운행을 들 수 있다. 즉, 아동 학생들의 흥미와 요구에 따라 그것을 추구하고 실현하기 위해서는 학생들의 공동계획에 의해서 견학

및 시행을 실시하는 것이 좋기 때문이다.

3) 학문중심 교육과정

지식의 구조와 탐구과정을 중시하는 학문중심 교육과정은 사회생활 적응과 경험을 바탕으로 하는 경험주의 교육에 대한 반론으로 제기된 이론이다. Bruner의 수업이론이 그 토대를 이루고 있다. 철학적 배경은 진리는 임의적인 것이 아니라 다양성을 지니는 것이며, 사물의 성질은 선택적인 것이 아니라 주어진다는 것이다. 학문중심 교육과정의 발생동기는 1957년 소련의 'Sputnick' 호의 충격과 지식과 기술의 폭발적 증가에 대처하기 위하여 전이가 높은 지식을 선정하여 가르쳐야 한다는 요구 때문이었다.

Rickover는 미국의 학생들은 시간과 능력을 낭비하고 있으며, 미국 교육이 이토록 부진한 상태에 있는 것은 Dewey의 교육철학을 신봉하고 있는 교육전문가들의 책임이라고 혹평하면서, 첫째로 중등교육을 유럽식의 훈련본의로 할 것과, 둘째로 능력차를 무시한 교육을 해서는 안 된다는 것을 주장했다. 이와 같이 진보주의 교육철학에 입각한 아동중심 생활이나 경험중심의 교육과정은 비판을 바탕으로, 교과의 논리적인 체계성, 독립성이 강조되는 학문중심 교육과정이 머리를 들게 된 것이다.

(1) 특징

학문중심 교육과정의 내용은 구조화된 지식이다. 이것은 문제해결을 높일 수 있는 탐구력 배양을 지향하고 있으며 나선형 조직형태를 취하고 있다. 또한 논리성이 강조되고 있는 구조화된 지식도 발달을 달리하는 아동의 심리성에 맞출 수 있다고 봄으로써, 논리성과 심리성을 가진 조직형태를 취한다. 이러한 학문중심 교육과정의 특징은 크게 지식의 구조, 나선형 교육과정, 탐구학습 등으로 들 수 있다.

① 교과내용은 '지식의 구조'를 핵심으로 조직한다.

지식의 구조는 학문의 기본이 되는 개념 또는 아이디어로서 이해하기 쉽고 기억하기 쉬우며, 전이가 높고 적용하기 쉬우며, 초등지식과 고등지식 간의 간격을 좁힐 수 있다. 그러므로 지식의 구조라는 것은 학문의 기저에 들어 있는 사고방식으로 사물이나 현상을 보는 안목을 의미한다. 따라서 '지식의 구조를 가르친다'는 말은 학생들로 하여금 학자들과 수준의 차이는 있을지라도 본질상 동일한 일을 하도록 하는 것을 말한다.

② 나선형 교육과정(spiral curriculum)이 되어야 한다.

Bruner는 어떤 교재든지 지적으로 올바른 형식으로 표현하면 어떤 발달단계에 있는 어떤 아동에게도 효과적으로 가르칠 수 있다는 가설을 내세웠다. 이 가설이 뜻하는 바는 아동들도 그들의 사고방식에 맞게 그들이 알아듣는 언어와 자료를 사용하여 가르치면 어떤 교과내용도 이해할 수 있다는 것이다. 즉 동일 교과내용을 발달단계와 관계없이 가르치되 다만 발달단계가 높아짐에 따라 그 내용이 깊이와 폭이 달라질 뿐이라는 것이다.

따라서 나선형 교육과정(spiral curriculum)은 "어떤 지식이든지 그 성격이 충실한 형태로 어떤 발달단계에 있는 어떤 아동에게도 효과적으로 가르칠 수 있다"고 보는 것이며, 이것은 교육내용으로서 지식의 구조는 교육의 수준에 관계없이 그 성격에 있어서 동일하며, 이 동일한 성격의 내용이 학습수준이 높아짐에 따라 더 폭넓게, 더 깊이 있게 가르쳐야 한다는 것을 의미하는 것이다.

③ 탐구과정을 중시한다.

학문중심 교육과정에서는 교재를 가르칠 때 그 교과에 내재해 있는 '기본원리', '핵심개념'을 교사가 찾아 내어 이것을 학생들에게 제시하고 주입하는 것이 아니라, 해당분야의 학자가 한 것과 같이 학습자 스스로의 '눈'과 '방식'으로 이를 찾아 내도록 한다. 다시 말해 물리학을 공부할 때는 물리학자가 한 것과 동일한 일을 학생들에게 하도록 하는 것이다. 물리학자는 해당분야의 학문을 탐구하고 있기 때문에 비록 그 수준은 다르겠지만, 학생들도 물리학의 구조를 탐구하는 활동을 하도록 한다. 따라서 탐구학습은 학문중심 교육과정에서 주로 사용되는 방법으로서 발견학습이라고도 한다. 탐구학습은 교사가 일방적으로 결론을 제시하는 것이 아니라 학생들로 하여금 스스로 의문을 품고 연구를 통하여 해답을 발견하도록 하여, 학습자의 능동적 · 적극적 참여를 유도하는 학습방법으로 학습하는 방법을 체득하게 하며 발견의 희열을 체감하게 함으로써 학습자의 내적 동기유발을 촉진할 수 있어야 한다.

교과중심 교육과정과 학문중심 교육과정의 특징을 비교해 보면 〈표 4-2〉와 같다.

(2) 장단점

학문중심 교육과정의 장점으로는 체계화된 지식을 교육하므로 질 높은 교육이 가능하고 탐구방법의 체득으로 전이력을 높일 수 있다. 또한 학문 그 자체의 희열에 의해 내적 동기유발이 가능하며 학습효과가 상승하며, 고등정신 능력을 기를 수 있으나, 정의적 교육에 소홀하기 쉽다. 학문의 지나친 강조로 인해 아동의 흥미와 욕구 및 사회의 요구가 무시되기 쉬우며, 지식의 구조만으로 사회의 적응이 어렵다는 단점이 있다. 또한 교과목에 따라 학문 또는 지식의 구조가 명확하지 않은 교과도 있으며 이 경우 교육과정상의 위치와 조직의 문제가 발생한다. 또한 학문에 내재된 지식의 구조를 찾아 내기 어려우며, 처음에 이해하기도 어렵고, 교과중심의 지필평가 외의 지식의 구조는 평가할 수 있는 신뢰할 만한 평가방법이 개발되어 있지 않다.

표 5-2 교과중심 교육과정과 학문중심 교육과정의 비교

교과중심 교육과정	학문중심 교육과정
① 지적 성장을 강조한다.	① 지적 성장을 강조한다.

② 장래생활을 위한 준비를 강조한다.	② 장래생활 준비는 물론 학습의 현재생활까지도 강조한다.
③ 원리의 적용은 모든 사람이 성취할 수 있다고 생각한다.	③ 성취에는 차이가 있다는 것을 인정한다.
④ 집단학습과 학급집단의 일정한 수준을 강조한다.	④ 개인차를 인정하고 개별학습과 집단학습의 장을 마련해 준다.
⑤ 사실의 기억을 중시한다.	⑤ 개념의 의미와 이해에 중점을 두고 학습할 교과의 구조, 목적, 방법 및 역사 등의 이해를 강조한다.
⑥ 교과서 중심으로 가르칠 것을 강조한다.	⑥ 발견, 실험, 탐구, 발명을 권장하고 도서, 시청각적 교재를 사용할 것을 요구한다.
⑦ 논리적으로 교과를 가르칠 것을 강조한다.	⑦ 학습방법은 연구해 나가는 학과에 따라 정해지며, 때로는 논리적인 방법을 사용하기도 한다.
⑧ 학습될 교과목의 수는 한정되어 있다.	⑧ 학습할 수 있는 학과의 수는 한정되어 있다.
⑨ 민주시민이 되기 위한 준비를 목표로 강조하지 않는다.	⑨ 건전한 민주시민이 되기 위한 준비가 목표에서 거의 언급되지 않는다.

(3) 운영상의 유의점

교사, 지도, 평가의 측면에서 유의점을 살펴보면 다음과 같다.

① 교사는 자기가 가르칠 교재의 기본구조와 현대적 지식에 정통해야 한다. 교사의 내용조직이 주개념을 중심으로 한 구조를 포함하고 있기 때문에, 주개념 간의 상호관계, 구조의 표현양식, 주개념과 하위개념 간의 관계 등에 정통해야 한다. 뿐만 아니라 그 교과의 독특한 접근은 물론 현대 학계에서 그 분야에 부단히 생산되고 있는 새로운 지식을 빠른 시간 내에 받아들여 이에 대한 식견을 넓혀야 한다.

② 교과를 효과적으로 전개하는데 필요한 여러 가지 교구를 마련해 두어야 한다. 수업을 전개해 가는 데는 학습자들에게 내적 보상을 갖게 하는

것이 중요하다. 그러므로 학생들이 시청각적인 교과를 통해서 문제를 해결할 수 있다면 이에 적당한 영화, 사물, TV, 녹음기 등을 사용하여 지식의 구조파악이 용이하도록 제시해 주어야 한다. 학생들의 분석적 사고 또는 직관적 사고를 요하는 문제라면 주어진 자료 내에 이러한 사고가 유발될 수 있는 조건을 갖추고 있어야 한다. 이 때 실험기구는 조작된 완성품을 학생들에게 주는 것이 아니라 조작해서 사용할 수 있도록 미완성품의 실험 교구를 제시해야 한다. 경우에 따라서는 일상용구를 배치해 두어야 할 때도 있다. 학생들이 필요로 할 때는 언제든지 사용할 수 있어야 하기 때문이다.

③ 학습결과를 다양하게 평가할 수 있는 평가방법이 개발되어 있어야 한다. 특히 각 학문의 구조를 나타내는 양식은 다양하므로 평가방법도 다양해야 함은 물론이다. 학습결과의 평가가 있어서도 평가대상 및 평가기술 그리고 평가된 결과의 양적인 처리 등에 분명한 기준이 명시되어 있어야 한다(김정규, 1988).

4) 인간중심 교육과정

현대사회는 고도의 산업화, 전문화, 분업화 현상과 지식의 폭증으로 인해 많은 문제가 야기되고 있다. 즉 황금만능의 풍조, 가치관의 상실, 인간소외 현상, 청소년 문제 등 각종 사회병리 현상이 만연하고 있다. 특히 고도의 산업화, 전문화, 분업화로 인한 인간성의 매몰과 비인간화 경향은 심각한 문제가 되고 있다. 이러한 문제에 대처하기 위해서 교육은 종래의 지식 일변도의 교육으로부터 인간교육으로의 전환이 요구되고 있다.

인간중심 교육의 궁극적 목적은 인간의 무한한 잠재 가능성을 최대한 실현하게 하고, 인간다운 삶을 영위하면서 사회 발전에 기여하는 삶을 살아갈 수 있도록 돕는 것이다. 따라서 이 교육과정의 기본적 사고는 인간이 자기의 자아를 실현하고 인간관계에서 느낌이 상통하는 교류가 있어야 한다는 것이다. 그러므로 학교교육에서는 인간의 자아실현과 사회생활을 위한 경험의 통합을 중요시하고 있다. 인간중심 교육과정은 학생이 학교생활을 하는 동안에 가지는 모든 경험을 총칭하며, 자아실현의 육성을 그 핵심으로 하여 지적·정서적·도덕적으로 발전된 전인적 인간육성을 목적으로 한다.

교육의 목적은 인간존중을 그 핵심으로 하여 학습자에게 만족스럽고 의미있는 경험을 제공하는 것이며, 교사와 학생 간의 정서적 인간관계가 중시되고 학교환경의 인간화 및 인도주의적 교사를 필요로 한다. 또 학습자의 정서, 사고, 행동의 효과적 통합을 위해 교육과정 조직의 통합성이 강조되며, 자아실현을 목표로 설정한다. 또한 잠재적 교육과정이 표면적 교육과정과 똑같이 중요시되면, 어떠한 경우에는 더 중요시되기도 한다. 여기에는 교과중심, 경험중심, 학문중심의 개념이 혼재되어 있다.

(1) 특징

인간중심 교육과정의 특징이라고 생각되는 몇 가지를 들면 다음과 같다.

① 인간중심 교육과정에서는 잠재적 교육과정을 매우 중시한다. 인간중심 교육과정은 학교의 지도, 계획, 의도에 의하여 학생들이 가지는 경험과 학교의 지도, 계획, 의도가 없었지만 학생들이 자연적으로 습득하게 되는 경험을 구분하고, 전자를 표면적 교육과정 또는 노출된 교육과정에 의한 학습이라고 부르고, 후자를 잠재적 교육과정 또는 숨은 교육과정에 의한 학습이라고 부른다. 흔히 표면적 교육과정은 학생들의 지식과 기능의 신장에 영향을 미치며, 잠재적 교육과정은 학생들의 사회적 발달, 정의적 발달 영향을 미친다고 본다. 오늘날의 학교교육에서 문제되는 것이 지식, 기술의 발달보다 가치관, 도덕성 발달의 소홀임을 생각할 때 잠재적 교육과정이 인간중심 교육과정에서 차지하는 비중을 짐작할 수 있다.

② 학교환경의 인간화를 위하여 노력한다. 인간중심 교육과정에서는 학교 환경 전체를 인간 중심적으로 조성을 해야만 비로소 학생들이 인간적인 경험을 할 수 있다고 본다. 예를 들면, 대규모 학교, 과밀학급, 체위에 맞지 않는 책상과 걸상 등은 인간소외 현상, 반항심, 정서적 불안과 같은 문제를 야기한다. 또한 금지, 체벌, 강요와 같은 학교의 풍토는 자아실현에 결정적인 악영향을 미친다. 이러한 학교의 인적 · 물적 환경 중에는 인간교육을 저해하는 요인을 인간화하는 것을 매우 중요시한다.

③ 자아실현을 목표로 설정한다. Patterson은 '인간중심 교육목표는 자아실현인을 개발하는데 있는 것이다'라고 분명히 말하고 있다. 인간중심 교육과정은 우선 그 목적이 인간중심적이어야 하며, 이러한 교육관에 입각한 사람들에 의하면 교육의 목적은 바람직한 사람됨을 이끄는 것과 분리해서 생각할 수 없다. 또한 이 과정에서는 인간은 태생적으로 성장하고자 하는 욕구를 지니며 그리고 이 욕구를 끊임없이 실현하고자 하는 동기도 동시에 지닌다고 보며 이 동기의 실현을 자아실현이라고 본다. 인간중심 교육과정은 이러한 자아실현을 위한 교육이라고 할 수 있다.

④ 인간중심 교육과정에서는 인간주의적인 교사를 가장 필요로 한다. 인간중심 교육과정에서는 가르친다는 것은 하나의 체제나 방법들을 인간적인 영향이 얼마나 중요한지를 알 수 있다. Patterson은 진실된 교사, 한 개인으로서 아동에 대한 존중, 공감적 이해, 애정을 인간주의적 교사의 특성으로 들고 있다(김정규, 1988).

(2) 운영상의 유의점

인간중심 교육과정의 문제점으로는 논지가 모호하다는 점이다. 즉, 인간중심 교육과정의 역사가 오래되지 않아 개념의 정착 및 체계화를 위한 충분한 연구가 미흡하며, 인간중심 교육학자들의 주장이 프로그램으로 구성될 수 있을 만큼 구체화되어 있지 못하다. 또한 개인의 성장을 지나치게 강조하여 전체 사회구조 속에서 이루어지는 교육의 본질에 대한 전반적인 이해를 소홀히 할 우려가 있다. 또한 학자들 간에도 이 교육과정에 대한 견해가 불일치하여 실제로 교육현장에서 적용하는데 많은 제약이 따르며 평가도 어렵다. 인간중심 교육과정의 성공적인 정착을 위해서는 교육과정의 인간화에 따른 평가의 인간화가 요청된다.

5) 통합교육과정

통합교육과정은 전통적으로 각 학문 또는 지식의 체계에 따라 분화된 분과 교과중심에서 탈피하여 전통적 교과간의 일정한 울타리를 넘어 각 교과의 지식이나 경험을 필요한 대로 재구성하여 학생의 흥미중심, 문제중심, 특정제재 중심으로 구성된 교육과정이다. 즉, 교과영역에 구애됨 없이 이들을 횡단하여 일정한 기준에 따라 학습내용 및 경험을 선정 · 조직하려는 교육과정으로 교과중심, 학문중심, 인간중심 교육과정이 혼재해 있다고 볼 수 있다.

통합교육과정의 목표는 첫째로, 일정한 목표에 의해 교육내용의 융합을 도모하고, 둘째로, 융합된 교육내용에 의해 개인의 인격적인 통일을 의도하며, 셋째로, 통일된 인격체로서 개인에 의하여 구성되는 통일성 있는 사회를 실현하려는 것이다.

기본적인 입장은 교육내용이 통합되면 개개인의 인격이 통합되고, 나아가서 사회도 구심점을 중심으로 통합될 것이라는 견해이다. 통합교육과정의 입장에 따르면 현대의 기계화, 전문화, 분업화 등으로 일어나는 현대사회의 문제는 인간이나 사회가 공동으로 당면하는 문제이며, 이러한 문제를 해결하는 것은 전문분야의 분절된 지식이 아니라 여러 분야의 지식을 종합 · 응용할 수 있다는 것이다.

통합교육과정이 갖는 일반적 특징은 다음과 같다.

① 통합교육과정의 가장 명백한 기능은 지식의 분절화를 막을 수 있다는데서 찾을 수 있다. 다시 말하면 지식의 전문화, 세분화의 경향이다. 때문에 고도로 분업화되고 있는 현대사회의 다변화 형상에 대처하기 위한 사회적 통합에 크게 공헌할 수 있다.

② 교육과정의 통합적 접근은 지식의 기본원리 이해에 공헌할 수 있다. 즉, 폭발적인 지식의 상황 속에서 교육과정 구성의 어려운 문제를 해결해 줄 수 있다는 점에서 기본개념이나 원칙을 중심으로 교육과정을 조직하면 그 내용을 모두 포괄할 수도 있다는 것이다.

③ 통합교육과정은 학생들의 심리적 특성을 더 많이 고려하여 짜여진다. 통합교육과정은 논리적인 근거 위에서 고려되는 것이 아니라, 학생의 심리적 발달에 입각하여 통합하는 것이며, 이는 학생의 흥미와 필요에 맞는 것이 된다.

④ 학생들의 학습동기를 더 효과적으로 수발하여 준다. 교과중심 교육과정에서처럼 교사의 일방적 설명이나 시험 및 경쟁과 같은 외적 동기에 의존하는 것이 아니라, 앞에서 강조한 바와 같이 교육과정의 통합은 흥미와 필요에 더욱 적합한 것이기 때문에 추상적인 것보다는 구체적인 것을 강조하고 학생의 자발적 참여를 촉진시킴으로써 협동적 학습의 기회를 제공하게 해 준다. 따라서 학생의 흥미가 자극됨으로써 학습동기는 쉽게 유발될 수 있다.

⑤ 학습된 지식을 적용할 기회를 많이 가짐으로 학습의 효과를 높여 준다는 것이다. 학생들은 학문적인 추상성을 학습하도록 요구받는 것이 아니라, 적절한 교육적 환경의 경험과 탐색을 통해서 그들 자신의 사고의 형태를 개발하도록 요구받는다.

⑥ 통합교육과정은 지적 발달 뿐만 아니라 정의적 측면을 포함하는 전인격적 성장에 관심을 가지게 되며, 특히 자율적 학습과 책임 분담 등을 통해서 학생들의 긍정적 자아개념 형성에 공헌한다는 것이다. 통합이라

고 할 때 이는 학교 프로그램 속에서 학생들이 가지는 모든 경험들이 서로 관련되고 하나로 정리되어 인격적 통합에 기여한다는 것을 의미한다(양봉규, 1985).

6) 잠재적 교육과정

잠재적 교육과정은 전통적 입장에서 보면 교육과정을 학교경험의 총체로 규정한 경험중심 교육과정의 한 측면을 이어받고 있다고 볼 수 있다. 그러므로 현 단계로서는 잠재적 교육과정은 종래의 교육과정 개념인 표면적 교육과정의 의미에 비추어 대조적으로 정의될 수밖에 없을 것이다. 즉 잠재적 교육과정이란 교육과정을 통하여 학생들이 가지는 경험 중에서 종래 교육과정의 개념으로부터 통상 간과되어온 경험을 가르치는 것이며, 이러한 경험은 학교의 전상황과 관련되어 있는 것이라고 정의할 수 있을 것이다.

김종서는 교육과정이라는 용어는 종래의 주로 교과에서 의도한 바와 관련되는 경험내용을 가리켰으나 교육학이론이 심화됨에 따라 교재에서 의도한 바와 관련된 경험과 교과에서 의도한 바와 관련되지 않은 경험을 구별할 필요가 생겼으며, 전자를 표면적 교육과정, 후자를 잠재적 교육과정이라고 부르게 되었다고 하였다. 요컨대, 잠재적 교육과정은 학교의 물리적 조건, 제도 및 행정적 조직, 사회 및 심리적 상황을 통하여 학교에서는 계획한 바 없으나, 학교생활을 하는 동안에 학생들이 은연중에 가지게 되는 경험을 말한다.

잠재적 교육과정의 개념을 좀 더 명백히 파악하기 위하여 그 특징이라고 생각되는 몇 가지를 표면적 교육과정과 비교하여 설명하면 다음과 같다(김종서, 1973).

① 표면적 교육과정이 교과에 관련이 있다면 잠재적 교육과정은 주로 비교육적인 활동에 관련이 있다. 즉 비교육적인 놀이, 행사, 운동회 등의

각종 행사 및 단체 활동, 개인 활동 등을 통하여 배우는 것을 의미한다. 그러나 잠재적 교육과정도 교과를 통하여 배우는 경우가 전혀 없는 것은 아니다. 수학이라는 과목을 배움으로써 수학이란 정말 어렵고 재미없는 과목이라는 것을 배웠다면, 이는 교과가 매개가 되어 배운 잠재적 교육과정의 좋은 예가 된다.

② 표면적 교육과정은 주로 지적인 것이라면 잠재적 교육과정은 주로 비지적인 것과 관련된다는 것이다. 잠재적 교육과정의 대부분의 연구는 잠재적 교육과정을 비지적인 것의 경험과 관련시키고 있다. 잠재적 교육과정은 정의적 가치세계에 해당하는 비지적인 것과 관련이 깊다. 반면에 표면적 교육과정은 교과에서 배우는 지적인 것과 주로 관련된다.

③ 표면적 교육과정은 주로 이론지식에 관련되는 반면에, 잠재적 교육과정은 주로 생활기능에 관련된다는 것이다. 아동들이 학교에 나오는 목적은 공부하는 것이지만, 학교도 분명히 하나의 사회이기 때문에 아동이 공부하려는 목적을 달성하기 위해서는 사회에 잘 적응하지 않으면 안 된다. 잠재적 교육과정은 하나의 사회로서 학교라는 곳에 적응할 수 있는 여러가지 생활 기능을 배우게 한다. 학교사회에서 경험하는 것이 바람직한 것이든 바람직하지 못한 것이든 간에 거기에 적응하기 위해서는 그 사회가 요구하는 것을 배워야 한다. 때문에 학교의 잠재적 교육과정이 얼마나 바람직 하느냐가 문제시되고 있다. 그러나 표면적 교육과정은 생활기능보다는 학문과 지식에 관심이 더 많다.

④ 표면적 교육과정은 일시적 · 단기적으로 배우는 데 반하여, 잠재적 교육과정은 장기적 반복적으로 배운다는 점이다. 교과에서 배운 것은 한번 학년이 지나가면 다시 배울 기회는 거의 주어지지 않는다. 정해진 시간계획에 따라 정해진 내용을 한 번 배우면 그만이다. 이것이 표면적 교육과정의 일반적인 특징이다. 이에 반하여 아동들의 학교생활은 학년이 올라가도 매년 같은 양식의 생활을 되풀이한다.

⑤ 표면적 교육과정이 주로 바람직한 내용인 데 반하여, 잠재적 교육과정은 바람직한 것 뿐만 아니라, 바람직하지 못한 것도 포함한다는 점이다. 학교가 사회적으로나 도덕적으로 용인될 수 없는 것을 가르치려고 하지 않는 것은 그 제도의 설립목적상 당연하다. 그러나 잠재적 교육과정은 학교의 의도와 관련 없이 배워지는 것이기 때문에 도덕적으로 그리고 사회적으로 나쁜 것도 좋은 것도 섞여 있기 마련이다. 잠재적 교육과정을 통하여 아동들이 얼마나 바람직한 것을 배우느냐 하는 것은 전적으로 그 학교의 잠재적 교육과정의 장에 의하여 결정되는 문제이다. 학교에서 아동들은 바람직한 것도 동시에 배우게 마련이다(함종규, 1984).

따라서 표면적 교육과정과 잠재적 교육과정이 서로 융합되는 교육이 필요하다. 잠재적 교육과정은 교육과정 내용에 담겨져 있는 것을 글로서 가르치는 것이 아니며 학교의 생활환경이나, 규율이나 규정, 생활학습이나, 교사의 행동 등이 직접적으로 가르쳐 주고 있는 살아있는 교육과정이다. 무엇이 쓸모있고 가치 있는 일인가는 오랜 생활을 통해서 은연중에 학생들에게 가르쳐지게 되는 것이므로 이 잠재적 교육과정이 표면적 교육과정과 갈등을 일으킬 때에는 이 두 가지의 교육이 서로의 교육효과를 없앨 뿐만 아니라 학교교육은 사회적인 큰 갈등을 빚어낼 염려조차 잊게 되는 것이다. 여기에서 이 두 가지의 교육과정은 학교교육에서 통합해야 보다 보람된 교육이 운영될 수 있다는 것이다.

제 6 장

수업의 이해

1. 수업의 개념
2. 수업과 학습의 관계
3. 수업이론과 학습이론의 관계이해
4. 수업활동과 계획
5. 수업내용의 선정과 조직
6. 수업의 이론모형

1. 수업의 개념

수업이란 개념을 논하기에 앞서 먼저 용어에 대한 정리가 필요하다. 수업이란 용어는 교수라는 용어와 혼용되어 사용되고 있다. 수업과 교수를 같은 개념으로 보는 사람이 있는가 하면, 어떤 사람은 교수라는 용어를 즐겨 쓰고 또 어떤 사람은 수업이란 용어를 자주 사용한다. 또 최근에는 수업 또는 교수와의 동의어로 '교수 – 학습 과정'이란 말을 많이 사용하기도 한다. 그런데 교수 – 학습 과정이란 '가르치고 배우는 과정'을 뜻하는 것이므로 사실상 교수 또는 학습과 구분이 어렵다. 사실 교수와 수업, 학습지도는 개념상으로는 구분할 수 있다. 그러나 실제 교육현장에서 동의어로 사용하고 있다는 점에서, 그리고 세 개념이 지칭하는 주체가 교사이며 그것도 학습자를 일정한 목표에 도달시키기 위한 교사의 행동을 뜻한다는 점에서, 여기서는 수업이란 용어로 통일하여 사용하고자 한다.

Corey에 의하면 "수업이란 학습자가 특정한 조건하에 특정한 행동을 하는 것을 배울 수 있도록 학습자의 환경을 계획적으로 조정하는 과정"이다(Corey, 1959). 이 정의에는 중요한 두 가지 개념이 내포되어 있다. 그 하나는 특정한 조건하에서 특정한 행동을 학습한다는 것이다. 이것은 수업이란 처음부터 어떤 행동변화를 일으키고자 하는 명확한 목표를 전제하고 있다는 뜻이며, 이런 목표를 달성하기 위해서는 일어날 학습자의 행동을 명세화하고 명세화된 행동을 일으키기 위해선 이러한 조건 역시 구체화되어야 한다는 의미이다. 또 한 가지 중요한 개념은 계획적으로 환경을 조정한다는 것이다. 이것은 수업이란 언제나 계획된 활동임을 의미한다. 의도된 수업목표를 달성시키기 위해서는 학습자의 환경을 매우 구체적인 계획하에서 통제해야 한다는 것이다. 그래서 Corey의 정의에서는 수업이 의도적이고 계획적인 것이야 함을 지적해 주고 있다.

한편 Gagné는 수업이란 "학습이 일어날 수 있도록 학습자의 내적 및 외적 조건을 체계적으로 조정하는 것"(Gagné, 1970)이라고 보고 있다. 이 정의의 중요한 특징은 학습자를 에워싸고 있는 외부환경만을 조정할 것이 아니라 학습자가 가지고 있는 내부적 환경, 예컨대 주의집중, 동기, 선행학습까지도 계획적으로 조정하여야 수업목표를 달성할 수 있다는 것이다.

이상의 정의를 토대로 수업의 뜻을 정리해 보면, 수업이란 학습자가 특정한 수업목표를 달성할 수 있도록 학습자의 내적 및 외적 조건을 계획적 · 체계적으로 조정하는 과정이다.

2. 수업과 학습의 관계

수업은 학습자의 학습을 목적으로 행해지는 의도적인 행위이다. 이러한 수업과 학습 사이에는 다음과 같은 두 가지 관계가 성립된다.

첫째, 교사에 의하여 의도된 계획적인 수업이 학습자의 학습을 촉진시키는 경우이다. 이것은 학교교육의 가장 바람직한 형태로서 교사가 학습자를 정확하게 이해하고 적절한 학습과제를 선정 제시할 때 가능하다.

둘째, 교사는 열심히 수업을 하더라도 학습자에게 의도된 학습이 일어나지 않는 경우이다. 이 경우 교사가 학습자의 특징을 잘못 이해하여 학습자의 선수학습과 부합되지 않는 수업방법이나 교재를 사용한 경우이거나 학습자의 학습동기가 발생하지 않을 경우이다. 이러한 수업과 학습의 관계를 김종서는 다음과 같이 구체적으로 밝히고 있다(김종서, 1973).

1) 수업에는 일정한 목표가 있어야 하지만, 학습에는 목표가 있을 수도 있고 없을 수도 있다. 수업은 의도적 · 계획적이므로 반드시 달성하고자 하는 목표가 있으나, 학습은 의도적인 경우도 있으나 무의도적인 경우도 많다. 즉, 수업이 있는 곳에서도 학습은 일어난다. 따라서 모든 생활상태 속에서 학습은 가능하다고 할 수 있다. 그러므로 학습은 수업보다 포괄적인 개념이다.

2) 수업은 독립변수이고 학습은 종속변수이다. 독립변수는 작용하는 변수이고, 종속변수는 작용결과 나타나는 학생의 행동변화를 뜻한다.

3) 수업은 처방적이지만 학습은 기술적이다. 즉, 수업은 학습시의 문제점을 발견하여 이를 수정 보완하기 위한 처방적 행동이지만, 학습은 학생의 행동변화를 있는 그대로 기술할 뿐이다.

4) 수업은 일의적이지만 학습의 다의적이다. 즉, 교사가 가르치는 것은 하나이지만 학습자는 각각의 지능, 적성, 선수학습의 정도, 학습동기, 흥미 등이 다르므로 제각기 다르게 배운다는 것이다.

5) 수업연구는 있는 그대로의 교실상태를 대상으로 하나 학습연구는 동물을 대상으로 하는 경우가 많다. 그러므로 학습이론을 그대로 교육현장에 수업이론으로 적용할 때 문제가 발생할 소지가 있다. 이상과 같이 수업과 학습은 상이한 면을 지니므로 수업에서 의도한 바를 모두 학습하기는 사실상 불가능하다. 이러한 수업과 학습과의 관계를 도식화하면 다음과 같다.

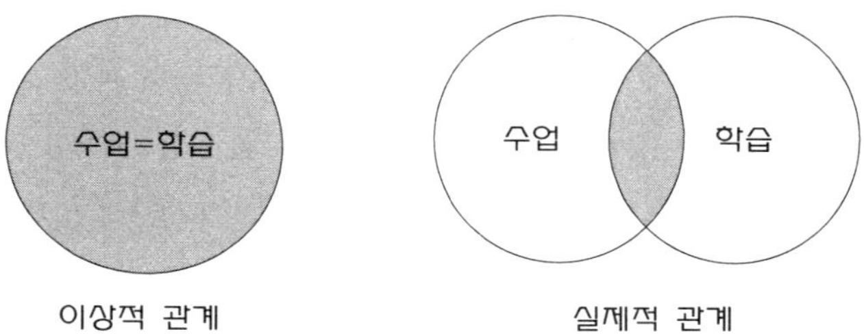

[그림 6-1] **수업과 학습과의 관계**

그림에서와 마찬가지로 이상적인 관계는 교사가 수업한 내용을 학습자가 모두 학습한 경우이다. 그러나 실제적인 관계는 교사가 수업한 내용을 일부만 학습하고 나머지는 수업과 관계없는 것을 학습한다. 그러므로 좋은 수업일수록 빗금친 부분의 면적이 넓어진다고 하겠다.

이상으로 수업과 학습의 관계를 정리해 보면, 즉 교사가 수업한 내용을 학습자가 모두 학습자 수업이 최고의 수업이지만 현장에서는 불가능하다. 따라서 수업한 내용을 학습자가 가능한 한 많이 학습하도록 하는 것이 수업의 최대 과제이다. 이러한 수업의 과정이 독립적으로 이루어지는 것이 아니라 동시에 이루어지는 것이므로 교수와 학습은 불가분의 관계에 있다는 것이다. 좋은 수업이란 반드시 성공적인 학습으로 연결될 때 가능한 것이다.

3. 수업이론과 학습이론의 관계이해

1) 수업과 학습이론의 필요성

종래에는 학습이론만이 주로 연구되고 있었으나 앞으로는 수업이론이 연구 발전되어야 한다고 하여 다음과 같이 수업이론 정립의 의의를 설명하고 있다.

① 학교에서의 학습은 교육과정의 내용에서 벗어날 수 없다.

학교교육은 무엇을 언제 어디서 왜 가르쳐야 할 것인가에 대한 전략을 세워야 하는데 학습심리학에서 제공된 한정된 기술적 지식은 이를 뒷받침하기에 충분치 못하다. 수업과정과 수업방법을 발전시키기 위한 학습이론은 없다. 이러한 이유에서 수업이론이 필요하다.

② 아동들은 수업의 지도에 의하여 학습한다.

농사지을 때 토양의 성질을 아는 것만으로는 안 되고 일정한 농경법이 필요한 것처럼 학습을 지도하기 위해서는 별도의 수업이론이 있어야 한다.

③ 학교교육의 목적은 단순한 학습이 아니라 최적의 학습을 실현시켜 주는 데 있다.

최적의 학습에는 두 가지 측면이 있는데 그 하나는 지식, 기능 및 가치 등 그 시대와 사회가 가장 필요하고 중요하다고 판단되는 영역들로 이루어진다. 둘째 측면은, 가능한 한 많은 수의 아동들이 최상의 기준에까지 도달할 수 있는 학습과 지도를 말하는 것이다. 그러나 인간은 나면서부터 여러 가지 영향을 받으므로 학습능력에는 개인차가 있다는 것이 지금까지 알려져 내려온 방식이다. 이러한 사고방식은 아래 아동을 위로 끌어올릴 수 있는 수업방법을 고찰하기 위한 별도의 노력이 있어야 한다는 데에 이른다. 이러한 의미에서 최적의 학습을 위한 새로운 수업이론의 필요성이 제기되는 것이다.

2) 수업이론과 학습이론의 관계

(1) 수업과 학습의 개념 비교

교사가 어떤 목표를 세운 뒤 학습자로 하여금 이에 도달시키게 작용하는 것은 수업활동이며, 학습자가 경험을 통하여 새로운 행동변용을 익히는 것은 학습이다. 이와 같은 수업과 학습의 관계는 다음과 같은 특징을 가지고 있다.

① 수업과 학습은 개념상으로 뚜렷이 차이가 있다.

수업은 대체로 교사가 주가 되어서 교재를 학생에게 제시 또는 전달하는 형식으로 행해지므로 학생은 수동적인 입장이 많다. 즉 수업은 특정한 학습을 시킬 목적으로 환경을 계획적으로 조정한다고 할 수 있다. 이에 비하여 학습은 일반적으로 학습자의 자발적 활동에 의한 자신의 행동변화를 전제하고 있는 것이다.

② 수업은 독립변수가 되고 학습은 종속변수가 된다.

수업은 학습자에게 작용하는 기능이며 학습은 작용의 결과로서 나타나는 행동의 변화이다. 작용한 결과가 처음에 의도한데로 나타났는지 어떤지는 평가 결과에서 밝혀지는 것이나 목표에 대한 수업활동은 학습된 결과를 낳게 됨으로 독립변수와 종속변수의 관계로 해석할 수 있다. 따라서 수업전략에 필요한 것은 독립변수를 어떤 조건 아래서 어떻게 작용시켜야만 종속변수의 극대화를 기할 수 있느냐의 과제가 될 것이다.

③ 수업은 처방적인데 반하여 학습은 기술적이다.

수업은 학습의 문제점을 찾아 내어서 이를 지도하기 위한 처방적 행동이라고 할 수 있다. 이에 비하여 학습은 학생행동의 변화된 결과를 있는 그대로 기술하는 편이다. 따라서 수업과 학습은 행동변용에 대한 처방과 기술의 관계라고 하겠다. 그렇지만 기술결과에 따라서 새로운 처방을 취하게 되므로 양자는 분리된 관계가 아니라 밀접한 상호 관련성이 있는 것이다. 실제 장면에 있어서는 학습의 내용이 잘 진단되어서 기술되면 이에 적절한 처방이 가해져 좋은 성과가 오르게 되므로 수업과 학습을 불가분의 관계를 가지는 것이다.

(2) 수업이론과 학습이론의 비교

오늘날 수업과 학습의 분야에 있어서는 특히 학교학습의 독자성을 특히 강조하고 있다. 다음의 〈표 6-1〉은 실제 그 활동에 대한 양 원리의 특징을 비교한 것이다(천병기, 1994).

표 6-1 수업이론과 학습이론의 비교

학습원리	수업원리
① 준비성 학습자가 새로운 학습경험을 얻기 위해서는 충분히 성숙되고 기능화되어 있어야 한다.	① 준비성 수업효과는 학습자의 준비성을 미리 알 수 있고 또 관찰을 통해서 학습경험을 준비하였을 때 이루어진다. 만약 이루어지지 않았을 때는 새로이 조정하여 이 때는 개별적인 지도가 효과적이다.
② 개인차 같은 학습 범위 내에서도 개인차에 따라 학습속도가 다르며 경우에 따라서는 매우 큰 차이가 있다.	② 개인차 수업효과는 개인차를 나게 하는 과오반응의 원인을 찾아서 이를 교정하고 한편으로는 개인차를 나게 하는 정반응을 더욱 길러줌으로써 향상된다.
③ 동기 어떤 학습이 학습자 자신에게 의의있게 느껴졌을	③ 동기 수업효과는 학습자가 자기능력에 맞는 학습목표를

때 그 학습은 잘 이루어진다.

④ 효과
어떤 반응을 일으킬 때 만족감이 수반되면 이러한 반응은 잘 형성된다.

⑤ 복합과 다양한 결과
한 가지 학습은 다른 여러 학습결과를 가져오게 된다.

⑥ 안전성
학습은 그 안전성과 소속감의 분위기가 있을 때 효과적이다.

⑦ 활동과 경험
학습은 학습자 자신의 목적적 · 의도적 혹은 정신적 · 신체적 활동을 통한 경험에 의하여 이루어진다.

⑧ 의미와 이해
목적적이고 효과적이며 기능적인 학습은 직접적 혹은 대리적 경험을 통하여 의미와 이해를 충분히 얻게 해 준다.

⑨ 제감각기관의 활용
학습경험은 여러 감각기관을 조화롭게 활용하므로 개선되고 또 효과적이다.

설정하고 또 이를 해결함으로써 만족을 얻을 수 있다고 생각하게 해야 향상된다.

④ 효과
수업효과는 학습자의 행동에 만족을 주면 증진된다. 적극적인 반응은 소극적인 것에 비하여 더욱 좋고 소극적이라 할지라도 아무런 반응을 하지 않은 것보다 낫다.

⑤ 복합과 다양한 결과
어떤 수업활동에 대한 집중적 학습을 수반하여 그 성과를 조정하는 방법이 택해졌을 때 수업효과는 증가된다.

⑥ 안전성
수업효과는 문제해결을 통하여 긴장감을 해소시키고 성공감을 주며 생활에 대한 의심을 없애고 자기의 가능성을 확신하게 함으로써 증가된다.

⑦ 활동과 경험
수업효과는 학습자의 요구와 흥미에 따라 상승되며 필요에 따라서는 활동을 변화시키고 이와 같은 모든 것을 경험하게 함으로써 증진된다.

⑧ 의미와 이해
수업효과는 교사가 학습자에게 주고자 하는 내용을 밑받침할 경험을 줌으로써 향상되며, 이는 의사교환에도 효과적이다.

⑨ 제감각기관의 활용
수업효과는 여러 감각기관을 동원하여 인상 깊게 함으로써 향상된다.

4. 수업활동과 계획

수업계획이란 흔히 수업의 준비라고 부르는 수업활동의 한 단계이다. 수업활동은 수업의 준비나 수업계획을 분리하고는 존립하기가 어려우며, 수업의 효과를 높이기 위해서는 수업계획은 필수적이다. 좋은 수업은 좋은 수업계획이 마련된 후에야 가능하다. 특히 다양한 학생들의 흥미 관심 수준을 감안해야 하고, 제공될 적절한 수업방법이나 수업매체를 생각한다면 수업이 막연히 잘 되겠지 하는 애매한 계획으로는 바람직한 성과를 이루기가 힘들다. 따라서 교사들이 좋은 수업을 기대한다면 좋은 수업계획부터 수립해야 한다.

오늘날 사회에서 교사의 역할은 전통적인 교육이나 전제주의 국가에서 수행했던 수동적인 전달자로서의 업무가 아니다. 새로운 사회에서의 교사는 그들이 가르쳐야 할 내용이나 방법을 그들의 지역사회나 학교 등의 특성에 따라서 재구성하여 가르치도록 요구받고 있다. 특히 21세기를 바라보며 제정한 제7차 교육과정에서는 지역사회나 학교가 가르쳐야 할 교과목이나 내용의 선택 폭을 대폭 증가시켜 놓았다. 이와 같이 오늘날의 교사에게 수업계획에 대한 재량권이 어느 때보다 많이 허용되고 있기 때문에 교사의 수업계획 수립은 필수적인 것이라 할 수 있다.

이러한 측면에서 수업계획의 필요성에 관한 몇 가지 주요 사항을 열거하면 다음과 같다.

첫째, 여러 가지 수업방법 중에서 수업목표나 내용에 적합한 수업방법을 선택하고, 그에 따른 계획을 수립해야 한다. 적합한 수업방법(혹은 수업조건)을 제공하기 위해서는 수업을 하기 전에 치밀한 수업계획이 있어야 할 것이다.

둘째, 한 시간 또는 한 단위의 수업으로도 다양한 학습활동이 일어나야 하기 때문에 학습활동에 대한 계획이 수립되어야 한다.

셋째, 학습자 개개인은 수업의 과정에서 제공되는 수업방법이나 학습활동에 대해 다르게 반응한다. 때문에 어떠한 학습자에게 어느 수업방법이 적당한

가를 배합하고 계획하여야 한다. 어떤 학습자는 혼자서 학습하는 경우를 좋아하고, 어떤 학습자는 여러 학생들이 어울려 같이 계획하고 협동하며 학습하는 경우를 좋아한다. 수업은 이러한 점들을 충분히 고려하여 사전에 계획되어야 할 것이다.

넷째, 수업은 교사 자신의 자질, 능력, 선호하는 수업 방법 등이 고려되어 계획되어야 한다. 아무리 다른 조건들이 잘 구비되어도 교사 자신이 제공된 수업매체를 잘 활용할 수 없거나 선택된 수업방법을 노련하게 수행할 수 없으면 그 수업이 효과적이기를 기대하기가 어렵다.

5. 수업내용의 선정과 조직

1) 수업내용의 선정

교육목표가 선정되면 설정된 교육목표의 효과적인 달성을 위해서 어떤 교육내용을 선정하여 학습자에게 제공할 것인가의 문제가 제기된다. 그러므로 교육내용의 선정은 교육목표의 달성을 위해서 제공되는 학습내용과 학습경험이라고 할 수 있다. 학습내용은 교과 또는 학문으로부터 도출되며 주로 지식으로 표현된다. 또한 학습경험은 학습자로부터 나오며 주로 활동으로 나타난다고 할 수 있다.

따라서 학습경험을 제공하는 교사의 일차적 과제는 학생들이 바람직한 학습경험을 최대한 겪어 볼 수 있도록 환경적 여건을 조성하는 일일 것이다. 이영덕과 김종서는 이에 관해 수업내용 선정의 포괄적인 기준을 다음과 같이 제시하였다.

(1) 교육목표와의 일관성

교육내용은 교육목표가 지향하는 바는 그 내용이어야 한다. 교육내용이 교육목표에 도달하기 위하여 선정된 것이라고 하면 교육내용은 교육목표가 지시하는 바로 그 내용이어야 하는 것이다. 교육목표가 문제해결력을 내세우면서 실제로 가르치는 내용이 단편지식만으로 구성되어 있다고 한다면 목표와 내용은 일치한다고 볼 수 없다. 특히 학교교육의 목표로서 정의적인 목표가 인지적인 목표 이상으로 강조되어 있지만 실제 교육의 인지적 목표달성(지적)만을 선정하는 경향도 있음을 부인할 수 없다.

(2) 기본개념의 중시

지식의 구조 또는 아이디어라고 하며, 낱낱의 사실은 기본 개념이라는 전체성과 관련될 때 쉽게 이해될 수 있다는 것이다. 즉 교육내용으로서는 기본개념, 일반원리와 같은 지식이 사실에 관한 지식보다도 훨씬 중시되어야 한다. 오늘날은 지식의 증가가 너무나 급진적으로 이루어지기 때문에 낱낱의 사실은 한정된 학교교육 기간 동안에는 도저히 가르칠 수 없게 되었다. 따라서 전이의 가능성이 높은 지식의 구조, 기본개념, 일반원리를 가르쳐야 한다는 학문중심 교육과정의 이론은 타당성을 지닌다고 하겠다.

(3) 탐구학습의 강조

학문중심 교육과정에서는 탐구학습을 강조하고 있다. 발견의 기쁨을 느낄 수 있는 탐구학습은 전이가도 높기 때문에 효과적이다. 중요한 지식을 학습했다는 것은 곧 그 지식의 획득과 적용을 위해 가장 효과적인 지적 과정 및 태도를 습득했다는 것이다. 그러므로 학생이 주요 개념이나 원리를 습득하는 과정이 학생의 탐구와 발견에 의한 학습이 되도록 교육내용이 선정되어야 한다.

(4) 지도 가능성의 검토

선정된 교육내용은 지도 가능한 것이어야 한다. 아무리 좋은 교육내용이 선정되었다 해도 지도 가능성이 없으면 그것은 교육내용으로서 별로 쓸모가 없게 된다. 따라서 이상적 견지에서 선정된 교육내용이 현실적으로 지도가 가능한가 하는 문제를 생각해야 한다. 지도 가능성은 여러 가지 측면에서 검토되어야 하겠지만 학교의 시설, 설비와 학생의 능력 및 선수학습의 정도가 가장 밀접한 관계가 있다.

(5) 일경험 다목표 달성

어떤 목표를 달성하기 위하여 선정된 교육내용은 본 목표를 달성함과 동시에 다른 목표 달성에도 기여해야 한다는 것이다. 즉 환경보호에 관한 지적 교육은 환경에 관한 지식뿐만 아니라 환경보호 및 환경보호에 관한 태도를 동시에 달성하도록 해야 한다는 것이다.

그런데 이러한 동시학습은 교육목표에 긍정적으로만 작용하는 것이 아니라, 경우에 따라서는 부정적으로 작용할 수도 있다. 영어 학습에 있어 내용이나 경험이 부적절할 경우 학습자는 영어만 들어도 잠이 오게 되고 영어를 혐오하게 되는 경우가 있다. 그러므로 교육내용의 선정은 학습자로 하여금 부정적 · 긍정적 동시학습을 수반하게 되므로 긍정적 측면의 동시효과를 초래할 수 있도록 신중하게 선정되어야 한다.

(6) 경험의 비중복성

학습내용의 선정시에 고려해야 할 것은 내용이 호기심과 모험심을 유발할 수 있도록 적절한 긴장감과 애매성 그리고 도전감을 줄 수 있어야 한다. 그러므로 구태여 학교에서 지도하지 않아도 가정이나 사회에서 충분히 경험할 수 있는 것이면 이를 제외한다. 흔히 학교에서 지도하는 경험들 중에 아동들의 흥미를 끌지 못하며 지적 도전감도 느끼지 못하는 경험들이 있는데, 이러한 경험들은 그 대부분이 이미 가정이나 사회에서 이루어진 것이기 때문이다.

(7) 지역성에 대한 고려

지역사회에 따라 학생들의 필요, 능력, 흥미, 진로에 큰 차이가 있다. 대도시 학생들과 농어촌 학생들의 교육내용이 동일할 수 없음을 보아도 이점은 쉽게 이해할 수 있을 것이다. 따라서 국가 및 사회적 수준의 교육과정에 있어서는 보다 융통성이 많은 교육내용을 선정함으로써 교사들이 그 지역사회에 알맞은 교육과정을 계획하도록 해야 한다. 교사수준의 지역성을 고려하기 위해서는 교육과정의 계획에 앞서 학생들의 필요와 흥미, 학부모들의 의견 등 실증적인 기초자료에 의한 지역사회에 대한 실태조사가 필요하다.

2) 수업내용의 조직

교육목표에 의해 선정된 교육내용을 어떻게 체계화하고 조직하느냐의 문제로서 계속성 · 계열성을 의미하는 수직적 조직과, 통합성을 의미하는 수평적 조직이 있다. 학습내용은 종적 및 횡적으로 상호 밀접한 관계가 있도록 조직되어야 학습의 누적적 효과를 기대할 수 있는데 Tyler는 학습경험의 효과적인 조직을 위하여 계속성(continuity), 계열성(sequence), 통합성(integration)을 들고 있다. Tyler의 이론에 근거하여 교육내용의 조직 원리를 제시하면 다음과 같다.

(1) 계속성(continuity)의 원리

수직적 조직에 요구되는 원리로서 비슷한 수준에서 어느 정도 계속해서 반복되도록 교육과정을 조직하는 것이다. 즉 학생들의 행동특성을 변화시키고 배운 내용을 쉽게 망각하지 않도록 하기 위해서는 상당기간 반복적인 학습경험의 기회가 제공되어야 한다. 동일 교육내용을 어느 정도 반복적으로 학습해야 할지는 경우에 따라서 다르지만 지적인 영역의 경우 보다는 기능적 영역이 비교적 긴 시간을 요하며, 기능의 영역보다는 정의적 영역이 더 많은 시간을 필요로 한다는 것이 일반적인 견해이다.

(2) 계열성(sequence)의 원리

계열성은 단순한 반복이 아니라 점차적으로 경험의 수준을 높여서 더욱 깊이 있고 폭넓은 학습경험을 할 수 있도록 조직하는 원리로서 계열성은 동일한 성격의 학습내용을 학년 수준이 높아짐에 따라 더 깊고, 더 폭넓게 가르쳐야 한다는 소위 나선형 교육과정과 일맥상통한다.

나선형 교육과정(spiral curriculum)은 Bruner에 의해 주장된 것으로 '어떤 지식이든지 그 지적 성격이 충실한 형태로 어떤 발달단계에 있는 어떤 아동에게도 가르칠 수 있다'는 이론으로 동일한 교육내용(지식의 구조)을 학년의 진전에 따라 표현 방식을 달리하면서 점차 심화·확대하여 조직해야 한다는 것이다.

(3) 통합성(integration)의 원리

학습경험의 수평적 조직에 관계되며 각 경험을 단편적으로 구획화하는 것이 아니라 상호 조화롭게 연결 조직하는 것이다. 즉 학습경험의 조직은 학습경험간의 관계가 상호 보충·보강되도록 조직돼야 학습효과를 높일 수 있고 전체 안목도 기를 수 있다. 교육내용은 종적, 횡적으로 상호 유기적 관계에 의해 조직될 때 다른 학습에 활용 가능하여 유력한 학습이 될 수 있고 학생들의 경험도 통합될 수 있다(강기수, 1996).

6. 수업의 이론모형

1) Glaser의 수업과정모형

Glaser는 수업과정을 하나의 체제(system)로 파악하고 그것을 4개의 구성요소로 구분하고 있다. 즉, ① 수업목표의 설정 ② 출발점 행동의 진단 ③ 수업의 실제 ④ 학습성과의 평가이다. 수업과정을 하나의 System으로 볼 때, 수업목표는 시스템 목표(system objectives)가 될 것이고, 출발점 행동의 진단은 시스템 투입(system input), 수업의 실제는 시스템 조종력(system operator), 학습성과의 평가는 결과물(output monitor)이 된다.

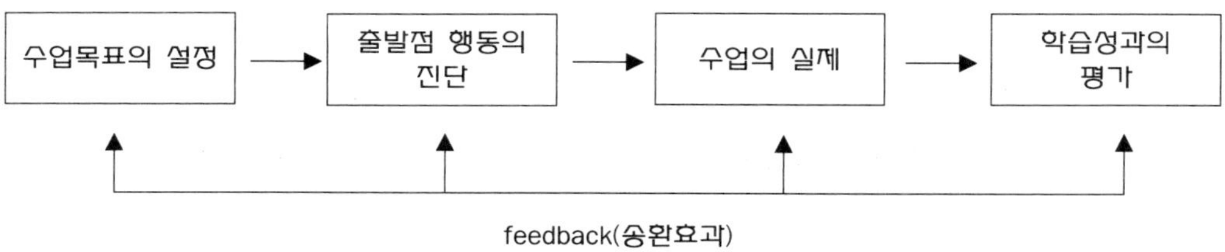

[그림 6-2] Glaser의 수업모형

(1) 수업목표의 설정

수업목표는 궁극적으로 달성해야 할 가치실현 및 행동의 변화를 객관적으로 관찰, 측정, 기술이 가능한 행동으로 세분화하는 것이다. Glaser는 수업목표 대신 종착점 행동(terminal behavior)이라는 용어를 쓰기를 원한다. 종착점 행동이란 특정 수업과정이 끝났을 때 학생들이 보여 줄 수 있는 성취(performance)를 뜻한다.

(2) 출발점 행동의 진단

출발점 행동(entry behavior)이란 특정 수업과정이 시작되는 시점에 있어서의 종합적인 학생 특성이다. 출발점 행동을 어떻게 측정하고 그 결과를 특정 수업상황의 설계와 전개에 어떻게 활용하느냐의 문제는 앞으로 많은 경험적 연구를 필요로 하고 있으며, 어떤 것을 어느 정도로 출발점 행동 속에 포함시킬 것이며, 수업과정 설계에 어떻게 반영시킬 것이냐 하는 것도 많은 연구가 필요한 문제이다.

(3) 수업의 실제

교사가 실제로 펼치는 수업 활동을 말한다. 학생의 출발점 행동에서 시작하여 학생이 학습상황을 종료하는 사이의 과정으로 학습지도의 실천을 의미한다. 이 단계에서는 학습지도 방법과 교정학습이 중요하다. 수업과정에서 교사가 채택할 방법과 기술은 학습의 안내, 강화, 준비성, 연습과 복습, 전이, 추리와 이해, 동기의 개념에 관계된 제 원리 혹은 연구에서의 발견을 기초로 한 것이다.

(4) 학습성과의 평가

학생의 성취도에 관한 측정과 평가는 일정한 수업 · 학습과정이 진행되는 동안과 종결되었을 때 실시된다. 이러한 측정 평가를 통해서 어느 정도로 보조행동과 종착점 행동이 달성되었는지를 알게 되는 것이다. 전자는 일종의 형성적 평가(formative evaluation)이며, 이 평가에서 얻어진 정보는 계속되는 교사활동의 조정에 활용된다. 후자는 종합적 평가(summative evaluation)에 해당하며, 여기서 얻어진 정보는 특정된 숙달표준에서 도달 정도를 판단하는데 이용되고 난 다음 위의 교사과정 설계의 기초 자료로 쓰이게 된다.

이상에서 고찰한 Glaser의 수업모형은 교육목표를 관찰 및 통제 가능한 행동으로 세분하고 그것을 계속적인 접근(successive approximation)으로 특징지어지는 수업계열에 따라 학생들의 학습을 안내 조작한다는 것이 Glaser 모형의 중심적 생각이다. 학생의 행동을 계획적으로 변화시키기 위한 의식적이고 체계적인 노력의 과정을 교육의 과정으로 정의하는 관점에 접근해 보려는 과학적인 시도의 하나라고 할 수 있다.

2) Carroll의 학교학습모형

Carroll 모형은 주로 인지적 · 기술적 학습을 위한 것이다. 정의적 학습에까지 활용할 것을 전제로 하지는 않는다. 따라서 Carroll은 수업이론을 전통적인 학습이론 체계와의 관련에서 보기보다는 오히려 소정의 학습성취를 위한 학교학습의 경제에 보다 더 중심을 두고 있는 것이라 할 수 있다. Carroll 모형에서 중요한 역할을 하는 변인은 적성, 지구력, 학습기회, 수업의 질, 수업 이해력의 다섯 가지인데, 이 각 변인에 대해서 살펴보기로 한다.

(1) 적성

최적한 학습조건 하에서 주어진 학습과제를 일정한 수준으로 성취하는데 필요한 시간으로 나타내고 있다. 통상의 학생집단을 상대로 한 교사가 최상의 학습지도 방법으로 수업하였다고 가정할 때 그 학습과제를 끝내는 데 소요되는 시간은 학생에 따라 상이할 것이다. 이럴 경우에 학생 각자가 일정한 학습성취에 필요로 하는 시간의 차이를 Carroll은 적성이라고 부르고 있다.

(2) 지구력

Carroll은 지구력을 동기(motivation)와 유사한 개념으로 사용하고 있으나 '얼마만한 길이의 시간을 학습에 투입하기를 원하느냐'에 더 관심을 두는 그는 오히려 인내 혹은 지구력이 더 적절한 표현이라고 생각하고 있다. 이 지구력은 어떤 학습자에게도 그리고 어떠한 길이의 학습시간에도 적용될 수 있다. 학생의 적성이 높고 학습을 위한 시간도 충분히 주어지고, 좋은 수업법을 교사가 사용하더라도, 학습자가 특정 학습과제를 일정 수준의 성취를 할 때까지 적극적으로 노력하지 않는다면 학습이 잘 이루어지지 않는다. 학생에 따라서 그리고 학습과제의 성격에 따라서 적극적인 노력을 경주할 수 있는 시간에 차이가 있다.

Carroll의 모형에서는 우선 학생들은 소기의 학습이 성취되면 이에 시간을 더 소비하지 않는다는 가정 하에 과다학습(overlearning)은 일단 생각하지 않고 있다. 따라서 지구력의 측정법은 간단하다. 만일에 어떤 학생이 가정학습과제를 성취하는데 2시간이 소요된다고 가정할 때 그 학생이 1시간 동안만 주의를 기울여 학습하고 나머지는 놀았다면 과제의 50%만을 달성할 것으로 보는 것이다. 학습에 있어서의 지구력은 동기, 학습의욕, 정서적 요인, 학습과제의 곤란도, 수업방법의 질 등에 따라 달라질 수 있다.

(3) 학습기회

특정의 학습을 위해서 학습자에게 실제로 주어지는 시간을 의미한다. 학생에게 강한 학습의욕이 있음에도 불구하고 그에게 필요한 학습 시간을 충분히 주지 못한다면 여기에 문제가 생긴다. 학교교육과정에 포함된 지식량이 방대하고 모든 교과에 조금씩 시간을 잘라서 분배하는 형편 때문에 자연히 학생들에게 특정학습에 필요한 시간을 충분히 주지 못하는 사태가 많이 일어난다. 우수한 학생에게는 특정학습에 필요한 시간이 적당하게 주어진다고 해도 학습이 느린 학생들에게는 시간의 부족을 느끼기 마련이다.

(4) 수업의 질

수업하는 내용과 방법이 학생의 학습에 용이하게 해 줄 수 있도록 정비되어 있느냐는 학생의 학습성취에 큰 영향을 준다. 교원이나 교과서 편자들의 중요한 책임의 하나는 특정 지식내용이나 기능을 학생들이 보다 빠르게 그리고 효율적으로 학습할 수 있도록 정비하고 제시하는 일이다. 여기에 몇 가지 조건이 분명히 갖추어져야 한다. 첫째는 학습과제를 학생에게 제시할 때 그것을 배울만하고 배울 수 있다는 자신감을 갖도록 해야 하며, 동시에 무엇을 학습할 것인지, 어떻게 학습할 것인지를 학습자에게 알려야 하고, 둘째로 특정 교육목표에 이르는 학습의 단계 혹은 계열이 비교적 분명히 제시되어 각 단계의 학습을 위한 준비가 전 단계에서 이루어지도록 보장해야 하며, 셋째로 학생들의 개별적인 흥미와 행동특성에 맞는 수업활동이 되도록 계획되어야 한다. 이러한 여러 조건이 포함되는 변인을 Carroll은 수업의 질로 규정하고 있다. 따라서 이 변인은 교사의 수업행동에만 적용될 수 있는 것이 아니라 교과서, 연습서, 영화교재, 학습기계 등에도 마찬가지로 적용된다.

(5) 수업내용 이해력

학생들이 수업내용이나 교사의 설명을 어느 정도로 이해하느냐 하는 것은 그의 학습성취 수준을 결정하는 데 중요한 역할을 하게 된다. 수업과정의 이해력은 수업방법과도 깊은 상관을 가지고 있다. 수업활동에서 사용하는 언어가 학생들의 이해도와 일치하느냐, 만약 벗어난다면 어느 정도로 벗어나느냐에 따라서 학생이 수업내용을 이해하는 정도가 결정될 수 있다. 보통 수업내용이나 과정을 이해하는 정도는 첫째, 학생의 일반지능과 결부시켜 생각할 수 있고, 둘째는 학생의 언어능력과 관계시켜 생각할 수 있다.

이상 소개한 Carroll 모형의 다섯 가지의 변인을 다음과 같이 분류해 볼 수 있다. 즉 학습에 필요한 시간과 학습에 투입되는 시간으로 나누어 볼 수 있다. 첫째로 학습에 필요한 시간이라면 적성, 수업 이해력, 수업의 질이 직접 관계되는 변인이 되겠고, 둘째로 학습에 투입되는 시간이라면 학생의 지구력과 학습의 기회가 이에 직접 관계되게 된다. 또 하나의 분류방법으로 수업변인과 개인차 변인으로 분류하는 일이다. 수업변인 속에 수업의 질과 학습기회를 포함시키고, 개인차 변인 속에 적성, 지구력, 수업 이해력을 포함시키고 있다. 이리하여 다섯 개의 변인을 결합시켜 다음과 같은 방정식을 만들어 내고 있다.

$$\text{학습의 정도} = f\frac{(\text{학습에 투입한 시간})}{(\text{학습에 필요한 시간})}$$

이 방정식의 해석은 학습 정도는 학습에 실제로 투입된 시간이 소정 과제를 학습하는데 필요한 시간에 비해 얼마나 되느냐에 따라서 결정된다. f는 단순히 양변의 함수관계를 표시하는 기호이다. 이리하여 학습에 필요한 시간을 전부 학습에 필요한 시간이 10시간인데 실제로 학습에 투입된 시간이 7시간밖에 안 된다면 학습 정도는 70%가 되는 셈이다. 앞서 설명한 대로 분자인 학습에 투입된 시간은 학습을 위해서 주어진 시간, 즉 학습기회와 학습을 위해서 바친 시간, 즉 지구력에 의해서 결정된다. 그리고 분모인 학습에 필요한 학생의 적성과 수업 이해력과 수업의 질에 의해서 결정된다.

3) Bruner의 수업이론모형

Bruner는 새로운 교육과정 개혁운동과 수업 개선을 위해 크게 공헌하였지만, 하나의 완성된 수업이론을 제시한 바는 없다. 다만 수업이론 형성을 위한 일련의 명제나 일반적 원리로서 수업이론에 대한 관점 내지 접근방법을 설명하고 있을 따름이다. Bruner에 의하면 학습을 향한 경향성, 지식의 구조, 학습의 계열, 상벌과 강화 등의 네 가지 관점에서 수업이론을 구성하였는데, 이들에 대해 좀 더 자세히 설명하면 다음과 같다.

(1) 학습의 경향성(predisposition)

학습의 경향성은 학습하고자 하는, 또는 문제를 해결하고자 하는 경향이나 의욕을 뜻한다. 학습의 경향성에 관계되는 그의 명제 몇 가지를 소개하면, 첫째, 학습의 탐색과 호기심을 저해하는 학습자 내부의 억압을 해소해 줄 수 있는 수업 및 학습방법이 고안되어야 한다. 둘째, 사회계층 · 성 · 연령 등의 차이에 따라 지적 활동에 대한 서로 다른 태도가 형성될 수 있다. 셋째, 학습자의 학습유형과 학습 자료의 성격이 일치될 때 가장 좋은 학습이 이루어질 수 있다. 넷째, 수업하는 사람과 학습하는 사람과의 관계 역시 학습 경향성 결정에 적지 않은 영향을 준다.

(2) 지식의 구조(structure of knowledge)

첫째, 교과의 기본적인 것을 이해하면 그 교과를 이해하기 쉽다. 예를 들면, 산수에서 하나에 하나를 더하면 둘이 된다는 기본 법칙을 이해하면 다른 계산도 무엇이든지 해결할 수 있다는 것이다. 둘째, 일반적이고 기본적인 원리를 학습해 두면 필요에 따라 이것을 재구성할 수 있다. 셋째, 기본적인 원리나 개념을 이해하면 전이의 가능성이 높아진다. 넷째, 교재를 기본적인 관점에서 계속 검토하면 기초적인 지식과 보다 높은 지식 사이의 간격을 좁힐 수 있다.

(3) 학습의 계열(sequence)

학습의 제 계열을 어떻게 잡느냐에 따라 다양한 목표달성의 효과가 증감될 수 있다. 가장 좋은 학습계열 결정에 관계되는 몇 가지 명제를 소개하면 첫째, 아동의 경험 배경, 발달단계, 학습 자료의 성격 등에 따라 달라진다. 둘째,

지식의 구조를 개념적으로 파악하고 여러 가지 상황에 쉽게 적응하기 위해서는 특수한 사실들을 기초로 한 귀납적 방법을 적용하는 것이 좋다. 셋째, 계열 속의 단계 간의 간격의 크기는 달성하고자 하는 교육목표의 성격과 학습자의 현재 능력 수준에 따라 달라질 수 있다. 학생들의 선행학습, 발달단계, 자료의 성격, 개인차 등을 고려하여 실제적으로 해결되어야 하는 것이다.

(4) 강화의 방법(form and pacing of reinforcement)

강화를 외적 보상과 내적 보상으로 구분할 때, Bruner는 내적 보상에 의한 강화를 강조하고 있다. 학습에 대한 순수한 즐거움에 연결되는 발견의 기쁨, 성취의 만족을 바탕으로 하는 내적 보상이 지니는 강화의 힘이 강하다는 것이다.

첫째, 상이나 벌이 외적인 것(교사나 부모)에 의해서 통제되는 정도만큼 성취로부터 오는 보상에 감소가 온다.

둘째, 학습에 실패한다는 것은 다음의 성취 혹은 향상을 위한 가치 있는 정보를 구하는 길이 된다.

셋째, 성공에 따르는 강한 외적 보상은 성공한 바로 그 행동을 다음에도 계속하게 하는 역할을 할 가능성이 많다.

넷째, 외적인 보상에 따르는 오류는 행동을 와해시킬 가능성이 높으며 시정과 향상을 위한 기반이 되기는 힘들다.

다섯째, 수업이론에서 강화의 기능을 활용할 경우 외적, 내적 보상의 균형을 고려해야 한다(노승윤, 2006).

4) Gagné의 학습위계에 의한 수업모형

Gagné는 인간의 능력 또는 학습은 단순한 것에서 복잡한 것으로, 단편적인 것에서 일반적인 것으로, 또는 저차원에서 고차원에로 나아가는 위계(hierarchy)를 이루고 있으며, 한 단계의 학습 또는 능력은 다음 단계의 학습에 필수적인 선행조건(prerequisite)이 된다고 가정하였다. 다음에선 Gagné의 학습위계설이 어떻게 수업에 적용되는지를 고찰해 보기로 한다.

(1) 학습위계

Gagné에 의하면 학습은 신호학습(signal learning), 자극 - 반응연합학습(stimulus-response learning), 연쇄학습(chaining learning), 언어연합학습(verbal association learning), 다변별학습(multiple learning), 개념학습(concept learning), 원리학습(rule learning)과 문제해결학습(problem solving learning)의 8가지 유형이 있는데 이들은 위계를 형성하고 있다고 한다. 이 유형에는 가장 단순하고 위계상에 최하위에 있는 것이 신호학습이며 가장 복잡하고 최상위에 있는 것이 문제해결이다. 이 8가지 유형의 학습은 각기 그 학습능력이 다르며 이들 학습이 하나의 위계를 이루고 있다는 것은 문제해결을 위해서는 원리학습이 되어 있어야 하고 원리학습은 개념학습을 전제로 한다. 이와 같이 해서 최하위의 신호학습에까지 내려간다.

이와 같은 위계에 따라 어떤 학습과제를 그 과제의 선행요건으로 학습할 필요가 있는, 보다 단순한 능력으로 분석해 나갈 수 있다. 이것을 과제분석(task analysis)이라고 한다. 이러한 과제분석은 제일 밑바탕이 되는 신호학습까지 분석해 내려 갈 수 있으나 학교교과를 다룰 때는 꼭 그렇게 할 필요까지는 없다. 그 대신 수업하고자 하는 능력 또는 목표가 설정되면 그 능력의 선행조건이 되는 하위능력으로 분석을 해 나가되 학습자가 갖고 있다고 생각되는 지점까지만 분석하면 된다.

[그림 6-3] **Gagné의 교수모형**

이들 여덟 가지 학습유형은 위계가 낮은 것부터 차례로 열거된 것이다. 이를테면 신호학습이 가장 낮은 차원의 학습 유형이고 가장 높은 학습 유형은 문제해결학습이다. 즉, 학습과제는 위계적으로 구성되어 있고, 위계 순위가 다른 학습과제는 유형이 다른 학습 형태를 요구하고 있기 때문에 주어진 학습과제를 효과적으로 학습시키자면 먼저 그 과제를 면밀히 분석하여 그것을 학습하는데 필요한 학습유형을 밝힌 다음 그것을 위계적 순서에 맞추어 정리해야 한다는 것이다.

(2) 학습위계와 수업

학습의 조건에는 내적 조건(internal conditions)과 외적 조건(external conditions)이 있다. 내적 조건이란 학습자가 이미 소유하고 있는 학습능력을 말하며, 학습자의 외부에 있고 그의 행동과는 독립적인 학습조건을 외적 조건이라 한다. 각 학습유형은 모두 내적 학습능력이 서로 다른 지점에서 출발함과 동시에 상이한 외적 조건을 요구한다. 즉 내적 조건이란 보다 상위의 새로운 기능학습에서 재생되어야 할 하위학습능력(subordinate capability)를 말한다. 이에 대하여 외적 조건이란 특정능력의 학습을 위해 외부에서 가하는 조건을 말하며 이 외적 조건을 통제하는 것이 바로 수업이다. 학습위계는 수업의 절차를 밝히는 것이 아니라 선행필수적인 능력, 즉 내적 조건을 보여주고 있을 따름이다.

사실 수업이 학습자 밖에 있는 학습조건을 조정하는 것이라면 수업은 학습자가 이전에 획득한 학습능력과 이러한 능력의 파지 및 다음 학습단계에서 필요한 특정한 자극 장면들을 고려해서 단계적으로 이루어져야 할 필요가 있다. 효과적인 수업을 하려면 먼저 학습과제를 학습위계에 따라 하위과제로 분석하고, 학습자가 그 과제를 학습하는데 필요한 선행학습 능력, 즉 내적 조건을 어느 정도 갖추어 있으며, 이를 토대로 하여 외적 단서나 조건을 마련하여 제시해 주어야 하는 것이다. 그렇게 함으로써 보다 고차원적인 학습을 가능하게 할 수가 있다.

Gagné에 의하면 이러한 수업장면에서 일어나는 일, 즉 수업활동은 다음과 같은 것이라고 한다.

첫째, 주의를 집중시키고 통제한다. 어떤 외적 자극은 적절한 주의를 환기시킨다.

둘째, 학습자에게 수업목표를 알린다. 주로 학생과 언어적 대화를 통하여 학습자가 학습한 후 할 수 있는 성취행동을 말해 준다.

셋째, 적절한 선수학습 능력을 재생하도록 자극한다. 학습자는 이렇게 함으로써 본 학습과제와 관련된 지적 기능과 언어지식을 상기한다.

넷째, 학습을 위한 방향지도를 한다. 보통 언어에 의한 의사소통을 통하여 학습자의 사고는 어떤 촉진 내지 암시를 받고 본질적인 성취행동이 이루어진다.

다섯째, 결과의 지식(feedback)을 준다. 학습자는 새로 습득한 성취행동의 정확성에 대한 정보를 얻는다.

여섯째, 성취행동을 평가한다. 학습자에게 두 개 이상의 장면에서 자기의 성취를 증명할 수 있는 기회를 부여한다.

일곱째, 전이에 대하여 대비케 한다. 새로 학습된 학습능력의 일반화를 시키기 위하여 몇 개의 새로운 예를 제시한다. 여덟째, 파지가 되도록 한다. 새로운 학습능력을 활용시킴으로써 그것을 기억하도록 배려한다.

위에 열거한 이러한 일들이 수업의 일부를 이룰 것이다. 여기에 어떤 순서가 절대적으로 지켜져야 하는 것은 아니나 전형적인 수업에서는 대체로 이런 순서로 진행되는 것이다(강기수, 1996).

5) 한국교육개발원의 수업과정모형

Glaser의 수업모형을 토대로 한국교육개발원에서는 1972년부터 약 10년간 초 · 중학교의 교육발전 사업으로 수업체제를 개발하여 장기간에 걸쳐 그 효과를 검증한 바 있다(한국교육개발원, 1977). 이 모형은 어느 학년 또는 어느 교과목에서나 인원이 많은 학급에서 이루어지는 교수-학습과정은 대개 이 모형에서 제시하는 요소와 절차에 따라서 이루어질 수 있다는 전제하에 그 일반적인 흐름을 제시하고 있다. 또한 각 교과의 특성을 최대한으로 살린 각 교과목의 하위 모형을 제시하여 이를 현장에서 활용토록 하고 있다. 한국교육개발원에서 제시하는 수업모형은 5단계로 되어 있는데, 이를 나타내면 [그림 6-4]와 같다.

Ⅰ. 계획단계		Ⅱ. 진단단계		Ⅲ. 지도단계		Ⅳ. 발전단계		Ⅴ. 평가단계
· 학습과제 분석 · 수업계획 · 실천계획	→	· 진단평가서 분류 · 심화교정 학습	→	· 도입 · 전개 · 정착	→	· 형성평가 실시 · 평가결과별 조분류	→	· 총괄평가 실시 · 결과 검토 · 결과활용

[그림 6-4] **한국교육개발원 수업과정의 일반모형**

계획단계는 교사가 어떤 학습과제를 분석하여 수업을 계획하는 단계이고, 진단단계는 소위 출발점 행동을 진단하는 단계로서 학생들이 그 학습과제에 들어가는 데 필요한 준비가 되어 있느냐를 진단하고 그에 따른 교정 조치를 취하는 단계이다. 그리고 지도단계는 본 수업이 이루어지는 단계이며, 발전단계는 지도단계에서 학습된 내용에 대한 학생들이 학습 성취도를 형성평가해 보고 그 결과에 따라 심화 또는 보충학습의 기회를 제공하는 단계이다. 끝으로 평가단계는 수업이 종결된 뒤에 그 학습과제의 수업결과를 종합적으로 평가하여 결과를 활용하는 단계이다.

(1) 계획단계

교사가 설정된 학습과제의 수업을 위해 수업을 계획하고 설계하여 교재연구를 행하는 단계이다. 계획단계에서는 먼저 학습과제를 분석해서 수업목표를 확인함과 아울러 과제내용의 구조를 확인하는 것이다. 이러한 과제분석에 따라 학생활동과 교사활동을 계획하고 학습요소의 순서를 결정하며 이용할 수 있는 학습자료와 평가 등을 계획하고 또한 수업목표에는 나타나지 않았지만 예견되는 부수적인 여러 목표와 내용을 고려하는 등의 수업계획을 한다. 그리고 이에 따라 구체적인 실천계획을 수립하는 것 등이 이 단계에 포함된다.

(2) 진단단계

학생들이 그 학습과제의 학습에 들어가는 데에 필요한 준비가 되어 있는지를 진단하고, 그에 따라 적절한 교정 조치를 실시하는 단계이다. 진단단계로 들어서게 되면 학생들에게 진단검사를 실시하고 채점하여 학습 무결손, 부분적 결손, 전반적 결손으로 분류하고 이러한 분류에 따라 무결손 집단에서는 심화 또는 발전학습을 시키며, 나머지 집단에서는 교정학습으로 프로그램 교재, 연습교재, 상호학습을 통하여 학습을 해 나간다.

(3) 지도단계

지도단계는 실제 수업이 이루어지는 단계로서 수업 시간의 대부분(70~80%)은 이 단계에 배정된다. 이러한 단계는 보통 도입단계, 전개단계, 정착단계로 나누어진다. 도입단계는 수업목표 인지, 동기유발, 선수학습·전시학습의 기억 등이 이루어진다. 전개단계는 해당 학습과제의 내용을 학생들에게 제시하고 학생들은 이에 반응하며 이해하여 수업이 전개되는 단계이다. 정착단계는 일단 학습된 내용을 정리하고, 연습을 통한 강화를 촉진하며, 새로이 학습한 내용을 학생들이 지적 체계의 일부로 종합하고 내면화하여 새로운 사태에 적용하고 일반화할 수 있도록 지도한다.

(4) 발전단계

발전단계에서는 학생들의 수업목표 도달 정도를 알아보기 위하여 형성평가를 실시하고, 그 결과에 따라 학생들을 학습 완성집단, 부분적 미완성집단, 전반적 미완성집단으로 나누어 각 집단에 따라 심화학습, 보충학습을 실시하는 단계이다.

(5) 평가단계

단위학습과제의 수업 결과를 종합적으로 평가함으로써 일련의 수업활동을 끝맺는 단계이다. 이 단계에서는 수업과정을 통하여 학생들이 성취한 학습의 정도를 최종적으로 종합평가하게 된다. 이 평가단계의 목적은 주요한 지적·정의적·기능적 수업목표가 얼마나 잘 달성되었는지를 확인하며, 교육과정 속에 명시되어 있지 않더라도 수업의 결과로 나타난 비의도적인 행동 특성까지도 평가하는 것이 좋다.

제 7 장

학습지도안 계획과 작성

1. 학습지도안의 의미와 필요성
2. 학습지도안의 유형과 구비사항
3. 학습지도안 작성의 기본구조 및 요령
4. 학습지도안 작성의 실제

1. 학습지도안의 의미와 필요성

1) 학습지도 계획의 의미

교사는 단순히 지식을 가르친다라는 입장에서 탈피하여 아동들의 반려자이자 교도자(敎道者)가 되어 아동들의 학습을 도와 주는 사람이 되어야 한다. 그래서 아동들의 자발성을 촉구하고 그들의 개성을 신장시키며 또한 생활교육을 지향함으로써 '산 학습'을 전개시켜야 한다. 이를 위하여 교사는 학습지도에 임하기 전에 아동들의 요구를 알아야 하고 사회적 요구나 과제를 살펴야 한다. 그리고 아동들의 지금의 조건과 그들이 처해있는 환경적 조건 등을 감안하여 학습지도 계획을 수립하는 동시에 실제 지도 과정도 이에 준하여 고려되어야 한다.

그러나 이러한 생각 그대로의 원리가 항상 적용될 수 있는 것은 아니다. 경우에 따라서는 우리가 생각하고 있는 원리의 정반대 현상으로 전개되는 사례가 있다. 그러기에 교사는 더욱 학습지도에 대한 올바른 이해와 더불어 앞에서 기술한 학습의 방향을 수행하려는 의욕과 치밀한 계획을 세워야 한다. 다시 말해서 신중하고도 세밀한 지도계획이 수립되어야 학습의 효과는 기대할 수 있다는 것이다.

그러므로 교사의 교육열과 정성은 실제 지도에 앞서서 학습지도의 제반 계획부터 출발되어야 한다. 특히 과거 전통적인 낡은 교실에 있어서와 같이 모든 아동들이 교사가 있는 쪽을 향하여 복창하는 것만으로 그치는 학습이라면 간단하지만 오늘날의 학습은 교사의 강의나 아동들의 복창만으로 끝나는 학습이 아니다. 보다 자각적이요 능동적인 학습 활동이 요구되므로 교사의 지도계획도 치밀하고 면밀한 내용이 요구되는 것이다.

특히 오늘날 교사에게 요구하는 바는 과거와 같이 정해진 교과서를 열심히 가르쳐 주기만 바라는, 또한 학문의 중계자로서의 역할이 아니라 모든 아동들을 민주시민으로서의 바람직한 육성을 위한 안내자로의 역할을 바라는 것이기에 더욱 교사들 자신의 현명한 판단과 예지에 의한 지도계획이 요망되는 것이다. 우리가 바라는 참다운 학습지도는 실제로 가르치고 지도하는 교사의 이성과 철학에 의한 학습지도 계획에 의하여 이루어지는 것이어야 한다.

2) 학습지도 계획의 필요성

학습지도안의 불필요론은 종전에 흔히 빠지기 쉬운 획일적이고 기계적인 교안작성에 대한 염증을 갖게 된 후부터 생겼다고 볼 수 있다. 즉 지도안대로 수업을 진행시키면 학생의 학습활동을 구속 통제할 뿐만 아니라 교사도 그 지도생활이 형식화되어 활발한 지도전개가 여의치 못하다는 것이다. 그러나 보편적으로 보아 학습지도안은 작성해야 할 것이다. 학습지도안을 작성해야만 적어도 학습의 요건을 빠짐없이 다루어 갈 수 있기 때문이다. 물론 세안을 작성하느냐 요안을 작성하느냐 하는 것은 교사의 경험이나 능력 및 학교 교육 방침 · 여건 · 필요성에 비추어 결정해야 할 문제이다.

학습지도안을 작성하는데 있어서는 지도교사는 각급학교 교육과정에 포함된 교육과정의 일반목표, 교육과정 편성과 시간배당기준, 각과의 일반목표, 학년목표, 지도내용의 계열성, 지도상 유의점, 교육과학기술부와 지방교육 행정기관의 장학지침 중점, 단위학교 교육목표 및 방침 중점, 지역사회의 요구, 학생의 실태, 교재의 종류와 성격, 월간계획, 주간계획 일과표, 자료단원, 학습환경 등의 여러 기초자료를 면밀히 검토하여, 교재의 본질적인 목표와 내용의 구조, 학습과정 및 방법적인 구조가 통합되어 이루어진 단원의 구조를 지도안의 윤리적인 체계에 따라 재체제화해야 할 것이다. 학습지도안이란 실제 지도나 하나의 수업의 가설이고 시안이기에 짜임새 있게 작성해야 하며 철저한 교재연구와 그에 따른 활동계획이 무엇보다도 그 전제조건이 되어야 한다.

2. 학습지도계획안의 유형과 구비사항

1) 학습지도계획안의 유형

학습지도계획안은 종전에 수업안 또한 교안이라고 하였으나 오늘날은 수업-학습계획안, 학습지도안, 학습보도안, 단원 전개안, 생활보도안, 생활안 등 여러 가지 명칭으로 불리고 있다. 학습지도안을 작성하면 적어도 학습의 요건을 빠짐없이 다루어 갈 수 있다는 점에서 그 필요성을 말할 수 있다. 물론 이것을 세부적으로 작성하느냐 크게 작성하느냐 하는 것은 교사의 경험이나 능력 및 학교 교육방침 · 여건 · 필요성에 비추어 결정해야 할 문제이다. 교사 자신이 자기 학급 아동들이 가장 옳은 성장을 도모할 수 있다고 생각하면 지도계획의 유형은 구태여 구애받음이 없이 작성될 수 있다.

그러나 교사들 자신이 계획설정을 하는데 대한 일정한 기준은 있다. 그 기준은 교사의 교육철학적 입장에서의 기준과 일반적으로 내려오는 형식으로서의 기준으로 크게 구분할 수 있다. 교사의 교육철학적 입장에서의 기준이란 학습지도 계획서 작성에 있어서 교사 자신이 특히 유념해야 할 내용을 말하는 것으로 첫째, 학습지도 계획은 학습지도 목적에 적합한 계획이어야 함을 뜻하고 둘째, 학습지도 계획은 과학적으로 계획 작성되어야 함을 말하며 셋째, 학습지도 계획은 역동성이 있어야 한다는 것이다. 이 세 가지 기준을 세워 놓고 나서 지도계획이 작성되어야 하는데 이것을 분류해 보면 다음의 [그림 7-1]과 같다.

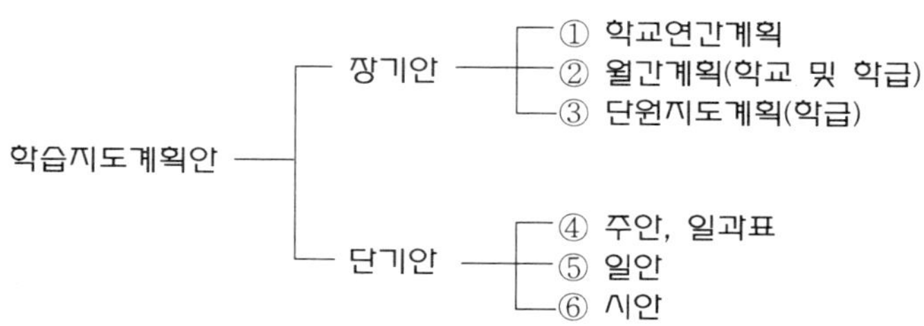

[그림 7-1] **학습지도계획안 작성의 분류**

(1) 장기학습 지도계획

장기 학습지도계획안은 학교 교육계획 중 일년 간의 학교 경영안, 학년말 운영계획, 학급별 운영계획 등을 비롯하여 한 아동이 학교에 입학하여 졸업할 때까지의 지도계획안을 말한다. 그리고 연간계획안을 기초로 월별안과 수 주일을 요하는 대단원 학습지도안 등이 이에 해당된다.

[1] 연간계획

교과의 학습, 특별 활동의 지도, 기타의 학교에서 이루어지는 모든 내용을 총괄적으로 개괄한 계획을 말하는데 여기에는 두 가지 종류가 있다.

① 전교연간계획

일년 간 학교에서 이루어지는 교무행정, 일반 학사행정에 속하는 학교행사, 학교 환경 구성, 총 수업일수, 연간 수업 주수, 휴업일 등을 포함한 일람표를 뜻한다.

② 학급연간계획

학교의 연간계획을 기초로 한 각 교과별 내용, 시간 수, 특별 활동 및 생활지도에 대한 연간계획을 뜻한다. 그러나 한 가지 유의할 것은 학교의 연간계획과 학급별 연간, 월간계획은 상호 연결이 되어 하나의 연간계획으로 나타나야 한다.

[2] 월간계획

학교연간계획을 기초로 한 각 월별로 계획된 학교 전체의 월간계획과 각 학년별 학급별 월간계획을 뜻한다.

[3] 단원 지도계획

각 교과의 단원별 내용을 살펴보면 한 단원이 일주일에 학습할 양의 단원이 있는가 하면 일개월을 초과해야 될 학습단원도 있다. 따라서 학습단원에 따른 각과별 단원지도계획을 연간 또는 월간별 계획으로 작성해 두어야 한다는 것이다. 즉 학년 초에 학기별 또는 연간별 단원지도의 전체 계획을 작성함을 뜻한다.

(2) 단기학습 지도계획

단기계획에 속하는 것은 일주일간에 지도할 학습지도 계획인 주안, 학습할 지도 계획인 일안, 그리고 한 시간의 지도할 계획인 시안 등으로 구분되고 있다.

1 주안

연간계획에 근거를 두고 월간계획이 세워지고, 월간계획에 근거하여 주 계획이 설정되는데 이것을 주안이라고 한다. 그런데 주안에는 두 가지 성격이 있다. 하나는 한 주에 해야 될 학습지도 계획이 있고 또 하나는 일반 학사 행정면에 주 계획으로 나눌 수 있다. 그러나 일반적으로 주안이라 하면 대개 학습지도에 관한 일주일 계획을 뜻하는 경우가 많이 있다.

2 일안

일안은 주간계획인 주안에 근거를 두고 일안이 작성되어야 한다. 이것을 대부분 하루의 일과표에 의해서 매시간 지도할 학습내용, 학습활동, 준비물 등을 요약하여 밝혀 두는 것을 말한다. 여기에서도 일반 학사행정이나 생활지도의 특별한 계획도 포함되나 일반적인 일안은 하루의 지도하는 교과학습의 하루에 해당하는 계획을 뜻한다.

3 시안

시안은 매시간별 교과학습계획과 그에 따른 생활지도면까지 구체적으로 어떻게 지도한다는 계획이 바로 시안인 것이다. 일반적인 경우, 주안보다 일안이 일안보다 시안이 더 구체적인 성격을 띠고 계획 작성되어야 한다.

2) 학습지도안의 구비사항

실제지도는 교육을 실제적으로 실천하여 경험함으로써 교육기술을 체득케하고 교직에 관한 자질을 배양하는데 다음과 같은 사항이 이루어져야 할 것이다.

(1) 학습지도에 관한 사항

학습지도는 그 계획을 적절히 수립하여 아동의 흥미를 끌어가는 좋은 벗이 되어야 한다. 그러기 위해서 아동들이 사용하는 어휘나 놀이 도구 및 활동, 놀이 내용이나 그 과정, 그룹의 특징도 연구를 하는 것이다. 또한 아동의 관심사를 조사 또는 흥미조사는 학습지도에 도움이 될 것이다. 그리고 교재에 알맞은 학습자료를 모집하여 활용하는 일이나 판서하는 요령 등 사전에 구체적인 계획을 세워 그 활동이 끝나면 결과에 대한 반성을 기록하여 앞으로의 대비에 노력하여야 한다.

(2) 교육과정 계획에 관한 사항

학교 또는 학급의 교육 및 지도목표와 방침을 뚜렷이 세우는 일에서부터 국민교육과정을 연구하고 각 교과에 알맞은 학습형태를 끊임없이 연구하여야 한다. 이에 연관된 교육과학기술부의 교육과정 시간배정기준령을 활용한다든지 또 지역사회의 문제점이나 시대의 요구와 변천에 알맞은 교재선택을 하여야 하며 아동의 균형 있는 성장 · 발달을 도모할 수 있어야 한다.

(3) 교육평가에 관한 사항

학교의 교육목표부터 각 교재 및 단원의 목표에 이르기까지 여러 교육목표를 확인하여, 아동들의 학습생활 정도를 평가하는 연구가 이루어져야 하겠다. 그리고 형성평가 문제의 작성, 실시와 표준화검사 실시의 결과를 통계적 처리를 통하여 교육자료로서 활용하여야 한다. 또한 생활기록부의 기입요령을 알고 활용방법을 체득하는 일도 필요하다.

(4) 사례연구에 관한 사항

아동을 이해하려면 지속적인 관찰이 필요한데 특정된 몇몇 아동을 배정하여 행동의 원인, 즉 진단처치, 필요한 자료모집, 지속적인 관찰기록을 하게 되는 것이다. 이에 그 방면의 전문가의 조력이 필요하기도 하지만 제 3자(학부형, 일반교사, 장학사)의 도움도 있어야 한다.

(5) 생활지도에 관한 사항

교육은 교실 안에서만 이루어지는 것은 아니며 아동생활의 현장에서 교육적으로 지도되어야 할 사항이 무엇인가를 발견하고 수시로 지도에 임해야 한다는 것이다. 형식, 무사주의가 아닌 자유스러운 분위기 속에서 자발적이고도 창의적으로 지도의 방법을 강연해야 한다. 아동에게 부당하게 강요되는 태도가 아니라 아동의 의견을 존중하고 옳은 방향으로 이끌어야 할 가능성을 찾는 태도를 지니도록 하는 아동지도에 새로운 방법과 열의를 가져야만 된다.

(6) 학급관리에 관한 사항

학급의 담임교사로서 그 운영의 실태를 파악하고 비품의 관리, 환경에 대한 구성, 학급사무를 계획적으로 실천해야 한다. 또한 개성을 존중하며 바람직한 인간관계를 토대로 협동정신을 지니고 학급운영의 방향을 파악하여 학급에서 일어나는 여러 문제를 적절히 해결해 나가도록 노력하는 것이다.

(7) 지역사회의 참여에 관한 사항

지역사회와의 인간관계가 원만하고 지역행사에 적극 참여하여 지역사회에 대한 봉사, 협조가 학교교육에 미치는 영향이 얼마나 큰가를 이해하고 조력하는 일이다. 따라서 가정통신이나 육성회를 적절히 활용하여 교육현장에 도움이 되도록 마련하는 것이다.

(8) 교사성격에 관한 사항

학생은 항상 주변에서 교사의 언행을 주시하고 있다는 사실에 비추어 볼 때 교사는 언제나 단정한 생활과 지도자적인 역할을 필요로 한다. 이는 학생의 건전한 습관형성이나 정서적 안정감을 가져오는 데에 큰 영향을 미치기 때문이다. 또한 교사는 책임 있는 언행 등 모범자로서의 역할이 필요하다.

이상과 같은 사항 가운데에서도 가장 핵심은 각 교과의 지도에 관한 사항이다. 이러한 사항에 착안하여 지도계획의 입안, 학습지도의 전개, 학습효과의 평가 등에 관해서 충분한 준비를 해야 할 것이다. 그 요점을 약술하기로 한다.

첫째로 지도계획을 입안하는 일이다. 교과와 단원의 목표를 명확히 파악하고 그 내용에 해당하는 각 교시의 구체적인 목표를 확인하고,

둘째로 교재연구를 하는 것이다. 따라서 교재의 원전이나 산출, 그리고 이에 관련 사항을 충분히 그리고 사전에 연구가 있어야 할 것이다.

셋째로 교구의 준비인데, 이는 시청각 등을 충분히 활용하면 효과적이라는 것이다. 사물이나 표본 또는 사진 · 도표, 기타 교육학적 기구 등 교재에 적합한 것을 골라 활용하는 것도 바람직하지만, 자기 스스로 제작하거나 아동들에게 만들게 해서 활용하는 것도 바람직하다.

넷째로 학습지도안의 작성이다. 학습의 계획과 입안의 집결체가 되며 곧

학습지도의 성공여부를 결정지우는 것이 된다. 따라서 작성상의 조건과 형식 등을 충분히 익혀 두어야 한다.

다섯째로 학습지도의 전개과정이다. 활동적이고도 효과적인 학습활동의 전개는 동기유발을 능숙하게 함으로써 학습 의욕을 높이는 일이 중요하다. 교사의 활동을 최소한으로 줄이고 아동활동을 적극화시킬 것이며 기초적인 학습내용은 반복연습과 복습을 철저히 하여야 한다. 판서의 요령, 질문의 요령 등도 사전계획에 의해서 활기 있는 학습을 진행시켜야 할 것이다.

여섯째로 학습지도는 일반적으로 일제학습의 형태를 취하기 쉬우나 가급적이면 학생 개개인에게 미치는 수업이 되도록 유의해야 할 것이다.

일곱째로 교사의 말씨나 음성의 고저 또는 교사다운 태도 등은 교사로서의 기본적인 자질에 속하는 것이다. 물론 이는 다분히 선천적인 소질에 속하는 것이라고 하지만 스스로의 단점을 찾고 타인이 지적해 주는 바를 들어 교정할 수 있도록 노력해야 한다.

3. 학습지도계획안 작성의 기본구조 및 요령

1) 학습지도계획안 작성의 기본구조

학습지도의 단계는 도입, 전개, 정리단계로 구분하고 있다. 이 3단계는 상호 밀접한 관련이 있을 뿐만 아니라 어느 단계이든 완전히 성공치 못하면 전체 학습의 효과는 기대할 수 없게 된다. 따라서 각 단계별 진행의 주요요점을 간략히 설명하면 다음과 같다.

(1) 도입단계

도입단계는 학습의 준비단계 또는 동기유발단계라고 한다. 이 단계는 학습하고자 하는 내용을 전개시키려 할 때 학습자인 아동들의 자주적 활동에 의해서 다음의 중심적 학습으로 옮겨갈 수 있도록 학습 의욕을 환기시키고 충분한 학습에 임할 수 있는 준비를 시키는 단계이다. 다시 말해서 학습의 지도 목표를 인식시키는 일에서부터 학습을 끝맺는 일에 이르기까지 학습의 진행을 효과적으로 이끌어 가기 위한 준비단계가 곧 도입단계인 것이다. 사실상 한 시간의 수업을 성공적으로 이끌 수 있느냐 없느냐는 이 도입단계의 운영이 잘 되었느냐 못되었느냐에 달려 있다고 할 정도로 이 단계는 중요한 것이다.

그리고 또한 중요한 것은 도입단계의 시간이다. 일반적인 경우, 한 시간의 수업에서 2~3분 길어야 4분 정도를 도입단계 시간으로 소비하라는 것이다. 도입단계에서 시간을 많이 소비하면 그만큼 학습의 의욕도 상실할 뿐만 아니라 전개 과정의 시간이 부족하게 된다. 그렇게 되면 전체 학습을 서두르게 되어 계획했던 대로 수업을 진행할 수 없게 되는 것이다.

이와 같이 도입단계는 학습의 전체 과정 중에서 가장 중요한 단계이다. 도입단계에서 교사가 일단 실패하면 한 시간의 학습은 사실상 성공하기 어렵다. 따라서 도입단계에서는 우선 학습자 자신이 학습내용에 관해서 명확한 목표, 문제의식, 방향성을 알고 왕성한 학습 의욕을 갖고 자발적으로 학습에 도전하고 추리해서 학습하려 하는 심리적 자세를 갖추도록 해야 한다. 따라서 도입의 방법은 공식적인 것은 없으나 대략 다음의 항목에서 학습내용 및 방법에 따라 적용시키면 무난히 해결될 것이다.

① 본시의 학습내용에 직접 관련되는 학생들의 과거 경험을 상기시키는 설명을 한다. 예를 들면, 과거의 수학여행, 견학 등에 대해서 설명하고 과거의 경험을 현재의 학습내용에 직결시켜 문제의식과 학습의욕을 일으킨다. 그 다음에 학습내용을 제시하고 학습 목표를 확인시켜 나간다.

② 학습내용의 문제를 제시하고 그 개요를 설명한다. 이 때의 설명은 학습자의 흥미, 관심, 요구와 결부시키고 직접경험과 자발성을 촉구할 만한 내용이어야 한다.

③ 앞 시간의 학습내용에 대해서 교사가 그 요점과 줄거리 등을 반복 설명하고 이해가 충분치 못한 점이나 오해하고 있는 점을 고쳐 나가면서 학습의 목표나 방향을 잡아가야 한다. 이 때의 질문은 도입을 위한 것이므로 너무 깊이 취급되어서는 안 된다.

④ 본시의 학습내용에 관련되는 이미 지니고 있는 지식이나 정도를 확인하는 질문을 하고 그 해답에 따라 지식의 유무, 정도, 문제점을 이해시키고 학습자로 하여금 문제의식을 높이고 학습의 방향을 결정케 한다.

⑤ 앞 시간의 학습내용에 대해 질문을 하고 학생의 해답을 통해서 이해의 정도나 범위, 학습곤란의 문제점을 이해시키면서 앞 시간에 이어 계속되는 본시의 학습내용에 대하는 문제의식을 높이는 동시에 학습 목표를 확인시킨다.

⑥ 가끔 특이한 질문을 해서 무지를 자각케 하거나 관심과 의욕을 일으킨다.

⑦ 교사가 교과서 안에 있는 부분을 통독, 낭독해서 들려주어 학습자로 하여금 학습내용을 확인케 한다.

⑧ 학습자 자신의 활동에 의해서 학습의 도입이 될 때에는 자주적이고 자발적인 활동을 전개시켜서 문제의식이나 학습 의욕을 환기시켜 간다.

(2) 전개단계

도입의 단계에서 학습의 동기유발이 이루어지면 학습자들은 학습목표를 명확히 인식하게 되고 이에 따라 설정된 계획에 의하여 학습을 진행시켜 가는 학습의 중심적 부분이 바로 전개의 단계이다. 대부분의 학습활동은 이 단계에서 이루어진다. 특히 이 단계에서 교사가 주의해야 할 일은 학습내용이나 성질에 따라 학습 형태를 적절히 선택하고 우수아 혹은 지진아, 저능아 등에 대한 개별지도에 대하여 유의하는 일이다. 그리고 전체 아동들의 학습활동을 정확히 파악하여 그때 그때 학습 형태의 변화, 학습문제의 조절을 통하여 학습문제에 대한 이해를 촉구하는 일이다.

수업목표를 설정한 후에는 그 목표를 학생들에서 어떻게 소개할 것인가를 계획하고, 어떻게 그 목표에 도달할 것인가도 결정한다. 즉, 교사는 수업내용을 학생들에게 전달할 수 있는 적절한 기법이나 방법을 선정하고, 그 수업내용을 적용시킬 수 있는 학습 경험도 선정한다. 여러 가지 학습경험들은 교육과정 운영지침서와 기타 다른 수업자료에 자세히 나와 있으므로 참조할 필요가 있다.

물론 오직 하나의 수업법과 하나의 학습경험을 고집할 필요는 없다. 여러 가지 수업법을 결합시켜 사용하는 것이 오히려 더 효율적일 수도 있고 학생들의 흥미를 지속시킬 수도 있기 때문이다. 학습경험이 학생의 필요, 흥미, 능력 등을 토대로 선정되어야 한다면, 그 수업에 참여하는 다양한 학생들의 필요를 만족시키기 위해서는 여러 가지 학습경험을 마련해야 한다. 학습지도안의 내용주제 또는 개념은 수업목표에 의해 정해지며 학습지도안을 작성하는 양식도 매우 다양하다.

또한 수업전개 부분을 완성하기 위해서는 수업 보조물과 관련하여 두 가지 과제를 수행하여야 하는데 이는 ① 수업목표와 내용을 보충해 줄 적절한 보조물을 선정하고, ② 그 보조물을 마련할 계획을 세우는 것이다. 보조물은 수업전개 부분에서 뿐만 아니라, 접근이나 요약 등 모든 단계에서 수업을 보조하거나 촉진시키는 도구로서 사용된다. 교사는 모든 단계에서 학생들이 목표에 도달할 수 있도록 도움을 줄 수업자료를 선정한 후, 그러한 자료를 구입하거나 제작할 계획을 세워야 하며, 이를 학습지도안에 열거해야 한다.

(3) 정리단계

학습한 전체 내용을 통괄하여 조직하고 결론짓는 이른바 종결의 단계가 바로 정리단계이다. 이 단계에서는 교사 자신이 본시 학습내용을 요약하여 설명하는 경우와 학생들이 분단별 또는 내용별로 이해된 학습내용을 요약 발표하는 방법, 그리고 학습한 내용을 그림이나 도표 등을 제작 전시함으로써 학습을 정리하는 동시에 상호 비교하는 방법도 포함될 수 있다. 이 때의 시간을 도입단계에서와 같이 2~3분 정도를 소요하면 된다. 그러나 실습 및 실기 시간인 경우의 정리단계 시간은 5분 정도 예상하는 것이 무난한 방법이다.

요약 부분에서 행해지는 두 가지 중요한 활동은 ① 수업요약과 ② 학생들에 대한 성취 평가이다. 이 두 활동은 반드시 위의 순서대로 진행되어야 할 필요는 없으며 평가가 요약에 앞서 행해질 때도 있다. 요약 부분은 교사가 수업을 ① 마무리짓고 ② 결론을 내리고 ③ 일반화하고 ④ 주요한 개념을 설명하는 단계이다.

교사는 학생들에게 핵심적인 질문을 하고 그 반응을 파악해 봄으로써 수업목표가 달성되었는지의 여부를 알아볼 수 있다. 가장 중요한 일은 수업시간에 제시되었던 모든 내용을 수업목표에 연결시키는 것이다. 다시 말해서 요약을 통해서 교사는 학생들에게 그들이 어디로 향하여 가고 있었고, 어디에 있었으며, 지금은 어디에 있어야 하고, 왜 그래야 하는가, 여기에서부터 어디로 갈 것인가에 대해서 재차 강조해야 한다.

평가 부분은 학생들이 지금 알고 있어야 할 것을 실제로 알고 있는가를 알아보기 위해 사용된다. 평가방법은 학생들이 성취하고자 하는 목표의 종류에 따라서 달라져야 한다. 예를 들어, 수업목표가 학생들에게 어떤 기능을 수행하는 능력을 습득하도록 하는 것이라면 필기시험만으로는 그 수행능력을 측정하지 못할 것이다. 이보다는 기능 평가표를 만들어 학생이 그 기능을 수행하는 것을 관찰한 후, 숙달 정도를 평가하면 완전한 평가를 할 수 있을 것이다. 다음은 일반적으로 사용되는 평가기술의 종류이다.

- 기억력 평가 — 진위형, 선다형, 문장 완성형, 괄호 넣기, 열거형, 논문형, 구두시험
- 성취 검사 — 평가표, 평점척도, 표준화 검사

이에 관한 구체적인 평가기준은 학생들과 상의하여 설정하는 것도 좋은 방법이다. 학생들이 수업목표 설정에 참여해야 하는 것처럼 그들은 자신들이 평가받게 되는 평가기준을 설정하는 데도 참여해야 한다. 학생의 성취수준을 정확히 측정하기 위해서는 평가기준이 관찰 가능한 행동적 용어로 진술되어야 한다. 교사의 역할은 학생들이 실제 작업 상황에 적응토록 하는 것이기 때문에 학생이 선택한 직업과 관련된 성취기준들은 모두 취업수준에 필요한 특성과 성취기준을 근거로 해야 한다.

교사는 학생 개개인을 대상으로 하기 때문에 한 가지 종류의 평가 수단으로는 모든 학생들의 필요와 능력을 만족시키지 못한다는 점을 유의하여야 한다. 그러므로 교사는 이러한 학생들의 개인차를 고려하여 다양한 평가방법을 선택하여야 한다.

학습지도안에는 전술한 사항 이외에도 공지사항, 소요시간 및 주석을 달기 위한 여백이 마련되어야 한다. 특히 초임교사는 학습지도안에 있는 모든 활동란 옆에 그 활동을 수행하는 데 얼마만큼의 시간이 소요될 것인가를 표시해 놓는 것은 아주 중요한 일이다. 예정했던 시간과 실제, 소요된 시간이 남아 잡담으로 시간을 허비하게 되거나 시간이 부족하여 내용을 마치기도 전에 수업을 끝내야 한다면 매우 불안하고 비효율적인 수업이 될 것이다. 훌륭한 수업계획은 이렇게 난처한 사태를 미리 막아 준다. 끝으로 좋은 학습지도안에는 주석을 달기 위한 여백도 있어야 한다. 수업을 끝내고 난 직후에 교사는 수업목표 달성에 대한 학습지도안의 효용성 여부에 관한 의견이나 의문사항을 주석란에 직접 적어 놓아야 한다. 어떤 것들이 계획대로 잘되었는가? 어떤 것들이 잘되지 않았는가? 어떤 것들을 취급하지 않았는가? 어떤 문제들이 제기되었으며, 그 질문들에 대하여 좀 더 명확하게 설명할 필요가 있었는가? 각 활동에 배당했던 시간은 얼마나 정확했는가? 등에 관한 주석은 ① 교사가 다른 지도안을 작성하는 데 도움을 주며, ② 같은 수업을 나중에 다시 가르칠 필요가 있을 때에 이를 개선할 방안을 제시해 준다.

2) 학습지도계획안 작성의 요령

다음으로 각 교과학습지도에 있어서 더욱 참고가 되기 위한 방안으로 학습지도안 작성에 관한 요령을 소개한다.

(1) 단원명

교재에서 제시된 큰 단원명을 기록한다.

(2) 단원설정의 이유

1 교재 면에서

단원의 핵심과 본질 및 성격을 규명하여 이 단원이 아동의 발달이나 사회에 영향을 주는 가치를 발견한다.

2 학생의 입장에서

아동과 교재의 적합성을 밝힌다. 본 교재가 해당 학년의 아동의 발달 단계에 따른 특징과의 관계, 아동의 과거의 경험과 생활과의 관계, 아동의 흥미와 욕구와의 관계를 규명하는데 적합한 것임을 밝힌다.

3 사회적 입장에서

위의 세 가지 관계를 충분히 고려하고 그 가치를 표현하기 위하여 지도자의 지도관과 지도할 방향을 밝힌다.

(3) 단원의 지도목표

일반적으로 이해, 기능, 적용(태도)으로 설정되며 교과에 따라 차이가 있다.

목표 진술은 '내용 더하기 행동'의 원칙을 살리며 한 목표에 둘 이상의 행동 요소를 두지 말아야 한다.

① 학생의 행동으로 진술해야 한다.

② 수업시간이나 학습단원이 끝났을 때 나타날 수 있는 학습의 변화된 행동과 관련지어 진술해야 한다.

③ 학습내용과 기대되는 학생의 행동이 동시에 진술되어야 한다.

④ 기르고자 하는, 변화시키고자 하는 학습능력에 따라 진술되는 동사의 형태가 달라져야 한다(예 : 식별한다, 산출해 낸다, 창안해 본다, 진술한다, 실행한다).

⑤ 학생들이 학습행위를 나타내는 장면과 조건에 따라 일반동사의 형태로 바꾸어 진술해야 한다.

암시적 동사	명시적 동사
안다, 이해한다, 인식한다, 의의를 파악한다, 즐긴다.	쓴다, 암송한다, 지적한다, 구별한다, 열거한다, 비교한다, 대조한다.

⑥ 학습되어야 할 준거가 제시되어야 한다.

(4) 단원의 구성

1 단원의 구조(과제분석)

단원의 핵심 또는 중심가치와 기본적인 요소를 규명하고, 생활경험과 통합하여 논리적인 계열에 따른 학습의 순서와 체계를 세운다.

2 단원의 관련(단원의 계열)

그 교과와 다른 단원과의 관련, 타 교과 내의 각 단원과의 관련 특활, 반공 도덕, 행사, 일상생활, 사회문제 등과의 관계파악, 그 단원과 타 학년의 동질적 교과의 단원과의 관련을 간명히 기록한다.

(5) 지도계획(학습계획)

[1] 차시

대단원을 구성하고 있는 기본적인 요소를 그 성격이나 질에 따라 양적으로 배분하여 한 시간 또는 두 시간에 묶어 학습의 순서를 정하는 일이다.

[2] 학습내용

대단원을 분할한 매시간의 학습내용으로서 해당 시간의 학습제재이다. 이것 역시 핵심적인 요소를 간략하게 쓴다.

[3] 시간

차시별로 소요시간을 예상하여 분단위로 기입한다.

[4] 수업 학습자료

수업 학습장면에서 필요로 하는 자료, 기구 등을 기입힌다.

(6) 학생의 실태

생활경험 등이나 또한 활동의 경향, 학급의 학습 분위기 등을 밝혀 그 요지를 간명하게 기술한다.

(7) 교재 연구

학습내용에 따른 이론적인 면(배경), 본 제재를 해결하는데 필요한 이론을 기록한다.

(8) 본시 학습의 실제

[1] 학습내용

지도계획(학습계획)에서 밝혀진 본시에 해당되는 학습내용을 그대로 기술한다. 이것이 학습경험의 최소단위이며 중심가치가 된다.

[2] 대상

학년반 재적아동 및 남녀 구분하여 아동수를 기입힌다.

[3] 일시 및 장소

실제대로 기입한다. 월, 일, 교시, 학습장소를 쓴다.

[4] 본시 목표

교재의 특질, 분량, 교사의 지도의도 및 학생의 학습능력 등을 감안하여 융통성 있게 설정한다. '내용 + 행동'이란 형식을 지켜서 명료한 목표가 되게 해야 한다.

[5] 수업 학습과정

지도안의 형식에 따라 체계적으로 수업의 실제에 보다 접근하도록 조직해야 한다. 필요에 따라 컴퓨터를 적절히 활용하는 것도 중요하다.

(9) 평가계획

단원 전체에 대한 진단평가, 총괄평가, 형성평가 계획이 수립되어 있으나 유형에 따른 실시방법을 계획하며, 본시 평가 관점 및 형성평가 문항을 제시함도 바람직하다.

(10) 판서계획

수업내용에 따라 판서의 필요성이 강조되는 부분에서는 좀 더 구체적인 사용방법이 제시되면 좋다. 구조적 판서, 색분필을 적절히 고려하여 계획이 수립되어야 한다.

(11) 자료활용계획

수업 학습자료의 내용 및 투입방법 활용 후의 예상되는 효과를 기입한다.

4. 학습지도계획안 작성의 실제

1) 학습지도계획안의 양식

학습지도 방법은 일정한 공식이 없다. 마찬가지로 학습지도를 위한 계획서, 즉 학습지도안 역시 일정한 그리고 고정된 양식은 있을 수 없다. 다만 보다 바람직하고 효율적인 학습지도를 위해 도입, 전개, 정리, 과정을 거치며 내용적인 면에서 학습목표, 학습내용, 학습활동 등에 관하여 사전에 세밀한 계획이 서 있어야 한다는 원칙은 있다. 그러기에 학습지도안의 양식을 일률적으로 제시한다는 것은 대단히 무모한 일인 것이다. 하지만 경우에 따라서는 공통적이고 동질적인 면도 있기 때문에 학습지도안의 작성에서 공통적으로 다루어지는 일도 있다는 것은 명심해야겠다. 여기서는 먼저 학습지도안 자체의 항목별(단계) 설명을 하고 실제 예를 들고자 한다.

표 7-1

○○과 단원 학습지도계획안

○학년 ○반 : 지도교사 :

<table>
<tr><td rowspan="2">①
단원명</td><td rowspan="2"></td><td rowspan="2">②
대상</td><td>반</td><td>1</td><td>2</td><td>3</td><td>4</td><td>5</td><td>6</td><td>7</td><td>8</td><td rowspan="2">③
지도
기간</td><td rowspan="2">~</td><td rowspan="2">④
총시간</td><td rowspan="2"></td></tr>
<tr><td>실시</td><td></td><td></td><td></td><td></td><td></td><td></td><td></td><td></td></tr>
<tr><td rowspan="3">⑤
단원의
개설</td><td colspan="3">단원선정의 이유</td><td colspan="12"></td></tr>
<tr><td colspan="3">단원의 범위와
정도</td><td colspan="12"></td></tr>
<tr><td colspan="3">단원 지도상의
문제점</td><td colspan="12"></td></tr>
<tr><td rowspan="2">⑥
단원의
목표</td><td colspan="3">내용
행동</td><td colspan="12"></td></tr>
<tr><td colspan="3"></td><td colspan="12"></td></tr>
<tr><td rowspan="2">⑦
단원의
관련</td><td colspan="3">교육 이념</td><td colspan="5">교과 목표</td><td colspan="5">장학 방침</td><td colspan="2">본교의 교육목표</td></tr>
<tr><td colspan="3"></td><td colspan="5"></td><td colspan="5"></td><td colspan="2"></td></tr>
<tr><td>⑧
단원의
구조</td><td colspan="15"></td></tr>
<tr><td rowspan="3">⑨
단원의
시간
계획</td><td rowspan="2">차시</td><td rowspan="2">주제</td><td rowspan="2" colspan="5">학습내용</td><td colspan="4">학습활동</td><td rowspan="2">학습자료</td><td rowspan="2">평가계획</td><td rowspan="2" colspan="2">장소
기타</td></tr>
<tr><td colspan="2">교사</td><td colspan="2">학생</td></tr>
<tr><td></td><td></td><td colspan="5"></td><td colspan="2"></td><td colspan="2"></td><td></td><td></td><td colspan="2"></td></tr>
</table>

(1) 단원 학습지도 계획안

이것은 한 단원 전체의 지도계획안이다.

① 단원명 : 대단원명과 소단원명을 아울러 적어 둔다.

② 대상 : 해당되는 반명 밑에 ○표로 표시해 둔다.

③ 지도기간 : 이 단원의 지도가 계속되는 기간을 적는다.

④ 총시간 : 단위 수업시간으로 몇 시간이 소용되는가를 적는다.

⑤ 단원의 개설 : 단원 선정의 이유, 단원의 범위와 정도 및 단원 지도상의 문제점을 간단히 적는다.

⑥ 단원의 목표 : 내용과 행동에 걸쳐 이원적 분류표를 만든다.

⑦ 단원의 관련 : 이 단원이 교육의 이념과 교육목표, 장학방침 및 본교의 교육목표와 관련이 되어 있는 부분을 간추려 적는다.

⑧ 단원의 구조 : 이 단원의 학문적 구조를 지식의 기본구조로 표현해 둔다. 종래에 흔히 말해 오던 교재연구가 여기에 해당된다.

⑨ 단원의 시간계획 : 한꺼번에 또는 차시별로 나누어 지도할 것인가를 결정한다. 예컨대, 두 시간으로 나눠서 지도하겠다면 1차시와 2차시로 나눠서 각각 학습내용을 기재하고 학습활동을 교사활동과 학생활동으로 구분해서 기록하고(예컨대, 교사의 설명, 판서, 낭독, 학생의 청취, 필기, 토의), 학습자료와 평가계획 및 수업장소 등을 기재한다.

(2) 본시 수업지도 계획안

본시 수업계획안은 소위 학습지도의 시안으로서 단원 학습계획의 차시별 계획안이다.

① 단원명 : 대단원과 소단원을 같이 적어 둔다.

② 대상 : 실시되는 반 밑에 ○표로 표시한다.

③ 차시 : 예컨대, 3차시 중의 제 2차시라면 2/3라고 적는다.

④ 지도일시 : ○월 ○일(○요일) ○교시로 표시한다.

⑤ 지도장소 : 예컨대, 1학년 2반 교실 또는 강당, 운동장 등으로 기재한다.

⑥ 단원의 목표 : 여기서는 이원적으로 분류하지 않더라도 개별 항목으로 적어 둔다.

⑦ 시발행동 : 학생들의 신체, 지적, 정의적 준비도와 학습태세, 학습양식 등을 간단히 적는다.

⑧ 학습자료 : 교사의 자료와 학생의 자료를 구분해서 적는다. 학습자료에는 교과서명, video, TV, 컴퓨터, 빔 프로젝트, 참고도서명, 수업현장에서 사용하는 모든 자료가 포함된다.

⑨ 전개과정 : 여기서는 우선 학습내용의 구조를 기본구조의 입장에서 작성하고 학습활동을 교사와 학생으로 구분해서 기재한다.
그러나 이러한 내용과 활동을 단계적으로 작성해야 하는데 흔히 이 전개단계를 도입 - 전개 - 정리 및 평가로 나누는 것이 보통이다. 그리고 매단계마다 형성평가 방법을 간단히 적어 두고 아울러 단계별 소요 시간을 적는다.

⑩ 종합평가 : 본시에 학습한 내용과 경험에 대한 종합적인 평가 계획을 적는다. 평가장면과 기획란에는 평가방법과 시기 등을 기록한다. 예컨대, 필답고사, 행동관찰, 작품분석 등 평가방법을 적어 두고 아울러 본시에 평가를 실시하느냐 또는 중간고사에 실시하느냐 등을 적는다. 평가도구란에는 평가문항을 미리 작성해 두는 것이다.

이 양식에 따른 단원 수업지도 계획안과 본시 수업지도 계획안 작성의 실례를 다음에 제시한다.

2) 학습지도계획안 작성의 실제내용

학습지도안 작성의 실제내용은 본고의 부록부분에 일괄하여 상세하고 정확하게 서술되어 있으니 참조하기 바란다.

표 7-2 ○○과 본시 교수-학습지도계획안

○학년 : ○지도교사 :

<table>
<tr><td rowspan="2">①
단원명</td><td rowspan="2"></td><td rowspan="2">②
대상</td><td>반</td><td>1</td><td>2</td><td>3</td><td>4</td><td>5</td><td>6</td><td>7</td><td>8</td><td rowspan="2">③
차시</td><td rowspan="2">/</td><td rowspan="2">④
지도
일시</td><td rowspan="2"></td><td rowspan="2">⑤
지도
장소</td><td rowspan="2"></td></tr>
<tr><td>실시</td><td></td><td></td><td></td><td></td><td></td><td></td><td></td><td></td></tr>
<tr><td>⑥
단원의
목표</td><td colspan="11"></td><td>⑦
시발
행동</td><td colspan="5"></td></tr>
<tr><td>⑧
학습
자료</td><td colspan="11">교사 :</td><td colspan="6">학생 :</td></tr>
</table>

<table>
<tr><td rowspan="3">⑨
전
개
과
정</td><td rowspan="2">단계</td><td rowspan="2">학습 내용의 구조</td><td colspan="2">학습활동</td><td rowspan="2">학습
자료</td><td rowspan="2">형성평가</td><td rowspan="2">시간</td></tr>
<tr><td>교사</td><td>학생</td></tr>
<tr><td></td><td></td><td colspan="5"></td></tr>
<tr><td rowspan="2">⑩
종
합
평
가</td><td>평가
장면
과
기회</td><td colspan="6"></td></tr>
<tr><td>평가
도구
(문항)</td><td colspan="6"></td></tr>
</table>

제 8 장

실기교육지도의 형태

1. 강의법
2. 토의법
3. 문답법
4. 문제해결학습법
5. 프로젝트학습법
6. 협동교수법
7. 버즈학습법
8. 브레인스토밍
9. 컴퓨터 보조학습법
10. 사이버교육

실기교육의 지도방안은 일정한 공식이 있는 것이 아니다. 지도해야 할 학생들의 능력과 성장 과정이 서로 다르기 때문에, 학습내용 역시 일정할 수는 없는 것이다. 교과별 지도방안 또한 일정한 공식이 있는 것이 아니다. 교과내용은 같다 하더라도 받아들여야 할 내용이 일률적일 수 없기 때문이다. 그런까닭에 학습지도의 방법은 공식적일 수 없는 것이다. 이것이 학습내용이나 교사의 지도 입장에 따라 각각 다른 형태의 지도 방법을 사용하여 수업을 전개할 수밖에 없는 이유라 할 수 있다.

그렇다면 수업의 형태를 실제로 규정하는 요인은 무엇인가, 어떤 요인에 따라서 학습지도의 형태가 다양하게 되는 것일까.

첫째의 요인은 수업의 목표이다. 깊이 생각을 하게 하여 사고력을 기르는 수업과 어떤 기술을 반복 연습시키는 수업과는 수업형태가 달라진다.

둘째의 요인은 교재의 특성이다. 언어교재, 시청각교재 등의 교재의 특성에 대응하는 수업형태는 달라지게 마련이다.

셋째의 요인은 학습자이다. 어린이의 심리적 발달의 단계는 물론이지만 자연적, 사회적 환경 속에서 어린이가 어떤 생활경험을 가지고, 어떤 학습의욕을 가졌느냐, 상호간의 어떤 인간관계를 가지고 있으며, 어떤 집단을 만들었느냐에 따라서 수업형태가 달라진다.

넷째의 요인은 교육의 외적 조건이다. 한 학급의 정원은 몇 명인가, 복수학급이냐 등의 조건에 따라서 수업형태가 달라진다. 또 시설설비가 어떠냐에 따라서도 달라진다. 예컨대, 어떤 교재의 수업에서는 실험을 시키는 것이 가장 적당한데 그 설비가 없으면 다른 방법으로 해야 할 것이고, 시청각교재를 사용하고자 해도 기구가 없으면 불가능하다. 사실 교육행정 또는 교육재정이 가져다 주는 외적 조건은 본질적 조건으로 규정되지 않은 것 같지만, 실제의 수업형태를 규정하는 점에서는 중요한 조건이 되는 것이다.

다섯째의 요인은 교사의 인간이해의 문제이다. 교사가 어떤 세계관을 가지고 있으며, 따라서 어떤 교육철학의 입장에서 교단에 서고 있는지 어떤 학력관, 교재관, 교과관을 가지고 있는지, 또 어느 정도의 교육 기술을 가지고 있는지 등의 요건이 수업형태를 좌우한다. 또 교사 개인이 어떤 성격의 소유자이며, 어린이와 어떤 인간관계를 가지고 있는가, 억압적인가, 자유방임적인가 등에 따라서 수업형태가 달라진다. 이것은 실제로 수업형태를 규정한다는 점에서는 지극히 중요한 조건이며, 나아가 학습방법은 각양각색의 방법으로 표현할 수 있는데 그것은 각 교과단원의 성격, 또는 지도해야 할 목표에 따라 그 형태를 달리 할 수 있다.

1. 강의법

1) 강의법의 의미

강의법이란 주로 교사의 해설(exposition)에 의한 수업의 한 방식이다. 문제 형식으로 제기된 어떤 사항 또는 개념을 학습자에게 설명, 이해시키기 위한 수업상의 절차(teaching procedure)를 말한다.

특히 수업시간, 학생 수, 학습교재, 수업매체 등의 제약이 적고, 더구나 교사가 많은 학생들을 한꺼번에 지도할 수 있다는 장점 때문에 아직도 많이 사용되고 있는 방법이다. 따라서 우리는 강의법이 단지 오래된 수업법이라고 해서 외면하기보다는 강의법에 여러 가지 방법을 함께 사용함으로써 단점을 보완하고, 장점을 살려 나가는 방향으로 활용하면 수업효과를 올릴 수 있다. 따라서 이러한 강의법을 개발하고 효과를 거둘 수 있는 방법을 연구해야 한다. 즉 시청각 교구를 사용하여 활기 있는 강의를 전개시키고, 강의는 사전에 철저히 program화하고, 사전에 계획된 강의안에 따라서 강의도중에 질문을 하고 필요 이상의 해설을 피하는 등 학습자 스스로의 적극적인 생각을 유도해야 한다. 또한 교사는 자신에게 맞는 강의법의 기교를 연구하여 학습자의 주위를 계속 이끌어 나가도록 강의의 진행을 계획하여야 한다.

2) 강의법의 특성

강의의 주된 목적을 청중들에게 분명한 사실, 아이디어, 개념, 지식 등에 관한 정보를 제공하는 데 있다. 그러면 이러한 목적을 가진 강의법의 특징은 무엇인가? 강의법의 가장 큰 특징으로 다음과 같은 세 가지를 지적할 수 있다.

첫째, 주로 해설이나 설명에 의해 수업이 이루어진다는 것이다. 즉, 언어를 통한 학생과 교사의 상호작용이 주된 수업의 모습이다. 다시 말해 강의법이 성공적으로 자리잡기 위해서는 교사와 학습자 사이의 상호작용이 일방통행의 형태에서 벗어나 쌍방간에 주고받는 형태가 되어야 한다.

둘째, 학습자에게 유의미한 학습과 아울러 기계적 학습 역시 일어날 수 있다. 강의법은 교사중심 수업의 형태이므로 교사는 수업내용을 철저히 분석하여 학습자가 쉽게 이해할 수 있도록 내용을 제시하되, 다른 수업모형에 비해 학습자의 참여나 토의가 제한될 수 있으므로 학습자의 능동적인 참여가 없으면 학습자가 수업내용을 이해할 수 없는 경우도 생겨날 수 있다.

셋째, 교사는 학습자에게 자신이 알고 있는 지식이나 정보 등을 직접 전달할 수 있다는 점이다. 이를 위해선 교사는 언어적 상호작용을 통하여 학습자로 하여금 지식, 정보 등을 받아들여 축적할 수 있도록 하는 능력을 지니고 있어야 한다. 교사는 학습자의 인식능력에 맞는 적합한 어휘, 속도, 제스처 등을 통하여 설명, 이해시켜야 한다.

3) 강의의 준비과정

교사가 강의를 준비하기 위한 첫 단계는 가르치고자 하는 내용을 상세히 분석하고 교사나 학습자를 위한 학습의 목표를 구체화하는 것이다.

(1) 학습목표의 필요성

① 학습목표는 교수자와 학습자가 정보들을 마음 속으로 조직하도록 도와준다.
② 학습목표는 강의계획뿐 아니라 강의전개를 위해 가장 주축이 되는 도구이다.
③ 학습목표는 학습자가 강의에서 배울 내용을 구성하는 데 도움을 준다.
④ 학습목표는 교수자와 학습자에게 평가의 기준을 제시하여 준다.

(2) 학습목표의 분류

학습목표를 분류하는 방법은 학자에 따라 다양하나 대체로 다음 세 영역으로 나뉘어진다.

① 인지적 학습목표 : 사실적 정보, 개념, 원리 등 사고를 요하는 지적 내용을 가르치는 수업의 목표가 포함된다.
② 정의적 학습목표 : 가치나 태도를 가르치고자 하는 수업의 목표이다.
③ 신체기능적 학습목표 : 운동기능이나 기술훈련을 하고자 하는 수업의 목표이다

이들 영역들은 각각 수준별로 세분화될 수 있다.

표 8-1 학습목표의 영역별 수준

인지적 영역	정의적 영역	신체기능적 영역
1. 지 식 2. 이 해 3. 적 용 4. 분 석 5. 종 합	1. 감 수 2. 반 응 3. 가치화 4. 조직화 5. 성격화	1. 지 각 2. 세 트 3. 안내된 반응 4. 메커니즘 5. 복합적 반응 6. 적 응 7. 창 조

* 번호가 커질수록 높은 수준

(3) 학습목표의 구체화

① 교사는 강의 전에 자신이 세운 학습목표가 인지적 · 정의적 · 신체기능적 영역 중 어디에 속하는가를 확인하여야 한다.
② 또한 각 영역 중에서 어떤 수준에서 가르치고자 하는지도 확인하여야 한다.

(4) 학습내용의 분석

학습내용에 대한 분석은 다음과 같은 순서로 진행될 수 있다.
① 학습목표를 진술한다.
② 진술된 학습목표를 달성하기 위하여 필수적인 내용을 파악한다.
③ 파악된 필수내용을 세분화한다.
④ 가르쳐야 될 순서를 정한다.

4) 강의법의 장단점

(1) 장점

① 짧은 시간에 여러 가지 다양한 지식을 많은 학습자에게 동시에 사용할 수 있다.
② 교사의 언어적 표현력이 강하면 강한 만큼 학습자를 강하게 그리고 쉽게 자극시킬 수 있다.
③ 흥미를 환기하여 학습동기의 유발에 유효하며, 학습자들의 이해력을 높일 수 있다.
④ 언어만으로 어떤 사건이나 사실을 실감 있게 나타낼 수 있고, 직접 말로 표현하기 때문에 학습의 흥미를 유발시킴과 아울러 동기를 일으키는 데에도 효과적이다.

⑤ 교과서의 내용을 교사가 지닌 능력의 범위 내에서 보충, 첨가, 삭제하는데 편리하다.
⑥ 학습 환경에 맞추어 강의 방법을 자유로이 변화시킬 수 있고 따라서 학습 효과를 쉽게 올릴 수 있다.
⑦ 전체적 전망을 주고, 보조적 자료를 제시하는데 유용한 수단이다.
⑧ 직접 교사와 학생이 얼굴을 대하기 때문에 학습자의 감정을 강하게 자극할 수 있다.
⑨ 학습내용을 학습자의 상태에 알맞게 이야기를 조정하여 효과적으로 이끌 수 있다.
⑩ 문자로 표현할 수 없는 내용을 알기 쉽게 전할 수 있고 내용을 흥미롭게 이끌 수 있다.
⑪ 교사는 자신의 언어적 표현능력에 따라 학습자를 용이하고 쉽게 동기화시킬 수 있다.
⑫ 쓰면서 듣고 생각하고 총괄하여 요점을 가려낼 수 있는 힘을 기를 수 있다.
⑬ 교사가 해설이나 설명을 중심으로 하는 수업이므로 교사의 의지에 따라 학습환경을 자유로이 바꿀 수 있다.
⑭ 상대방의 말을 명확하게 파악하고 비판적으로 받아들일 수 있는 능력과 장시간 예의바르게 듣는 태도를 기를 수 있다.
⑮ 수업시간, 학습량 등을 교사가 자유로이 조절할 수 있으므로 학습 경제성 면에서 볼 때 매우 유리하다.

(2) 단점

① 교사의 능력이 모자라거나 사전에 충분한 수업계획이 없으면 교과서의 상투적인 설명에 그치기 쉽다.
② 교과서 설명에 그치기 쉽기 때문에 강의 자체가 무미건조하기 쉽다.
③ 학습자의 개성이나 능력을 무시하고 일방적으로 주입시키는 결과를 가

져온다.

④ 능력이 낮은 학습자나 지능적으로 낮은 수치의 학습자에게는 설명 중심의 수업이 이해가 곤란하거나 심리적 부담을 줄 우려가 크다.

⑤ 학습 과정에서 자학 자습의 태도를 기르기 어렵다.

⑥ 주의가 산만한 학습자들은 강의를 분석하지 못하거나 강의내용의 요점을 파악하기 힘든 경우가 많다.

⑦ 학습 자체가 받아쓰기에 치중하다 보면 자연 이해가 곤란할 뿐만 아니라 비판적으로 받아들일 수 없고 특히 학습부진아(Slow Learner)에게는 많은 부담을 주기 쉽다.

⑧ 학습자의 강의에 임하는 태도가 수동적이 되기 쉽고 또한 전체 내용을 사고력을 동원하여 자신의 지식으로 받아들인다는 것은 기대하기 어렵다.

⑨ 강의가 일방적이기 때문에 학습 활동 면에서 제시한 계열화 · 사회화가 이루어지기 쉽다.

⑩ 교사의 능력 특히, 지식에만 의존하게 됨으로 교사의 지식이 절대적으로 영향을 주게 된다.

⑪ 관념적 대상의 주입이기 때문에 응용화, 사회화의 힘을 기르기 어렵다.

⑫ 문제해결력이나 창의력 같은 고등정신 과정을 연마할 기회가 없다.

⑬ 30분 이상 계속되는 강의에 있어서는 학습자의 주의력이 곤란하다.

이상과 같은 장 · 단점을 고려하면서 실제 강의에 임할 때는 다음과 같은 점을 유의하면 어느 정도 단점에 나타난 내용들은 조금은 피할 수 있다.

5) 강의법의 유의점 및 평가

(1) 강의법의 유의점

수업상 강의법이 비효과적이라고 지적하는 사람이 많고, 그 방법 자체에 한계점도 있기는 하지만 이를 적절히 사용하는 수업의 효과는 엄청나게 달라질 수 있다. 우리가 여러 사람의 강의를 청강한 경험을 상기해 본다면, 어떤 교사의 강의는 매우 이해가 잘 되고 또 지루하지도 않은데 어떠한 교사의 강의는 지루하고 곧 잠이 오고 또 그 수업 후에 머리에 남는 것도 없는 그러한 예들이 있을 것이다. 강의법은 그 자체가 비효과적인 것이 아니라 강의를 잘 하면 오히려 효과적이라고 할 수 있다. 강의를 잘 하기 위해서는 다음과 같은 점을 유의해야 한다.

① 학습자의 성장 · 발달을 고려하여 교사는 용어 선택을 잘해야 하며, 친절하고 성의있는 화법으로 강의한다.
② 강의에 있어 언어는 직관적이면서 정확하고, 명랑하여야 한다.
③ 강의시간에는 도표, 도해 및 기타 시청각 교구를 병행해야 한다.
④ 강의의 과정을 동적으로 전개해야 하고, 흥미 있고 열성적인 대화조로 개인적인 친분감을 갖는다.
⑤ 학습자에 문제를 제시한 형식을 취하여 강의하고, 학습자의 반응을 수시 포착하면서 자연스럽게 강의에 변화를 주어야 한다.
⑥ 강의의 속도에 주의하고 생각할 여유를 가지게 하며, 수시로 토의를 삽입하고 유머를 가미한다. 학습자들의 청취태도를 파악하고 그에 따라 강의의 진도 및 정도를 조절해야 한다.
⑦ 사전에 내용을 충분히 숙지하고 그 과정을 계획하고 관념적 설명이 아니라 비근한 구체적 예 같은 것은 미리 충분히 준비해야 한다.
⑧ 교사 자신의 음성, 음색, 음감을 조절하여 학습자로 하여금 권태를 느끼지 않도록 해야 하며, 강의 도중 학습자의 이해 정도와 흥미 분위기 등 반응을 체크해 보면서 진행한다.
⑨ 강의의 끝맺음을 정확히 하는 뜻에서 반드시 요약 설명해 주고 학습자로 하여금 질문할 수 있는 기회를 주도록 노력해야 한다.

표 8-2 강의식 수업의 절차

단계	구체적 활동내역
단계 I 학습문제 파악	· 학습자들과 우호적인 관계의 형성 · 학습목표의 제시 · 학습동기의 유발 · 선수학습의 확인 및 처치
단계 II 학습문제 해결	· 학습할 개념, 원리, 법칙 등 학습내용의 제시 및 설명 · 필요한 학습자료와 매체의 체계적인 제시 · 학습 문제해결 · 지속적 주의 집중시키기
단계 III 일반화	· 문제해결의 연습 및 여러 가지 예제의 적용 · 통합조정의 원리 이용 · 학습내용의 강조 및 요점 정리 · 심화 및 확충 설명 · 차시 예고 및 과제의 제시

(2) 강의법의 평가

교사는 항상 자신의 강의를 보다 효율적으로 만들도록 노력하여야 한다. 흔히 말하는 '천부적 교사'란 배우지 않아도 강의를 비롯한 여러 방식을 잘 이끌어 가며, 기타 교육자로서의 자질을 지니고 있는 사람이다. 그러나 우리 대부분의 교사들은 인간이 지금까지 쌓아올린 지식과 경험에 바탕을 두어 자신의 교사방법을 개선하여야 한다. 현재의 강의를 평가하는 것은 다음의 강의를 보다 효율적 · 효과적으로 전개하기 위해 필수적인 것으로 다음과 같은 방식으로 실현될 수 있다.

1 평가내용

① 전반적 강의 스타일 점검
② 목표의 명확성
③ 내용의 조직 정도

④ 설명의 명료성
⑤ 강의의 흥미도 등

2 평가방법

① 간단한 설문지 이용
② 소수 인터뷰
③ 강의 녹화자료
④ 동료교사들의 조언
⑤ 자아평가

학습자는 강의내용을 책이나 필름, 기타 다른 매체를 통해서도 배울 수 있다. 그러면 왜 강의라는 수업방식이 여전히 존재하는가? 강의는 학습자에게 하나의 살아있는 교사가 어떻게 아이디어나 지식을 다루고 이해하는가를 목격할 기회를 제공한다. 교사는 단순히 교과내용만을 전달하는 것이 아니라 학자로서, 연구자로서, 또한 배우는 자로서의 모습과 열정을 전달하고 있는 것이다

2. 토의법

1) 토의법의 의미

토의법은 공동학습의 한 형태로서 학급을 일정한 조직으로 고정시키지 않고 비형식적인 토의집단으로 구성해서 정치, 사회, 문화 등 다양한 주제를 놓고 학생들이 능동적으로 토론을 전개함으로써 스스로 학습 과제를 풀어 나가는 수업형태이다. 토의법은 문제점을 명확히 한 다음 협력하여 그것을

해결해야 하므로 전체 성원이 참가하도록 해야 한다. 그리고 토론 때에는 논쟁보다는 건설적인 태도와 우호적인 분위기 속에서 문제해결 또는 결론이 도출되어야 한다. 토의 학습은 지식의 전달을 목표로 하는 것이 아니라 주어진 과제를 학생들이 스스로 해결해 나가도록 하는 방법이다. 태도, 가치의 문제나 정책의 방향에 대하여 서로 다른 의견을 가지고 있을 때에 상호 의견을 발표함으로써 일정한 방향을 모색하는 데에는 가장 효과적인 지도 방법이라고 할 수 있다. 따라서 토의법은 민주사회가 필연적으로 요구하는 학습방법이라고 할 수 있다.

토론에는 교사가 참여하는 경우도 있지만 대개는 학생들의 토론을 중개자의 역할을 하는 것이 보통이다. 즉 교사가 토론에 참여하는 것은 가능하나, 교사가 말을 많이 하면 학습자가 말을 적게 한다는 것을 명심해야 한다. 교사가 일반적으로 해야 할 일은 토의의 논리성, 주제의 관련성, 사실의 정확성, 적절성에 대해 분석, 평가하는 일이다. 특히 학생과 함께 자기의 생각을 함께 나누는 것이 중요하나 그렇다고 개인을 비판해서는 안 된다. 또한 집단의 시간을 빼앗아서도 안 된다. 그러나 교사는 토의 내용이 본론에서 벗어나 토의시간이 지나치게 길어지거나 토의가 중단되었을 경우 또 잘못된 사실이 수용되거나 논리적 오류가 밝혀지지 않고 그냥 넘어가는 경우에 토의의 방향을 바로잡아주는 것이 좋다.

따라서 토의학습을 통하여 우리가 얻을 수 있는 태도로서는,

첫째, 학생 각자가 자신의 생각을 높이는 동시에 자신이 자신의 문제를 스스로 생각하려는 태도를 갖게 하며,

둘째, 생각한 결과에 자기 의견을 정확히 발표할 수 있는 태도를 키우고,

셋째, 자신의 의견을 전하는 동시에 타인의 의견을 존중하고 너그럽게 받아들일 줄 아는 태도가 함양되며,

넷째, 자기 자신의 발언의 중요성을 이해하는 동시에 타인의 의견을 지성에 의하여 비판하는 태도의 함양,

다섯째, 집단원에 의하여 결정된 생각을 따르고 그에 협력하는 태도를 키우며,

여섯째, 타인의 의견을 듣고 자기의 인식을 확대시키고 심화하려는 연구적인 태도를 육성하며, 끝으로, 토의를 민주적으로 운영해 나가는 태도 등을 갖게 하는 데에 대단히 유익한 것이다.

토의를 해 나가기 위해서는 교사 자신은 물론 아동들 자신이 생각해야 할 토의학습 전개의 기본 조건이 있다. Wofford, K. V.는 다음 9가지를 들고 있다(Wofford, K. V., 1946).

① 토의의 안건은 아동들이 절실하게 느끼는, 즉 의욕적일 수 있는 것이어야 한다.
② 의견을 발표한 사람에 대해서 집단의 구성원은 건전한 반응을 보이도록 해야 한다.
③ 토의는 형식에 구애됨이 없이 자유로운 분위기에서 이루어져야 한다.
④ 토의를 통하여 학습이 진행되는 모습이 명료해야 한다.
⑤ 토의한 제재에 대하여는 충분히 기초 조사를 해야 하며 토의에 참가한 집단원이 활발하게 움직여야 한다.
⑥ 토의한 문제를 충분히 이해한 후에 그 문제에 따라 진행해야 한다.
⑦ 자기가 생각하고 있는 것을 집단원에게 잘 납득되도록 해야 한다.
⑧ 타인이 이야기하는 것을 잘 듣고 서로가 자기의 생각을 높여가도록 해야 한다.
⑨ 집단원 상호간에 이해와 존경으로서 언제나 토의의 협력적 체제를 갖추어 임하는 태도를 갖게 해야 한다.

이상과 같은 조건하에 이루어지는 토의학습은 그 형식이 토의내용과 인원

그리고 토의학습시의 사정에 따라 여러 가지로 분류하고 있다. 즉 토의학습은 조직면에서 분류할 때는 비형식적 토의와 형식적 토의가 있고 토의집단에 의하여 분류할 때는 사적 토의와 공적 토의로 나눌 수 있다. 비형식적 토의란 사전에 아무런 계획 없이 자연스럽게 토의로 들어가는 것을 말하며, 사전에 계획을 세우고 의장을 정하고 목적에 적합한 좌석이나 운영법을 연구하고 토의를 위한 시간을 정해서 진행하는 것을 형식적 토의라 한다. 그리고 한 사람의 의장에 의해서 모든 성원이 평등한 입장에서 참가하며 발표자와 청취자의 구별없이 이루어지는 토의를 사적 토의라 하며 참가인원과 토의의 기회에 따라 발표자만 발표하고 기타 다른 사람들은 그 내용에 대한 의문점만 질의하는 것을 공적 토의라 한다. 토론하는 과정을 통하여 타인의 의견을 존중하면서 공동으로 문제를 해결하는 태도와 자신이 생각하지 못했던 분야에 관심을 가질 수도 있다. 토의법의 종류에는 원탁식 토의, 배심 토의, 공개 토의, 강단식 토의, 대화식 토의가 있다.

2) 토의법의 목적

토의는 이 과정에 참여하는 사람들 간의 상호작용을 통해 문제를 해결하고자 하는 수업방식이다. 즉, 학습자와 교사 간에 또는 학습자들 간에 일어나는 의사소통을 전제로 하는 것이다. 효과적인 토의가 이루어지기 위해서는 개방적인 의사소통과 협조적인 분위기, 그리고 민주적인 태도 등이 요구된다. 또한 학습자의 적극적인 참여와 교사의 적절한 관여는 토의의 흐름을 촉진시키기도 한다. 이러한 토의는 수업과정에서 몇 가지 목적을 지닌다. 이 가운데 몇 가지는 지식, 기능, 태도 등에 관련된 것이며, 다른 몇 가지는 토의과정의 경험 그 자체에서 생겨나는 동기유발과 개인적인 만족에 관련된 것이다. 수업전략으로서 토의는 학습자의 참여를 유도하고, 문제를 비판적으로 분석하며, 창의적인 능력과 협동적인 기술을 개발시키는 데 목적을 둔다.

Clark와 Sfarr(1980)는 토의는 목적을 지닌 대화의 과정이라고 보았다. 토의가 이루어지기 위해서는 목적 지향적이어야 하며, 그 목적은 성취될 수 있는 것이어야 한다. 또 토의의 주제는 논란거리여야 하며 토의에 참가하는 사람들이 이것에 대해 충분히 인식하고 있어야 한다. 이러한 토의는 기본적으로 다음과 같은 성격을 지닌다.

첫째, 토의는 상호작용의 형태를 지닌다. 토의는 단순한 암송이나 질의응답과는 달리 비형식적이고 훨씬 더 대화 지향적이라는 점에서 차이가 있다.

둘째, 토의에서 교사의 역할은 상황에 따라 다양하게 나타난다. 만약 상호작용이 학습자들 상호간에만 이루어진다면 교사는 관찰자나 기록자로서의 역할을 하게 된다. 그러나 교사가 토의집단의 구성원이 되면 이 때에는 공식적인 지도자가 없는 토의가 이루어진다. 또 교사가 단순히 참가하기만을 원할 수도 있고 토의의 촉진자 내지는 조정자가 될 수도 있다. Van Ments(1990)는 교사의 임무는 학습자들이 자신의 경험에 대해 비판적으로 사고하고, 상이한 관점들을 탐구하며, 그들의 지식이 인간경험에 어떻게 뿌리를 두고 있는지를 생각할 수 있도록 해야 한다고 하였다.

셋째, 집단 크기와 구성원들의 특성에 따라 토의의 성격이 좌우된다. 일반적으로 전체 학급이 토의에 참가할 수 있거나 몇 개의 집단으로 나눌 수도 있다. 어떤 경우에는 소집단으로 나누는 것이 참가자들에게는 더 유익할 수도 있다. 또 집단 구성원을 동질적으로 할 것인지 혹은 이질적으로 할 것인지도 고려해야 한다.

넷째, 토의집단의 물리적 조건들이 정비되어야 한다. 토의에서 참가자들이 원형으로 배치되는 것은 흔한 일이다. 때로는 토의 주제와 집단 구성원의 성격에 맞는 토의방식을 선정하고 여기에 적절한 집단배치를 할 수 있어야 한다(변영계 외, 1996).

3) 토의법의 유형

(1) 원탁식 토의(round table discussion)

이 방법은 10명 내외의 소규모 인원이 원탁에 둘러앉아 전원이 자유롭게 의견을 교환한다. 사회자는 회의규칙을 잘 이해하여 토의의 진행을 지도하며, 성원은 자유로운 분위기에서 토의하고 상호협력적 태도로서 충분한 의견을 발표 청취할 수 있는 자유로운 분위기가 필요하며 또한 토의가 잘 진행되도록 하여 결론에 도달되도록 해야 한다.

원탁토의는 충분한 경험을 지닌 사회자와 기록자, 그리고 전문 지식을 가진 청중들 또는 관찰자와 함께 대화하는 비형식적 집단의 성격을 띤다. 토의에 참가한 구성원들이 자신의 생각을 마음껏 발표하고 청취할 수 있는 분위기를 유도해야 하며 특히 침묵하거나 소외되는 참가자들이 없도록 전체 분위기를 조정해야 할 필요가 있다.

그리고 원탁토의에서 가장 주의해야 할 것은 참가자 모두가 발언할 수 있도록 기회를 적절히 제공해야 한다는 점이다. 원활한 토의를 위해서는 집단구성원들 간에 충분한 협조와 개방적인 자세, 그리고 공동체 의식이 형성되어야 하는데, 만약 그렇지 못할 경우 토의를 위한 토의 내지는 심각한 언쟁이나 반목의 상태로 약화될 우려가 있다.

(2) 배심토의(panel discussion)

이 토의는 토의문제에 대하여 대립된 견해를 가진 대표자 4에서 6명과 다수의 청중으로 구성된다. 배심원은 청중 앞에 자리잡으며 의장이 사회하여 배심원에게 발표를 하도록 한다. 이 때 청중의 발언이나 질문도 적절히 받아들이도록 한다. 배심원은 그 문제에 대하여 정통해 있어야 하며 필요시는 전문학자를 초대하는 것이 좋다. 저학년 아동들에게는 부적당한 방법이라고 할 수 있다.

집단구성원이 많아서 각 학생에게 발언시킴이 곤란하여 토의참가의 의욕이 약화될 때 몇 명의 대표자를 단상에서 토의시켜 타 학생에게 공개하는 것이다. 의견 찬반의 대표자 4에서 6명은 활발히 토론하고 한 사람의 사회자는 문제의 소개, 대립의견의 설명에서 토의에로 도입하여 사회자는 적당한 경우에 청중을 토의에 참가시키거나 질문을 허용하여 설명을 구하기도 한다.

(3) 공개토의(forum discussion)

공개식 토론은 1~2명의 연설자가 10~20분간 공개적인 연설을 한 다음 그 내용을 중심으로 연설자와 청중 사이의 질의 응답의 과정을 통해 토론하는 형식이다. 여기에서 사회자는 연설자의 시간 조절을 담당해야 하며 청중의 발언도 적당히 통제해야 한다. 이 방법은 연설 내용이 일반 청중과 관계가 깊을수록 토론은 활발히 전개된다. 따라서 이 토론형식은 학교행사 또는 학급회의 때 많이 사용되기도 한다.

(4) 심포지움(symposium)

준비된 회의장에서 동일한 문제에 대하여 의견을 2명 또는 그 이상이 발표하고 사회자 또는 청중이 이에 질문하고 강연자는 해답하는 형식이다. 사회자는 강연 · 질문 · 해답이 적당히 진행될 수 있도록 한다. 사전에 강연의 개요 또는 필요한 통계 등을 인쇄하여 청중에 배부하고 효과를 돕기도 한다.

토의 주제에 대해 권위 있는 전문가 몇 명이 각기 다른 의견을 공식 발표한 후, 이를 중심으로 해서 의장이나 사회자가 토의를 진행시킨다. 단상토의(symposium)에 참가한 전문가와 사회자, 그리고 청중 모두는 특정 주제에 관한 전문적인 지식이나 정보, 경험 등을 지니고 있어야 한다는 점이 특징이다. 따라서 한 주제를 다양한 측면에서 깊이있게 다룰 수 있다.

(5) 대화식 토의(colloquy)

어떤 문제에 대하여 그 방면의 권위자나 전문가를 학교나 학급에 초청하거나 또는 현장에 가서 면접을 통하여 그 문제에 대한 의견이나 질의응답을 하는 형식이다. 어떤 문제에 대하여 그 방향의 권위자나 전문가를 학급이나 학교에 초빙하거나 또는 현장에 찾아가서 그 문제에 대하여 설명을 듣고 질문을 하여 더 잘 이해하도록 하는 것이다.

토의에 참가하는 인원은 보통 6~8명 정도로, 이 가운데 3~4명은 청중 대표이고, 나머지 3~4명은 전문가나 지원인사로 구성된다. 대담토의(colloquy)는 주로 청중 대표와 전문가 집단에 의해서 이루어지나, 사회자의 진행에 의해 일반 청중이 직접 토의과정에 참가할 수도 있다. 토의시간은 청중대표, 전문가와 일반 청중이 비슷하게 안배되어야 하며, 서로 간에 의사소통이 원활하게 이루어질 수 있도록 배려해야 한다.

(6) 세미나(seminar)

참가자 모두가 토의주제 분야에 권위 있는 전문가나 연구가들로 구성된 소수집단 형태이다. 세미나를 주도해 나갈 주제 발표자의 공식적인 발표에 대해 참가자들이 사전에 준비된 의견을 개진하거나 질의하는 방식으로 토의가 이루어진다.

세미나(seminar)는 참가자들에게 특정 주제에 대한 전문적인 연수나 훈련의 기회를 제공해 주는 데 목적이 있다. 따라서 참가자 전원은 보고서 형식의 간단한 자료들을 상호 교환할 수 있어야 한다. 이 토의방식은 참가자 전원이 해당 주제에 관련된 지식이나 정보를 체계적이고도 깊이 있게 토의할 수 있게 하는데, 이는 사전에 철저한 연구와 준비를 전제하는 것이다.

4) 토의법의 장단점

(1) 장점

① 학습의 사회화에 공헌할 수 있다.
② 깊은 생각과 자기의사를 명백히 할 수 있는 기회를 줄 수 있다.
③ 타인의 의견을 존중함과 아울러 이를 비판적으로 받아들일 수 있는 태도를 기를 수 있다.
④ 문제에 대한 관심과 흥미를 고취시켜 학생들의 자발적인 학습활동을 쉽게 이룩할 수 있다.
⑤ 민주주의 생활에 필요한 여러 가지 생활태도를 육성할 수 있다.
⑥ 집단사고에 의해서 보다 정확하고 광범한 정보를 얻을 수 있다.
⑦ 사회적 기능 및 태도를 형성시킬 수 있다. 토의는 대화를 통해 상호 의견을 교환하고 집단적으로 문제를 해결하는 협력의 과정을 전제로 한다. 따라서 학습자들은 타인에 대한 이해와 존중의 태도를 배울 수 있으며 집단적 사고를 가능하게 해 주는 협력과 참여의 기능도 익힐 수 있다.
⑧ 학습자들에게 집단 구성원으로서의 역할과 소속감, 연대의식 등을 심어 준다. 즉, 집단 속에서 자신의 기여와 책임감을 느끼게 함으로써 구성원으로서의 능력을 수행할 수 있게 해 준다.
⑨ 선입견과 편견은 집단 구성원의 비판적 탐색에 의해 수정될 수 있다. 토의식 수업에서는 학습자들이 집단 구성원으로부터 새로운 정보나 지식을 획득할 수 있는 기회가 많다. 따라서 학습자들이 기존에 갖고 있던 생각을 끊임없이 수정하는 비판적 자세를 견지할 수 있게 된다.
⑩ 자율성을 향상시킬 수 있다. 토의는 교사보다는 학습자의 비중이 높은 수업방식이다. 따라서 학습자들의 능동적인 참여와 자발적인 역할이 요구된다. 즉, 학습자가 교사에게 의존하지 않게 됨으로써 학습자 중심

의 자율적인 수업이 이루어지게 되는 것이다.

(2) 단점

① 시간이 많이 소요된다. 토의식 수업을 하기 위해서는 준비와 계획단계에서 뿐만 아니라 진행과정에서도 많은 시간이 소요된다. 특히, 토의과정에서 적절한 시간분배가 어렵고, 주의집중과 통제를 위한 소요시간도 적지 않다. 따라서 토의식 수업은 시간소비량이 다른 수업에 비해 많다는 한계를 지니고 있다.

② 철저한 사전준비와 체계적인 관리에도 불구하고 예측하지 못한 상황이 발생할 수 있다. 이는 토의의 목적에서 벗어나서 산만하고 빈약한 대화를 하거나 초점을 잃은 채 토의를 위한 토의로 끝날 수 있음을 의미한다.

③ 토의의 허용적 특성은 학습자의 이탈을 자극할 수 있다. 토의식 수업에서 학습자 전원이 적극적으로 참여하고 주도적 역할을 수행하기보다는 몇몇에 의해 주도될 가능성이 있다. 그 외의 나머지 학습자들은 토의과정에서 방관하거나 무관심한 상태로 빠질 위험이 있다.

④ 알려지지 않거나 어느 정도 완전하게 이해하지 못한 사실과 개념에 대해서 효과적으로 토의하기란 어렵다. 토의하게 될 주제를 충분히 파악하지도 설명하지도 못한 채 이에 대해 생각하고 말한다는 것은 한계가 있다. 또한 학습자들이 토의 주제에 관해 어느 정도 이야기할 수 있을 만큼의 수준에 도달해 있어야 하는데, 그렇지 못한 경우가 많다. 따라서 실제 토의식 수업에서 기대하는 효과에 도달하기란 쉬운 일이 아니다.

⑤ 회의를 위한 회의로서 형식적인 토의에만 그치고 학습에 보탬이 적은 때가 있다.

⑥ 발표내용보다 발표자에 중점을 두기 쉽고 감정에 흐르기 쉽다.

⑦ 방관적인 태도를 갖는 자가 많을 수 있다.

⑧ 소수의 의견이 무시되거나 소홀히 취급되기 쉽다.

5) 토의법의 유의점 및 교육효과

(1) 유의점

① 토의의 주제가 집단 전원에게 의미있는 문제이며 또 사고방식이나 의견의 차이를 가져올 수 있는 문제인가를 엄밀히 검토해야 한다.
② 토의의 목적은 타인을 설복시키는 데 있는 것이 아니고 건설적 · 협력적인 문제해결에 있음을 알리고 집단 전원에 대해서 자유롭고 우호적인 분위기를 조성해야 한다.
③ 토의의 과정에서 필요한 자료 또는 예상되는 장벽을 처리할 수 있도록 사전에 준비한다.
④ 토의의 성과를 평가하는 기본적인 관점을 토의과정에서 표면적으로 발언이 활발하였느냐 하는 것이 아니고, 토의 자체가 문제해결을 위한 바람직한 사고과정이 있었는가에 중점을 두어야 한다.
⑤ 집단 전원이 그 특성을 발휘하면서 토의에 참가할 수 있는 운영 방법을 생각하고 참가자에 대하여 자기평가를 할 수 있는 기회를 주도록 노력해야 한다.
⑥ 토의에서 얻은 성과의 처리방법, 즉 토의학습에 있어서 계속될 수 있는 바람직한 지도방법을 미리 생각하고 학습진행의 전체 속에서 토의가 차지하는 위치를 명확하게 해 주어야 한다.

(2) 토의법의 교육효과

① 각자가 자기 스스로의 사고를 높이는 습관을 기른다.
② 자기의견을 명료하게 발표하여 상대방에게 전달하는 태도가 양성된다.
③ 타인의 의견을 존중하고 이를 관대하게 받아들이는 태도가 양성된다.
④ 자기발언의 중요성을 이해하고 타인의 의견을 지성적으로 비판하는 태도가 양성된다.

⑤ 자기의 의견이 채택되지 않았다 하더라도 여러 사람의 의견에 의해서 결정된 이상은 여기에 복종하고 협력하는 태도를 가진다.
⑥ 회의를 민주적으로 운영해 나가는 역량이 양성된다.
⑦ 타인의 의견을 듣고 자기의 인식을 확대시키고 심화하려는 연구적인 태도가 필요하다.

6) 교사의 유의사항

① 논제를 학습자에게 명확히 인식시켜야 한다.
② 학습자들의 의견을 최대한으로 존중해 주어야 한다.
③ 토의에 대한 계획을 수립할 때에는 모든 학습자의 의견과 입장을 고려해야 한다.
④ 토론 과정의 질서유지에 대한 사전 지도가 있어야 한다.
⑤ 다수의 의견만 중요한 것이 아니고 소수의 의견도 소중함을 인식시켜야 한다.
⑥ 토론 과정에서는 완전한 자유의사가 반영되도록 보장되어야 한다.
⑦ 학습자인 아동들 각자가 자기의 의견을 정확히 발표함은 물론 타인의 의견도 존중할 줄 아는 태도를 육성하려는데 관심을 가져야 한다.
⑧ 토론의 시간이 길어져도 참고 끝까지 참여하는 인내력을 키워 줘야 한다.

3. 문답법

1) 문답법의 의미

문답법이란 직접 말로써 질문(Oral Question)을 하고 직접 말로써 이에 대한

답을 하도록 하여 학습을 진전시켜 나가는 방법이다. 이것은 교사에 의한 일방적인 방법만이 아니고 교사나 학생 상호간에 질의응답을 하는 방법도 있다.

이 문답법은 토의법과 같이 오랜 역사를 갖고 있다. 고대 동양의 고서인 논어를 비롯하여 많은 서적이 문답의 형식으로 되어 있는 것을 많이 볼 수 있으며 또 서양에 있어서도 기독교의 교리문답집 등이 있다. 그리고 교육사상 문답법에 의해서 수업을 한 Greese시대의 Socrates는 너무나 유명하다. 문답법을 통하여 보다 학문을 탐구하게 하고 학문전수의 방법으로 발전시켰다. 이 방법을 Socrates의 산파법 또는 반문법이라 한다. 그리고 이 문답법은 오늘날 학습지도에 있어서 중요한 위치를 차지하고 있다.

질문은 사실, 개념, 원리 등의 상기, 비교, 가치판단, 선택, 설명, 개괄, 분석, 종합, 관계의 해설, 원인 결과의 설명, 예증의 제시, 분류, 비판, 주제에 대한 논술 등을 요구할 때 사용되며 이에 대한 해답이 요구된다. 요컨대, 학습자로부터 생생한 보고(vital reports)를 도출하는 것이 주안점이다.

2) 문답법의 유형

질문은 그 목적에 의하여 또는 질문에 대하여 야기되는 정신활동의 과정에서 분류되는 것으로 대체로 후자에 의하여 기억을 요구하는 기억질문(memory question)과 사고질문(thought question)으로 구별되는 양자 사이에는 엄연한 구별기준은 없다. 그러나 교사는 유효하게 활용하기 위하여 그 주요유형을 알아야 할 것인 바, 1923년 Monroe 및 Carter가 발표한 것을 소개하면 다음과 같다.

① 선별적 재생(selective recall) : 당선 전에 군대생활의 경험이 있는 미국 대통령의 이름을 들어라.

② 평가적 재생(evaluating recall) : 지능검사의 발달에 위대한 영향을 끼친

세 사람을 들어라.

③ 두 사물의 일반적 비교(comparison of two things) : 우리나라 남부지방과 북부지방의 기후를 비교하여라.

④ 두 사물의 단일기초 비교(comparison of two things) : 학생들의 학습방법상의 효과의 관점에서 논문체 고사와 객관식 고사를 비교하여라.

⑤ 결정 - 찬성 또는 반대(decision-for or against) : 구두시험과 필기시험 중 어느 편이 좋다고 생각하느냐? 왜?

⑥ 원인 또는 결과(cause or effect) : 상원은 어떻게 하여 하원보다 훨씬 유력한 단체가 되었는가?

⑦ 인용문 중에 있는 문구 또는 서술의 용법이나 정확한 의미의 제시(explanation of the use of exact meaning of some phrase or statement in a passage) : 115페이지에 인용된 시에서 “델타(delta)”의 뜻은 무엇인가?

⑧ 요약(summary) : 논문체 시험의 장단점을 한 페이지 이내로 요약하라.

⑨ 분석(analysis) : 지휘자에 필요한 특성을 몇 가지 들어라.

⑩ 관계의 서술(statement of relationship) : 운동이 건강에 좋은 이유는 무엇인가?

⑪ 과학원리나 어학구조 등의 보기(illustration or examples of principles in science, construction in language, etc.) : 산업에 있어서 수소, 탄소 사용에 관한 보기를 들어라.

⑫ 분류(classification) : 현대산업은 어떠한 종류로 나눌 수 있느냐?

⑬ 법칙이나 원리의 적용(application of rules or principles to new situation) : 달 위에서는 지구에서보다 물체가 무거울까? 가벼울까? 왜 그럴까?

⑭ 논의(discussion) : 서부개척시대의 기독교 문화의 위치에 대하여 논하라.

⑮ 목적의 서술(statement of aim) : 이 사건을 소개한 목적은 무엇인가?

⑯ 비판(criticism) : 다음 물건의 결점은 무엇인가?

⑰ 개괄(outline) : 세모꼴의 면적 산출의 절차를 대략 말하여라.

⑱ 사실의 재조직(reorganization effects) : 여기서는 서로 다른 사실을 새로운

기초에 의해서 정리할 수 있게 하는 레포트를 요구하게 된다.

⑲ 새로운 질문의 구성(formulation of new question) : 앞으로 학습하는 논문체 시험의 활용에 관하여 어떤 의문이 없습니까?

⑳ 절차의 새로운 방법(new method of procedure) : 어떤 가설의 진위를 증명하기 위한 계획을 말해 보라.

3) 문답법의 장단점

(1) 장점

① 학습에 자극을 주어 활기 있고 적극적인 학습을 하게 된다.
② 사항의 정리 및 정착에 효과적이다.
③ 적극적인 흥미와 동기를 유발시킬 수 있다.
④ 학생 스스로가 생각하고 해결을 시도할 수 있는 기회를 줄 수 있다.
⑤ 교사와 학생 간의 의사소통이 잘 이루어진다.

(2) 단점

① 사고의 통일과 연속을 방해할 우려가 있다.
② 교사중심으로 되기 쉽다.
③ 사고의 영역을 한정시킨다.
④ 우수아 중심의 수업으로 진행되어 학습부진아들에게 좌절감을 주기 쉽다.

4) 문답법의 유의점

위에 든 장단점을 감안하여 장점을 살리고 단점을 보완하여 보다 효과적인 문답학습을 하기 위하여 유의해야 할 사항은 다음과 같다.

① 학급학생 전원에게 발문하고 적당한 시간을 준 후 지명한다.
② 지명은 우수아 중심이 되지 않고 골고루 해야 한다.
③ 지명에 신중을 기해야 한다. 즉 답은 알고 있어도 내향적인 학생은 손을 들지 않을 수가 있으니 철저하게 관찰하여야 한다.
④ 학생이 당황하거나 공포심을 갖지 않도록 해야 한다. 열등아에게 지나친 압박감을 주지 않도록 해야 한다.
⑤ 질문의 요지가 명백하고 간결해야 한다.
⑥ 질문의 내용이 일관되어야 한다.
⑦ 단편적인 질문이 아니고 연속성을 지녀 사고의 정리가 이루어지도록 할 것.
⑧ 학생에 알맞은 정도의 난이도를 갖출 것.

다음은 학생의 답을 취급할 때에 교사가 유의할 점이다.
① 올바른 발음으로서 명료하게 답하도록 지도할 것.
② 정답인 경우에는 아무리 쉬운 답이었다 하더라도 칭찬하여 줄 것.
③ 오답을 했다 할지라도 무시하는 태도를 취하지 않도록 주의하여 정답에 가까운 요소를 찾아 이야기해 줄 것.
④ 한 사람이 답했을 경우 학급전원에게 이해되지 않은 수가 많음으로 반드시 질문과 답을 반복하여 학생전원에게 주지시켜야 한다.

다음은 학생의 질문을 받았을 때 교사가 유의할 사항이다.
① 학생의 질문을 교사는 언제나 환영하여야 한다.
② 교사가 즉석에서 답할 수 없는 것은 연구하여 다음 시간에 답할 것을 솔직히 약속한다.
③ 학생의 질문에 반드시 교사만이 답할 필요 없이 학생들이 답하도록 하는 것도 교육적이 된다.

4. 문제해결학습법

1) 문제해결학습법의 의미

문제해결학습법이란 문제를 매개로 하여 문제를 바르게 해결할 수 있는 능력을 기르기 위한 학습형태이다. 우리의 생활이란 어떤 의미에서 보면 문제 속에 둘러싸여 있어 항상 문제를 해결하는 연속적 과정에서 존재하는 것이라고 볼 수 있다. 이러한 문제들은 사회가 단순하고 변화가 적은 시기에 있어서는 성인들이 전달한 지식으로써 어느 정도 해결할 수 있었으나, 항상 새로운 문제에 부딪치고 격심한 사회변화가 이루어지는 오늘날의 사회에서는 각자가 자신에게 부딪친 사태들을 가장 현명하게 해결할 수 있는 능력이 있어야 한다. 이러한 능력을 배양시킬 수 있는 학습방법이 곧 문제해결학습법이다. 이 방법에 의한 전개 과정은 전체가 통합되고 연속된 활동이나 대략적 개념 그 과정을 다음과 같이 5단계로 나눈다.

2) 문제해결학습법의 학습과정

(1) 제 1단계 : 문제의 선정

이 단계에서는 학습자 자신이 그 문제를 충분히 의식하고 있어야 한다. 학습자 자신이 문제를 발견하기도 하고 또 교사가 제시할 때는 충분히 설명하여 학습자가 충분히 그 문제를 파악하도록 해야 한다.

(2) 제 2단계 : 해결방법의 계획

결정된 문제를 해결하기 위해서 그 문제의 성질에 따라서 그 해결방법이나 과정 그리고 분담 등으로 수집한다.

(3) 제 3단계 : 자료모집

계획에 따라 문제에 관련된 자료를 조사도 하고 문헌을 통하거나 실험, 실측 등으로 수집한다.

(4) 제 4단계 : 활동의 전개

이 단계는 실제로 활동하는 단계로서 모집한 자료를 가지고 관측, 실험, 조사연구를 하여 어려움이나 의혹을 해결하는 실제 활동을 한다. 이 때는 학습자가 중심이 되어 자주적인 활동을 한다. 교사는 학습자의 활동을 뒤에서 보조해 주는 것이다.

(5) 제 5단계 : 결과의 검토

활동한 결과를 정리한 것을 검증하는 단계로서 그 결과를 다시 재검하면서 응용도 해 보고 나아가 재인식한다. 그리고 확인된 결과가 성공됐을 경우에는 발표를 하게 되고 더욱 고차원적인 다음의 발전을 예상하게 되는 것이다.

문제해결 학습은 문제의 성질과 내용 또한 해결하고자 하는 학습자에 따라 귀납적 방법과 연역적 방법의 두 가지 방법 중에서 어느 한 방법을 사용케 된다. 귀납적 방법에 의한 문제해결 학습은 이미 이루어진 결론이나 어떤 내용의 원리를 특수한 사실에 적용하는 방법을 말한다. 다시 말해서 귀납법의 과정은 특수에서 일반으로 제 사실에서 결론을, 관찰한 실제나 사실에서 원리를 이끌어 내는 방법이다. 따라서 이 방법은 다음과 같은 여섯 단계의 과정에 의하여 이루어진다.

- 1 단계 : 문제의 인식
- 2 단계 : 문제의 사태 검토와 그 사태가 필요로 하는 문제에 관한 자료의

수집
- 3 단계 : 정보의 수집과 조직
- 4 단계 : 문제에 대한 가능한 해결 또는 가설의 설정
- 5 단계 : 가장 가능한 해결을 발견할 때까지 명백한 결점을 갖는 가설의 제거
- 6 단계 : 그 해결을 그 사태에 적용시키고 결과를 검증하는 과정을 거친다.

연역적 방법에 의한 문제해결 학습은 일반적 원리적인 것을 전제로 하고 이것을 특수한 사례에 적응하여 거기서 결론을 얻으려는 방법으로 이것은 다음과 같은 단계의 과정을 거친다.

- 1 단계 : 문제의 인식
- 2 단계 : 그 문제나 사실에 적합한 자료 수집
- 3 단계 : 사태에 적용하는 제 원리의 재검토
- 4 단계 : 결론이나 추론을 이끌어 내고
- 5 단계 : 원리를 그 사태 해결에 적용함으로써 그 추론을 실증한다.

이와 같은 문제해결 학습에서의 귀납법과 연역법을 비교하면 학습의 출발에서는 양자가 모두 어떠한 문제에서 시작하고 그 문제를 확실히 인식해야 한다는 점에서 같은 입장이 된다. 그런데 그 다음 단계부터는 활동의 형식은 같은데 활동의 관점이 다르다. 예를 들면, 문제해결 학습을 위한 자료 수집에서 귀납법은 자료를 모아서 습득하고자 하는 지식의 개괄로 조직하려고 하는데 반해 연역법은 이미 알고 있는 지식의 원리나 사실을 모아 그 원리에 맞추려는 것이 된다. 그리고 개괄 단계에서는 매한가지이다. 귀납적 입장에서는 가능한 해결의 가설 또는 합리적인 추측인데 연역적인 개괄은 이미 알고 있는

기성 지식의 원리에서 선정된다. 이와 같이 두 방법에는 각각의 동등한 점과 차이점이 있으나 실제로 문제해결에서는 그 문제나 과제의 성질에 따라 두 방법을 적절히 활용하면 학습은 효과적으로 시행할 수 있다고 본다. 그리고 문제해결 학습을 통하여 실제로 아동들에게 문제 발견의 능력을 위시하여 자료 수집 및 분석 그리고 비판의 능력과 자료의 조합, 정확한 결론, 잘못된 결론의 교정, 결론의 응용 등 여러 가지 능력이 육성되는 것이다. 그러나 이 문제해결 학습의 실시에서 교사 자신이 유의할 것이 몇 가지 있다.

첫째, 아동의 능력, 흥미, 경험 등을 고려하여 문제를 선택해야 하고

둘째, 문제는 학습의 일관된 목적으로서 명확히 파악되지 않으면 안 된다.

셋째, 문제가 자주적으로 해결되기 위해서 자유로운 분위기를 갖도록 하지 않으면 안 된다.

넷째, 아동 자신이 사고하는 시간과 기회를 풍부하게 취급하지 않으면 안 된다.

다섯째, 가능한 한 성질이 다른 문제를 풍부하게 취급하지 않으면 안 된다.

여섯째, 아동들이 문제를 완전히 해결할 때까지 관철하고자 하는 습관을 육성시켜야 한다.

3) 문제해결학습법의 장단점

(1) 장점

학습자의 자발적인 활동에 의한 스스로의 힘으로 학습을 해결하는 것은 자발성과 능동적 능력을 기를 수 있다.

① 직접 부딪치는 생활문제를 학습의 소재로 하기 때문에 구체적이고 행동과 직접경험에 의해서 진행된다. 그러므로 실생활과 유리되지 않는다.

② 교재의 논리적 체계에 얽매이지 않고 학습자의 심리적 계통에 따라 학습

되기 때문에 흥미에 맞고 이해하기 쉽고 실생활과 맞는 학습이 된다.

③ 전인교육의 실천적 바탕이 되었다.

④ 협동적인 학습활동에 의한 민주적인 생활태도가 배양된다.

(2) 단점

① 문제해결 학습은 충실한 계통적 기초학력을 기르기 어렵다.

② 교육현장을 혼란케 하여 학습의 방향에 일관성을 잃게 하였다.

③ 학습의 노력에 비하여 성숙하는 능률이 낮다. 즉, 지적 성장이 비능률적이다.

④ 부단히 진보 · 발전하는 학문의 성과를 조속히 학습할 수 없다.

5. 프로젝트학습법(Project method)

Project란 '앞으로 던진다'는 뜻에서 '생각한다', '연구한다', '구상한다', '추진한다'는 의미로 쓰인다. 구안학습법은 무엇인가 마음 속에 생각하고 있는 것을 구체적으로 실현하고 형상화하기 위하여 자기 스스로가 계획을 세워 수행하는 활동으로서의 학습을 말한다.

1) 프로젝트학습법의 학습단계[1)]

프로젝트학습법은 4단계로 나누어 볼 수 있다.

· 1 단계 : 목적단계

· 2 단계 : 계획단계

---

1) 프로젝트학습법의 수업과정의 진행단계는 대체적으로는 Dewey의 반성적 사고의 심리과정을 적용하고 있다.

- 3 단계 : 실행단계
- 4 단계 : 평가단계

그러나 모든 학습이 꼭 이 4단계로 완전히 구분되어 있는 것은 아니다. 반성적 사고보다는 행동, 활동을 더욱 중요시하고 현장에서 실제로 작업을 하는 것에 힘을 기울이는 학습이기 때문에 무엇보다도 행위를 통해서 문제를 해결하게 되는 것이 이 학습의 특징이다.

(1) 목적의 단계(Purposing)

프로젝트학습에서 가장 기초적인 단계이며 학생들이 학습문제를 선택하고 학습목적을 확인하는 단계이다. 이 단계에서는 학습자가 프로젝트를 정말 자기의 것으로서 받아들일 수 있는 충분한 동기를 갖게 해야 한다.

이 단계에서 유의해야 할 점은 다음과 같다.

① 학습자의 흥미를 환기시킨다.
② 기존지식이나 기능을 토대로 하는 것이어야 한다.
③ 시간낭비가 되지 않는 것이어야 한다.
④ 쉽게 재료를 얻을 수 있는 것이어야 한다.
⑤ 학교의 교육계획과 관련 있는 것이어야 한다.

(2) 계획의 단계(Planning)

프로젝트학습법의 단계 중 가장 어려운 단계이다. 여기서는 학습자 자신들이 토론하여 학습할 사항과 학습을 전개시켜 가는 순서를 확인하여 문제해결에 대한 치밀한 계획을 세워야 한다. 따라서 학습자들의 민주적 계획과 비판의식이 이 단계의 성공을 위해선 매우 중요하다. 특히 어린이들은 계획을 세우는데 있어서 복잡한 것보다는 즉시 실천할 수 있는 것에 치우치는 경향을 강하게 가지고 있기 때문에 교사는 치밀하게 계획이 수립되도록 옆에서 유의하여 살펴줘야 한다. 따라서 이 단계에서는 학습자 스스로의 토의를 통해 학습할 내용과 그 전개 과정의 순서를 확인하여 학습자들이 문제해결에 대한 의문을 갖지 않도록 면밀한 계획을 세워야 한다. 이런 뜻에서 이 단계는 교사의 세밀한 지도가 뒤따라야 한다.

(3) 실행의 단계(Judging)

목적의 설정과 그에 따른 계획이 수립되면 그 계획에 따라 아동들이 흥미를 갖고 활발하게 활동하는 단계를 말한다. 구안학습의 중요성은 결과보다 세워진 계획에 따라 실행하는 과정 그 자체에 가치를 두고 있다. 이 단계에서 교사는 아동들이 문제해결에 필요한 재료와 자료의 광범위한 수집 그리고 이것들을 충분히 활용하면서 활동하도록 지도해 주어야 한다. 학습자의 작품이나 활동 상황이 나쁘더라도 대행해서는 안 되며 학습자 스스로 작업을 수행하는 과정 자체에 더 중점을 두어야 할 것이다.

(4) 평가의 단계(Valuation)

프로젝트학습의 최종적인 단계로 아동들 자신이 자기평가와 더불어 상호평가 그리고 교사의 평가 등이 이루어지는 단계다. 이 때의 교사의 평가는 교사 자신의 일방적인 평가를 하려는 태도를 피하고 어디까지나 적절한 조언을 통해서 아동들 자신이 자기의 작품을 객관적으로 평가할 수 있도록 지도해야 한다. 또 학습자들이 서로서로를 평가하는 것도 효과적이다. 그리고 상호평가의 과정을 통해 집단적으로 평가하는 능력도 키워 준다는 것을 잊어서는 안 된다. 완성된 작품이나 활동결과에 대해서 학습자 자신이 비판 평가하는 것을 원칙으로 해야 하며 그것에다 교사의 조언도 필요하다. 그리고 전시, 보고의 형태로 학급전체에 발표하게 하여 학생 상호간의 평가를 하고 또 그것을 통하여 자신의 평가도 하게 한다.

2) 프로젝트학습법의 장단점

(1) 장점

① 자신의 문제해결이기에 학교교육과 가정교육의 연관성이 이루어진다.
② 학생들 자신의 흥미에서 출발하므로 학습에 대하여 확실한 동기가 이루어진다.
③ 자신이 계획하고 실행하므로 학습을 통하여 자주성과 주도성, 책임성을 훈련시키는 데 유효하다.
④ 창의성과 구성적 태도를 기르는데 적합하다.
⑤ 특히 집단적 구안법은 협동정신, 지도정신, 관용, 희생정신 등 많은 사회적인 덕성을 함양하는데 도움이 된다.
⑥ 생활을 통해서 실제적인 문제해결의 기회를 줌으로 학교생활과 실제생활과를 결부시킨다.
⑦ 끝까지 작업 수행함을 요구함으로 학습에 대한 인내심과 작업을 완수하는 희열을 갖게 한다.
⑧ 창의성과 책임성을 중시함으로 창의적, 연구적 태도를 기르는데 적합하다.

(2) 단점

① 학습자 자신의 계획에 의해서 실시되는 것임으로 그만한 능력이 없는 학생은 시간과 노력의 낭비에 그친다.
② 문제를 해결하기 위하여 많은 자료가 필요하므로 자료를 얻지 못하여 실패하는 경우가 있다.

③ 집단적 구안학습이 이루어지는 경우에는 일부의 우수한 학생이 독점하는 경향이 있다.

④ 학생생활의 자유를 보장하므로 경우에 따라서는 무질서해져서 관리상 어려운 때가 있다.

⑤ 학생의 흥미에 호소하고 교재를 심리학적으로 전개하므로 때때로 교재의 논리적인 체계를 무시하는 경향이 있다.

⑥ 실제적, 기술적 방향에 편중함으로 감상적이라든가 기계적인 숙련 등을 필요로 하는 학습을 등한시하는 경향이 있다.

6. 협동수업법(Team-teaching)

1) 협동수업법의 의미

협동수업법은 1951년 미국 포드 재단의 원조로 메사추세츠(Massachusetts)주에 있는 뉴튼(Newton)고등학교가 팀 티칭 실험학교로 선정이 되면서 시작되었다. 처음에는 라디오를 통한 학습과 텔레비전을 통한 학습에서 얻은 마스터 티처(master teacher)의 개념에서 출발하였다. 또한 학생 수의 증가와 훈련된 교수의 부족 등의 문제를 결부시켜 과거의 '한 교실에 한 교사'의 상태에서 벗어나 시간과 능력과 교사들을 보다 효율적으로 활용하고자 하는 데에 목적을 둔 새로운 수업형태를 연구하기에 이르렀다. 이 수업형태를 협동수업법이라 하여 현장 연구가 계속되어 오던 중에 1960년 6월에 그 같은 효과를 종합하여 '시간, 재능, 그리고 교사들(time, talent, and teachers)'이라는 제목으로 협동 수업법의 효과적인 운영에 대한 보고서가 나오게 되었다.

이 협동수업방법은 최근에 와서 수업현장에 기자재들이 많이 들어오게 되면서부터 교사 이외의 기사나 직원들이 교사를 적극적으로 보조하게 되고 또 교사의 일의 일부를 맡게 되면서부터 더 발전되었다. 이것이 발전되면서 교사와 교사끼리도 협동하는 형태로도 되게 되었다고 할 수 있다. 즉, 교사들 모두가 학생활동을 계획, 실시, 평가하기 위하여 함께 일한다. 전통적 수업법은 교사에게 일정한 인원의 학생들을 일정한 시간 내 일정한 수업을 가르치도록 지정한다. 협동수업법에서는 학생활동과 개인적 필요성의 성질에 따라 집단의 규모나 수업시간의 길이를 결정한다. 여기에는 교사, 학생, 장소, 교과과정 등의 조정이 요구된다. 팀 티칭의 목표는 학생들에게 가장 빠른 방법으로 그들이 필요로 하는 것을 스스로 배울 수 있도록 하는 것이다.

최근에 협동적 수업에 관하여 새롭게 관심이 집중되고 있다. 전통적인 소집단 학습의 단점을 해결하고 학습자 간에 협력적인 상호작용을 촉진하기 위해 집단보상과 협동기술을 강조한 것이 협동학습이다. 경쟁학습과 달리 동료간에 서로 돕고 상호작용하도록 하는 학습이다. 경쟁학습과 달리 동료간에 서로 돕고 상호작용하도록 하는 협동학습은 교육현장에서 공동체적 삶을 위한 사회성 발달을 도모하는 데 필수적일 것이다.

미국에서도 협동학습의 형태를 지닌 민주적 과정모델들을 실행한 학교들에 대하여, 학력발달을 저해할지 모른다는 의문이 제기되어 이에 대한 많은 연구들이 수행되었다. 그 결과 일반적으로 사회적 목표와 학문적 목표가 동시에 양립될 수 있다는 것이 입증되었다. 협동학습 결과, 동료간의 우정이나 다른 사람에 대한 책임감이나 존경심 등 민주시민양성이라는 교육목적 뿐만 아니라 학업성취 향상도 함께 달성될 수 있다.

협동적 과제와 보상구조가 전통적 학습과제에 비하여 학습과정에 어떠한 효과가 있는지 조사한 미네소타 대학의 Johnson과 홉킨스 대학의 Slavin 등에 의하면 협동학습이 개별학습이나 질의 응답식 학습보다 훨씬 높은 학업성취도를 나타냈다. 또한 경쟁학습에서는 일부 학습자만이 성공경험을 갖게 되는 데 반하여, 협동학습에서는 대부분의 학습자들이 성공경험을 갖게 됨으로써 보다 바람직한 자아상을 지니게 되었고, 학습과제에 대하여 긍정적인 감정을 지니게 되어 학습태도 및 학습동기유발에 기여한다는 점도 협동학습의 의의가 된다. 또한 협동학습은 모든 학습자에게 동등한 학습참여 기회를 보장함으로 수업방법의 민주화라는 측면에서도 의의가 있다.

따라서 협동수업법은 우수교사의 혜택을 많은 학생에게 제공하고 우수교사에게 최적한 근무조건을 마련해 주며 학생들의 개인차를 존중하고 학습효과를 올리기 위해서 고안된 수업형태의 하나이다. 그러나 협동수업법은 현재까지는 어떤 이론적인 전개보다는 실천적인 시도에 불과하기 때문에 한 마디로 그 개념을 정의하기는 어렵다. 그러나 여러 학자들의 주장을 종합할 때 협동수업법이란 교수인원의 효율적인 조직을 통해서 동일한 학습 집단의 교수-학습의 주요 부분을 책임지기 위하여 협동적으로 계획하고 수업해 나가는 과정이라고 정의할 수 있다.

2) 협동수업법의 특징

협동수업법을 적용하고 있는 여러 학교의 실제에서 찾아볼 수 있는 공통적인 특징을 요약하면 다음과 같다.

① 대부분의 경우 3~7명의 교사가 Team이 되어 75~225명의 학습 집단(1개 학년 혹은 2개 이상의 학년으로 구성된)에 대한 수업책임을 지니고 있다.

② Team을 구성하고 교사들은 각각 다른 수준의 임무를 맡고 상급교사나 Team 책임자는 다른 교사들보다 높은 보수를 받고 있다.

③ 하급교사는 상급교사나 Team 책임자의 지도 · 감독을 받으며 적절한 시간조정을 통해서 하급교사들이 상급교사의 수업활동을 참관할 수 있는 기회를 제공하고 있다.

④ 협동수업법에 있어서는 계획, 실제지도, 평가의 과정에서 개별교사보다도 Team에 더 강조를 둔다.

⑤ 그러나 학급상황에 있어서는 개별교사의 자율적이고 창의적인 행동을

존중하고 보호해 준다.

⑥ Team을 구성하고 교사들은 각자의 전문적 배경을 최대한으로 살려서 협동수업법의 효과를 높이는 데 공헌한다.

⑦ 협동수업법은 학년 한계를 벗어난 교수-학습 집단 편성을 촉구해 주며 한편 무학년제 편성은 협동수업법을 촉구해 준다.

⑧ 교수-학습 집단의 크기와 수업시간 단위는 교육목표, 내용, 수업기술, 학생 필요에 따라 달라진다.

⑨ 교육에 관한 전문적인 일이 아닌 여러 가지 직무는 보조원에서 맡기는 것을 원칙으로 삼고 있다.

⑩ 협동수업법에 있어서는 시청각 매개체를 최대한 활용함을 원칙으로 삼고 있다.

그리고 아직도 모색적 시도에 불과하여 일정한 정의를 내리기는 곤란하나 협동수업법의 목적은 첫째, 우수한 교사의 혜택을 많은 학생에게 제공하기 위해서 둘째, 우수교사에게 가장 알맞은 근무조건을 마련해 주기 위해서 셋째, 학생들의 개인차를 존중하고 학습효과를 올리기 위해서 고안된 수업형태의 하나이다.

3) 협동수업법의 기능

기능에 대해서 Goodlad와 Rehage가 말하고 있는 것을 인용해 보면 다음과 같다.

① 교사의 전문성 강조

② 학습지도의 운영면의 개선

③ 전문교사 이외의 요원의 활용을 들 수가 있고,

또 그 기능을 충분히 발휘할 수 있는 교사의 조직방법으로서는,

① 동일 교과의 교사끼리 조직한다.

② 연관된 교과의 교사끼리 조직한다.
③ 학교전체의 교사끼리 조직한다.
④ 같은 학년별 교사끼리 조직한다.

또한 Team에는 Team leader가 있어서 교수-학습과정의 계획으로부터 평가 및 행정적 조정에 이르는 전 책임을 지며 그를 보좌하면서 주로 교과임무를 담당한 상급교사도 포함된다. 나머지 인원은 보조역할을 하는 조교 혹은 실습교사, 기술교사, 사무조수 혹은 사무직원 등으로 Team이 형성된다. 보조역할을 하는 인원들은 반드시 전임이 될 필요는 없는 것이다.

수업집단의 편성도 협동수업법에서는 달라진다. 협동수업법을 위한 수업집단은 일반적으로 정규 학급정원을 훨씬 초과하는 수의 학생을 한 수업집단으로 편성하는 것이 특징이다. 이러한 수업집단은 여러 형태가 있을 수 있다. 가장 전통적인 것에 가까운 형태는 동일학년에서 학습 영역별의 수업집단을 편성하는 일이다. 좀더 변화가 심한 것은 2~3개 학년을 통하는 교과별 수업집단의 편성이다. 이를테면 초등학교 과학수업을 위해서 4, 5, 6학년이 하나의 수업집단을 형성하는 것이다. 매우 극단적인 조직방법으로서는 어떤 교과를 대표하는 교사들로 Team을 구성하여 한 학년의 여러 교과를 가르치는 방법이 있다. 이와 같은 경우에 학생집단의 편성에는 대집단을 편성하는 일 외에는 큰 변화가 없이도 될 수 있다.

4) 협동수업법의 동기

① 경험이 없는 신임교사와 훈련과 경험을 쌓은 교사가 다같이 동일하게 학생들을 가르칠 수 있다고 생각할 수 없다. 그러나 현재 동일한 조건으로 각기 교실수업에 임하고 있는 것이다.
② 학습지도에서의 가장 큰 장애인 개인의 차를 고려하지 못하고 있는 현실도 항상 문제가 되고 있다.

③ 대부분의 초등학교 교사는 자기가 모든 과목에서 동일하게 학생들을 잘 지도할 수 있다고 생각하지 않고 있다. 한 교사가 수학, 국어, 음악, 자연, 사회 등의 모든 과목을 다 같이 처리하게 된다는 것은 오늘날보다 많은 다른 전문적인 지식인과 매스커뮤니케이션 수단과 접촉하고 있는 학생들에게는 모순을 가져올 때가 허다한 것이다.

④ 교사가 학습준비를 위한 충분한 시간보다는 교수나 학생들을 위한 일반 잡무가 지나치게 많다는 것이다. 생활기록부 작성, 채점 및 성적표 작성을 비롯하여 많은 잡무는 교사로 하여금 학습지도에 전념할 수 있는 여유를 주지 못한다.

⑤ 교실 내에서의 교사의 학습지도를 도와 줄 수 있는 수업매체가 괘도 정도였던 것이 이제는 그 범위가 크게 확대되어 교사로 하여금 보다 효과적인 학습지도를 할 수 있게 되었다는 것이다.

⑥ 중 · 고등학교에서의 교사는 보통 한 가지 내용을 그가 담당한 학년의 학급수대로 몇 번을 되풀이하는 시간과 노력의 불경제를 가져오게 되는 것이 현실이다.

이상의 문제점에서 해결점을 찾아 내어 보완해 나가는 방법이 협동수업법을 하게 된 동기이다.

5) 협동수업법의 문제점

교수-학습과정의 개혁을 위한 대담한 시도로서 등장한 고안의 하나가 협동수업법이지만 그것이 지니는 단점도 많은 편이다. 현재의 학교상황에서 협동수업법을 적용하려고 할 때 당면하는 실제적인 문제로서 다음과 같은 것을 지적할 수 있다.

① 하나의 Team을 구성하고 그 안에서 조화를 이루며 협동적으로 일할

수 있는 교직원을 구하는 일이 쉽지 않다.

② Team을 이끌어 나가는 고도로 전문적인 능력을 구비한 Team leader를 구하는 일이 실제로 곤란하다.

③ 초등학교에서 융통성 있는 교수-학습집단 편성에 애로를 느끼며 교과수가 많아지는 고등교육에서 Team 수업시간표 작성에 많은 곤란이 따른다.

④ 현존하는 학년별, 교과별 편제를 흐트려 놓는 데서 생기는 혼란이 적지 않다.

⑤ 현재의 학교 내 행정체제 속에 새로운 행정적 역할을 부가하는데 따르는 혼란이 생긴다.

⑥ 개인 교사들을 행정적인 수단으로 Team에 소속시킴으로써 그들의 자유에 많은 제한을 가하게 된다.

⑦ Team에 속하지 않은 교사들의 사기저하라는 현상이 생긴다.

위에 나열한 것 이외에도 협동수업법의 문제점에 대한 지적은 더 있을 수 있다. 그 중에서도 가장 중요한 것의 하나는 앞에서도 명시한 대로 이론적 근거의 빈약이다. 협동수업법을 적용하는 학교 수도 증가되어 가고 이에 관한 문헌도 활발하게 나오고 있으나 그 효과에 관한 과학적인 검증결과의 자료를 찾아보기는 극히 힘들다. 물론 학교의 조직형태의 변이에 관계되는 복잡한 요인들을 포함하는 연구상의 곤란한 점을 극복하지 못하는 데서 오는 현상이기도 한다.

수업개혁을 위한 제반 탐색과 고안에 따르는 여러 가지 문제점들을 해결하고 건전한 행정적 결정에 도움을 주기 위해서 이 방면의 연구는 절실히 요청되고 있다. 협동수업법의 이론적 타당성을 추구하고, 이에 관한 계속적인 연구를 위한 명확한 개념체계의 수립이 절실히 요구된다.

7. 버즈학습법(Buzz learning)

1) 버즈학습법의 의미

버즈(buzz)란 벌들이 '윙윙'하는 뜻이므로 '윙윙 학습' 또는 '와글와글 학습'이라고 할 수도 있을 것이다. 버즈학습(Buzz learning)은 학생들이 이리저리 바쁘게 다니며 학습하는 모습을 연상하여 붙여진 이름이다. 한 학급의 학생을 7~8명씩 집단으로 나누어 학습하도록 하는 것이다. 원래 이 방법은 분단토의를 할 때 구성요원 모두의 적극적인 참여를 유도하기 위한 것이다.[2)]

이것은 다인수의 토의에서 흔히 있는 몇 학생만이 토의를 좌우하게 되어 대부분의 학생은 발언의 기회를 얻지 못하고 수동적으로 따라만 가는 폐단을 없애고 구성원 전원이 지금 진행되고 있는 토의에 직접 참여하고 있음을 체험하게 함으로써 적극적인 태도로 토의 참여를 유도하는 데 그 의의가 있다. 동일주제를 가지고 각 분단이 그 분단 나름대로의 학습을 해 나가는 것이기 때문에 분단학습이나 공동학습과는 구별되며, 굳이 말하면 일제지도 형태하의 분단지도라 할 수 있다.

2) 버즈학습법의 실제

먼저 교사는 학생들을 여섯 명(혹은 보다 적은 수의 그룹)으로 편성한다. 그리고 각 그룹의 학생들에게 토론할 특정 주제에 관해 설명해 주고 토론할 주제에 대해 충분히 이해했는가를 확인한다. 토론할 주제가 무엇인가를 확실히 모르는 학생이 있으면 토론 도중에 많은 문제가 생기므로 반드시 확인을 해 두어야

---

2) 이 집단토의의 방법으로는 버즈법 또는 버즈집회법(buzz session)이 있다. Phillips가 제시한 육육법이 그 대표적인 것이다. 이것은 6명씩의 분단을 만들어서 6분 동안 토의한 결과를 가지고 다시 전체가 모여서 토의한다는 데서 육육법이라 부른다.

한다. 예를 들어, 토론할 주제가 '학교는 학생의 복장을 어떻게 선정해야 하는가?'라는 내용을 혼동하면 토론시간만 낭비하게 된다. 이러한 경우 대부분의 시간은 토론 주제에 대한 논의가 아닌 주제 정의에 대한 것으로 소모될 것이다. 그러므로 토론될 주제는 여러 가지 국면을 고려하여 주의 깊게 선정되어야 한다.

또한 토론의 주제는 6분 동안 토론하기에 알맞은 것이어야 한다. 각 그룹의 리더와 서기를 선정하는 과정은 좋은 학습경험이 될 것이다. 그러나 교사가 특별히 선정하고 싶은 학생이 있을 경우에는 교사가 정하도록 한다. 예를 들면, 발표력과 지도력이 부족한 학생을 지도자로 선정하여 이 기회에 부족한 면의 잠재력을 개발시켜 보고자 하는 경우가 있을 것이다. 물론 토론이 실시되기 전에 학생들은 리더와 서기의 역할에 대해서 잘 알고 있어야 한다. 그래야만 선정된 리더는 효율적으로 학생들을 지도할 수 있고, 서기는 학생들이 제안한 의견의 요점과 토론의 결론을 정확히 기록하고 보고할 수 있을 것이다.

토론은 미리 예정된 짧은 시간 내에 실시되어야 한다. 리더는 언어표현이 공격적이거나 유창한 학생들만이 토론을 주도하지 않도록 토론을 이끌어 가야 한다. 토론과정에서 교사는 각 그룹을 돌아다니면서 토론전개 상황을 알아둔다. 필요한 경우 교사는 각 버즈그룹의 리더에게 토론이 주제를 벗어나지 않도록 이야기해 주거나 모든 그룹 인원을 토론에 참가시켜야 한다는 점을 지적해 준다. 토론이 끝나면 교사는 각 그룹의 서기에게 토론을 요약시키고 학급의 전학생들에게 발표하게 한다. 버즈그룹은 모든 학생들을 수업과정에 참여시키고, 독창적인 사고를 개발하게 하고, 학생들 간의 협동심을 향상시키기 위한 효과적인 수업법이다.

3) 버즈학습법의 과정

버즈학습의 지도과정은 크게 다음의 세 가지로 요약할 수 있다.

첫째, 준비과정이다. 학습의 목표를 명확히 하기 위하여 제시된 과제에 대한 충분한 설명과 예시를 한다.

둘째, 중심과정이다. 필요한 설명과 예시에 의해 중심과제가 충분히 제시되면, 학습자들은 우선 각자 그 과제의 해결을 위해 노력한다. 과제의 해답은 우선 각자마다 정리한다. 필요에 따라 분단 전체의 해답으로 정리한 다음 교사의 제시에 따라 각자의 발표와 학급 전체에서의 토의를 거친다. 교사의 보충수정과 정리로 이 과정을 끝맺는다.

셋째, 확인과정이다. 필요한 설명과 예시에 의해 과제를 우선 각자가 확인하고 분단에서 토론한다. 교사의 지시에 따른 발표와 교사에 의한 보충과 수정된 부분을 확인하고 다음 학습에 대한 지시를 받는다.

이와 같은 버즈학습의 기본과정을 형태상으로 정리하면 다음과 같이 나열할 수 있다.

① 필요한 설명을 충분히 가한 과제 제시
② 개별적 탐구
③ 버즈 분단토의(소집단 토의)
④ 발표와 전체토의
⑤ 교사의 보충과 수정
⑥ 학습의 재확인 등

8. 브레인스토밍(Brainstorming)

1) 브레인스토밍의 의미

브레인스토밍이란 특정한 주제나 문제점에 대하여 학생들이 자기의 의견이나 아이디어를 자유롭게 제시하도록 수업하는 법을 말하며 학생들의 학습과정에 대한 흥미를 유발시켜서 학생들의 능동적인 참여하에 수업을 진행시키기 위하여 활용된다. 교사는 수업의 주제나 수업시 진행된 학습활동에 학생들을 참여시키기 위하여 이 방법을 활용할 수 있다. 이것들은 학생들을 능동적으로 학습과정에 참여하게 함으로써 창의력이 개발되게 하고 학급학생 전원이 활발히 수업에 참여할 수 있도록 한다.

2) 브레인스토밍의 특성 및 실제

브레인스토밍은 학습 상황 하에서 학생의 창조력을 촉진시키고 학습 참여도를 높여주는 수업법으로 사전에 어떤 것을 계획하고자 할 때 활용된다. 교사는 수업을 어떻게 진행할 것인가 하는 계획을 수립하기 전에 학생들에게 브레인스토밍을 실시하여 학생들의 의견 및 제안을 들어볼 수 있다. 브레인스토밍을 하는 짧은 시간(예를 들어 10~15분) 동안 집단의 모든 인원이 충분히 반응하고 참여할 수 있도록 브레인스토밍의 참여인원은 대게 12~15명 정도가 적당하다.

브레인스토밍 과정에는 진행자가 있어야 하며 진행자는 교사 자신 또는 학생들이나 교사가 선정한 학생이 될 수 있다. 또한 학생들이 제안한 의견을 기록할 사람도 선정한다. 브레인스토밍을 할 주제나 문제점을 구체적인 것으로 선정하도록 한다. 학생들에게 광범위한 주제에 대해서 의견 제시를 요구하는 것은 바람직하지 못하다.

또한 주제는 학생들이 이해하기 쉽고 흥미를 가질 수 있는 수준으로 선정한다. 브레인스토밍을 시작하기 전에 교사는 학생들에게 선정된 주제에 대하여 자세하게 설명해 주어야 한다. 교사는 브레인스토밍 진행 도중에 학생의 의견을 평가하거나 비판하지 말고 모든 의견이 다 발표된 후에 평가하도록 한다. 여러 가지 다양한 제안들은 효과적인 학습활동의 계획수립에 도움을 줌으로 주제와 관련된 의견은 모두 받아들이는 것이 좋다. 따라서 학생들은 자기가 생각한 제안이나 의견을 부담감 없이 생각나는 대로 발표하도록 한다. 브레인스토밍은 할당된 시간 내에 학생들이 차례로 의견을 발표하게 되므로 '팝콘회의'라고도 한다. 브레인스토밍을 효과적으로 실시하려면 학생들에게 브레인스토밍에 관한 사전 교육을 실시해야 한다.

교사는 학생들에게 브레인스토밍의 목적과 실시 절차에 관한 설명을 하고 학생들과 예행연습을 하여 브레인스토밍이 실시되는 방식을 실제로 느끼게 하는 것도 좋다. 예행연습은 학생들의 주의력을 높이고 오류에 빠지는 것을 막을 수 있다. 예를 들면, 다른 학생의 제안에 오류가 있다든가 또는 제안한 의견이 아주 뛰어나다든가 등을 이해하는 데 도움이 된다.

토론의 리더는 실제 학습 상황에서 브레인스토밍을 모니터할 수 있는 능력이 있어야 하며 가능한 한 교실의 뒤편에 있도록 한다. 그러나 브레인스토밍 중간중간에 자기의 견해를 제의하여 가능한 한 바람직한 의견이 많이 나올 수 있도록 유도하며 부정적인 태도를 보인다거나 평가하는 식의 의견을 최소한으로 줄이면서 학생들을 지도해야 한다. 만일 리더가 학생들이 선정한 학생일 경우에도 교사는 리더가 다른 학생의 의견을 긍정해 주고 평가하는 식의 의견은 발표하지 않도록 유도한다.

브레인스토밍에 관한 사전 교육에서 교사는 학생들에게 브레인스토밍의 주제에서 벗어난 의견을 제출하여 주제가 딴 방향으로 논의되지 않도록 해야 한다는 점을 알려주어야 한다. 또한 ① 진지한 태도를 가질 것, ② 생각나는 대로 의견을 제시하는 것과, 모순된 의견을 제시하는 것은 다르다는 것, ③ 소수의 학생들만이 의견을 발표해서는 안 된다는 것 등을 학생들에게 알려준다. 실제로 브레인스토밍을 실시할 때 소수의 학생들만이 의견을 발표할 경우에 교사는 나머지 학생들이 의견을 발표할 수 있는 기회를 마련해 주어야 한다.

교사나 학생들이 선정한 서기는 브레인스토밍 중에서 제안된 의견을 기록하는 중요한 역할을 담당한다. 기록은 모든 학생들이 볼 수 있고 나중에 있을 평가과정에서도 볼 수 있도록 칠판에 적는 것이 좋다. 교사는 브레인스토밍을 예정 시간 내에 끝낸 후에 서기에게 제안된 의견들을 보고하도록 한다. 보고는 브레인스토밍이 끝날 무렵 구두로 하거나 후에 기록해 두어도 되며 두 가지 방법을 모두 사용해도 된다. 브레인스토밍 방법에서는 세밀한 사전 계획이 필요하다.

학생들이 브레인스토밍에 적극적으로 참여하고 다양한 의견을 제안하도록 하기 위해서는 사전 교육이 잘 되어 있어야 하며 토의 주제에 관해 잘 알고 있어야 한다. 브레인스토밍의 목표가 학생들로부터 다양한 의견을 끌어내는 것이지만 그보다 더 중요한 것은 학생들에게 적극적인 수업태도를 갖게 하는 것이다. 브레인스토밍은 다음과 같이 어떤 작업교육 훈련과정에서도 사용될 수 있다.

① 상업 및 사무교육 교사는 모의 사무실 상황을 조성해 놓고 사무실의 소음 문제에 대해 브레인스토밍을 실시할 수 있다.

② 무역 및 산업교육 교사는 작업현장에서의 작업성과를 유지하는 문제에 대하여 학생들의 의견을 얻기 위해 브레인스토밍을 실시할 수 있다.

③ 목공기술교육 교사는 목공업에서 쓰이는 장비와 재료가 전기공이나 연관공이 쓰는 장비와 공통점이 있다는 점을 주제로 하여 학생들에게 브레인스토밍으로 실시한다.

9. 컴퓨터 보조학습법(Computer Assisted Instruction : CAI)

1) 컴퓨터 보조학습법의 의미

컴퓨터 보조학습, 즉 CAI는 인간인 교사와 학습자가 직접 상호작용하는 대신에 교사와 컴퓨터 전문가가 공동으로 개발한 프로그램을 통하여 컴퓨터와 학생이 직접 상호작용하는 것으로 교사의 수업행위 일부를 컴퓨터가 대신해 주는 것을 말한다. 다시 말하면 CAI는 컴퓨터로서 수업과정을 조작하여 학생들에게 개별학습을 시키는 것을 뜻하며 피드백 원리에 의해 학습시간 단축과 수업 효과의 극대화를 꾀할 수 있다. 전통적인 수업방법에 의하여 운영되고 있는 교실에서 집단학습이 이루어질 때 거의 무시되고 있는 학습자의 개인차를 고려하여 각 학습자가 자기능력의 한도 내에서 자신의 학습 속도대로 또 자신이 계획한 시간표에 의해서 스스로 학습할 수 있게 한다는 원칙에 기초를 두고 CAI는 고안된 것이다.

컴퓨터 학습법의 특징은 다음과 같다.

① 개인차에 따른 개별화 수업이 가능하다. 즉, 컴퓨터는 무한한 인내력, 고도의 정확성, 완벽한 기억력이 있어 학습 속도가 늦은 학생들을 구제할 수 있다.

② 여러 가지 수업원리를 활용하는 언어가 개발되어 그 융통성이 매우 높다.

③ 높은 정보처리 능력 및 재생 능력으로 학습 성취도의 즉각적인 평가기능 및 컴퓨터와 학습자간의 대화식 학습 환경으로 학습자에게 흥미를 제공한다.

④ 학습자가 수업하는 과정을 능동적으로 이끌어 갈 수 있다.

⑤ 단 한 대의 컴퓨터로 수천 명의 학생에 대한 정보를 취급할 수 있다.

⑥ 학습자의 능력에 맞는 학습이 가능하며 부담 없는 학습분위기를 조성할 수 있다.

⑦ 학습자의 학습결과를 평가하여 문제점을 진단해 주며 수업진도를 제시해 준다.

이러한 컴퓨터 학습의 문제점으로는 무엇보다도 정보의 제공에 따른 학생의 반응을 인지하는 수단이 극히 제한되어 있다는 점을 들 수 있다. 컴퓨터는 인간 교사인 프로그래머가 제작한 프로그램의 범위 안에서 학습을 유도할 뿐이고 학습과제의 내용과 순서, 설명방법, 평가문항, feed back내용 등 모든 것이 프로그램 제작자인 인간의 손에 의해 결정된다. 따라서 컴퓨터 학습은 인간교사의 수업행동을 보조하는 매개체일 뿐이며 수업의 전부라고 할 수는 없다.

2) 컴퓨터를 이용한 수업(CAI)

컴퓨터를 이용한 수업은 보통 컴퓨터 보조수업(CAI : Computer Assisted Instruction)이라고 부르며, 그 유형에는 개별수업형, 반복연습형, 게임형, 모의 실험형, 발견학습형, 문제해결형, 자료제시형 등이 있다.

표 8-3 CAI의 유형과 특성

유형	활용	교사의 역할	컴퓨터의 역할	학습자의 역할
반복연습형	· 이미 배운 내용의 반복연습 · 기본적 사실이나 정보 복습 · 수업목표가 달성될 때까지 계속 반복연습 가능	· 관련된 내용의 수업 먼저 개시 · CAI 문제의 수준 확인 · 학습자 전도의 확인과 조언	· 질문제시 · 즉각적 피드백 제시 · 학습자의 진도를 디스크에 저장	· 질문에 대답 · 답의 정/오답 여부의 확인 및 피드백을 통한 반복연습
개인지도형	· 새로운 학습 내용의 제시 · 개별지도가 많이 필요한 내용의 학습	· 개별학습지도의 진도 확인 및 관찰	· 학습내용 제시 · 학습내용에 대한 질문, 정답 확인, 도움제시, 피드백 제공, 요약제시, 학습경로 및 성취도 저장	· 프로그램의 지시에 따라 학습함 · 질문에 대답 · 필요시 질문이나 도움 사용 · 피드백을 통한 학습
게임형	· 복습용 · 동기를 높일 필요가 있을 때 · 개별적 또는 소집단 간의 경쟁을 통해 동기를 높일 때	· 학습시간의 제한 · 진로의 관찰	· 경쟁자, 심판, 또는 점수 기록자 역할	· 사실 전략 기능들의 학습 · 자신의 선택에 대한 평가 · 컴퓨터나 동료와의 경쟁

모의실험형	·실제상황과 유사한 상황의 제시가 필요할 때 ·학습활동이 위험하거나 수행에 따른 비용이 비쌀 때	·주제제시 ·배경과 규칙의 설명	·역할분담 ·상황의 규칙, 데이터, 그리고 학습자의 결정에 따른 결과 제시	·의사결정 연습 ·선택 ·자신의 선택에 대한 결과 분석 및 평가
발견학습형	·가설검증 ·시행착오를 통한 학습 ·데이터 탐색 ·귀납적 접근	·기본문제의 제시 ·학습진도 관찰 및 조언	·정보 및 자료의 탐색기능 제시 ·학습자의 탐색활동 기록	·가설의 설정 및 확인을 통한 원리나 규칙을 발견
문제해결형	·문제설정 ·가설진술 ·데이터 검증 ·해결책제시	·문제설정 ·학습자 배정 ·해결책의 방안	·문제제시 ·데이터 조작 ·데이터 관리 ·피드백 제공	·문제의 규명 ·해결책 제시 ·독립변인들의 조작
자료제시형	·자료검색 ·자율학습	·검색방법 제시 ·특정 제시	·자료제시(Text, Video, Audio, 사진 등) ·필요에 따라 사용자를 note와 print 기능 제공	·자료의 탐색, 수집, 비교, 분석, 정리

3) 컴퓨터 관리수업(CMI)

이러한 사무처리에 관한 컴퓨터의 활용 이외에도 컴퓨터 관리수업(CMI : Computer Managed Instruction)이 있는데 이는 컴퓨터를 통해 개별학습자의 학습내용, 진도, 그리고 성취도 등 학습에 관한 정보를 저장하고 평가하면서 개별적인 지침을 주어 학습을 관리하고 도움을 주는 시스템을 말한다. 따라서 CMI의 기본적인 기능은 ① 개발 학습자에 대한 각종 데이터의 저장과 관리, ② 이러한 데이터를 바탕으로 한 개별 학습자를 위한 학습내용 및 자료의 선정, ③ 평가 등 세 가지이다.

4) 컴퓨터 적응평가(CAT)

컴퓨터 적응평가(CAT : Computerized Adaptive Testing)란, 빠른 시간 내에 적은 수의 문제를 가지고 학습자의 능력을 정확하게 측정하기 위해서 개발된 평가용 프로그램의 일종이다. 이 CAT는 이미 오래 전부터 연구되어 왔고 최근 퍼스널 컴퓨터가 보급됨에 따라 그 이용이 증가하고 있다. 최근에 와서는 각종 자격시험이나 TOEFL과 GRE를 주관하는 ETS(Educational Testing Service)에서도 일부 활용하는 등 그 활용이 늘고 있다.

10. 사이버교육[3)]

사이버교육이란 사이버 공간에서 이루어지는 교육을 말하는데, 미래의 지식교육에서는 사이버교육의 중요성이 점차로 더 크게 부각될 것 같다. 이 사이버교육이 무엇인가를 파악하기 위해선 다음과 같은 문제를 선행적으로 검토할 필요가 있다.

첫째, 사이버교육으로 가르칠 수 있는 내용과 가르칠 수 없는 내용이 무엇인지 ?

둘째, 사이버교육은 기존의 학교중심 교육과 어떤 차이가 있는지 ?

셋째, 사이버교육은 공공성과 영리성 가운데 어디에 중심을 두고 전개되는 것이 바람직한가에 대한 논의가 필요하다.

이런 문제에 대한 이해가 바로 잡힐 때, 비로소 사이버 수업의 범위와 그 교육적 가능성 및 한계, 그리고 개발과 운영에 관한 문제점들이 파악될 수 있을 것이다.

---

3) '조정호(2004), 삶과 교육, 서울 : 청구문화사.' pp. 159~170의 내용을 일부 수정한 것이다.

1) 인터넷 활용교육

사이버교육은 달리 말하면 인터넷 활용교육이다. 인터넷을 활용하여, 문자, 그림, 음성 및 음향, 동영상의 다양한 정보전달매체를 사용하는 것이 사이버교육의 구체적인 모습이다. 교육공학 분야에서는 이처럼 시각 · 청각 · 영상 형태가 통합된 매체를 '하이퍼미디어'라고 말한다.

다시 말해서, 하이퍼미디어는 독립된 매체인 책, 필름, 컴퓨터 디스켓, 마그네틱 테이프, CD-ROM과 같이 오프라인(off-line)에서 이루어지는 것이 아니라, 온라인(on-line)상에서 다양한 매체를 하나의 형태로 통합한 매체이다. 그래서 하이퍼미디어는 노드와 링크, 그리고 이를 효과적으로 연결시켜 주는 브라우저(browser)로 짜여져 있다. 노드는 서버에서 제공하는 정보의 단위를 의미하는데 기본적인 텍스트 구조를 비롯해 이미지, 음성 및 음향, 동영상 등을 포함하고 있고, 링크는 노드와 노드를 연결시켜 주는 방식으로 하이퍼미디어를 구현시켜 주는 핵심 부분이다.

위와 같이 웹을 기반으로 교수-학습을 실현하는 일체의 교육을 WBI, 즉 Web-Based Instruction이라고 말한다. WBI가 이루어지려면 네트워크가 설치된 컴퓨터가 필요하며, 전자우편(E-mail)이나 검색 엔진 등의 수단을 적극적으로 활용해야 한다. 이러한 WBI의 장점은 '수업설계를 할 때 인터넷상에서 정보를 풍족하게 얻을 수 있는 점', '수업 진행의 역동성', '높은 교육적 활용가능성'이 제시될 수 있는 반면에, 단점으로는 '학습자의 육체적 체득을 요하는 분야와 인격교육 분야에서의 한계', '불건전 정보에 접할 우려', '교과교육과 직접 관련되는 내용의 부족'에서 찾을 수 있다.

웹의 구조는 지식의 습득 과정, 그리고 인지 심리학의 한 영역인 구성주의에서 바라보는 학습의 원리와 그 접근이 아주 유사하다. 즉, 학습은 능동적, 구성적, 목적 지향적, 누적적 과정이며 근본적으로 학습자의 내재적 동기를 중요시한다. 또한, 지식이란 개인의 인지적 작용과 개인이 속한 사회에의 참여라는 두 요소의 상호작용에 의해 지속적으로 변화, 수정, 보완을 통해 구성되어 가는 것이기 때문에, 개인의 능동적 활동이 없다면 지식은 획득될 수 없는 것이라고 본다. 이런 점에서 학습은 제시된 정보를 그대로 재생하는 것이 아니라 주어진 정보를 뛰어넘어 새로운 의미를 채워나가는 과정이라고 할 수 있다.

구성주의의 이러한 학습관은 학습자중심의 교수-학습으로 자연스럽게 귀결된다. 종전의 교사중심, 지식 전달 위주의 교육은 정보화 시대라 일컬어지는 오늘날 제대로 된 교수-학습이라고 보기가 힘들다는 것이다. 이것은 학습자 자신의 능력과 취향에 맞게 능동적으로 지식과 정보를 습득할 수 있어야 한다는 것을 의미한다. 그런 점에서 보면, 하이퍼미디어는 그 어떤 매체보다도 변화에 대처하기가 적절한 교육수단이라고 볼 수 있다. 왜냐하면 웹에서 마주치게 되는 각양각색의 지식과 정보를 학습자의 판단에 의해서 선택이 가능하고 표현도 개방적이기 때문이다.

2) 현황

(1) 개요

위와 같은 인터넷 활용교육을 통한 사이버교육기관에 의한 e-Learning 내지 e-Campus는 정보통신 기술이 대동소이하기에 수업법 유형에서 큰 차이가 없으나(예 : 자료 다운 수강, 과제물 게시와 공시, 커뮤니티, 화상회의, 채팅, 이의 복합 등), 하드웨어와 소프트웨어에 대한 '활용도'와 교육내용인 '콘텐츠'에 있어선 차이가 크다.

다시 말해서, 사이버 교수자의 강의 태도와 수업준비 및 학습자에 대한 반응 정도에 따라서 사이버교육은 큰 차이를 나타낼 수 있다. 교수자가 학습자들과의 의사소통과 정보제공에 보다 적극적으로 노력하고, 질적으로 우수한 교육 자료를 선별하여 제공해 줄 때, 사이버 수업법은 큰 효과를 거둘 수 있다. 이런 점에서 사이버 수업법의 성패는 교수자의 태도와 연관된 문제라고 볼 수 있다.

(2) 사이버 강의 진행 방식

① 공간의 제약을 극복한 사이버 공간에서 이루어진다.

② 시간의 구애를 받지 않고 자유로운 시간에 홈페이지에 들어와서 인터넷으로 강의를 들으면 되고, 생각이 날 때 편하게 질문을 올릴 수도 있다. 이처럼 그 날 듣지 못한 지난 강의도 언제든지 자유롭게 들을 수 있지만, 대체로 일정 기간이 지난 강의에 대해서는 출석이 인정되지 않는다.

(3) 출석체크 및 평가

지난 강의에 대해서는 보통 청강이 가능하지만, 출석은 일정기간(예 : 2주) 이내의 강의에 대해서만 인정되는 것이 보통이고, 시험은 온라인으로 응시하는 것이 보통이다.

(4) 유형

[1] WBI 음성강의

이 방법에서 학습자는 학습내용을 단위 학습별로 반복학습이 가능하다. 이것은 학습자와 학습내용 간에 상호작용을 통해 학습의 이해를 증진시킬 수 있도록 설계되어 있으며, 과목의 특성에 따라 학습내용을 구조화하고, 학습자의 적극적 참여를 유도하도록 구성되어 있다.

[2] Active Tutor 동영상 강의

이 방법은 동영상 강의와 교안 내용을 함께 보면서 강의가 진행된다. 전자칠판 기능이 있기에, 강의 도중 입력을 통한 메모가 가능하다. 즉, 학습자는 학습과 관련된 중요 내용을 메모장에 정리할 수 있다. 이 Active Tutor 강의는 학습자 Player를 설치해야만 볼 수 있다.

③ WBI+Active Tutor 음성강의

이 방법은 학습과 학습활동을 구분하여 학습내용은 Active Tutor 음성강의로만 진행된다. 학습활동은 학습자와 학습 컨텐츠간 상호작용을 하도록 웹상에 구현함으로써, 잠깐 퀴즈, 쉬어가기, 관련 사이트 찾아가기 등 다양한 event를 활용하여 학습활동을 제공함으로써 학습자의 흥미와 동기유발을 극대화하도록 구성되어 있다.

④ WBI+Active Tutor 동영상 강의

이 방법은 학습과 학습활동을 구분하여 학습내용은 Active Tutor 동영상 강의로만 진행된다. 그리고 학습자와 학습 컨텐츠간의 상호작용을 가능하도록 함으로써 학습자로 하여금 흥미와 동기유발을 극대화하고 자기주도적 학습이 가능하도록 구성되어 있다.

(5) 주의사항

① 하드웨어와 소프트웨어를 소유하고 있지 못한 학습자에 대한 배려(학교 도서관 내지 공공 시설을 이용하여 e-Learning 내지 e-Campus에 접근할 수 있는 방안 마련)

② 구성주의 교수-학습이론에 따라서 협동학습을 할 때, 무임승차 학습자의 방지책 마련(수업법 측면에서 Jigsaw학습, 프로그램 학습, 프로젝트 학습 등을 종합적으로 채택)

③ 과제물 복사방지 방안 마련

미국의 사이버교육 사례 : 미국의 경영대학원들은 풀타임(full-time) 학생들 뿐만 아니라 직장을 다니면서 멀리서 공부하기를 원하는 파트타임(part-time) 학생들을 찾아다니고 있다. MBA를 해외로 수출하고 있는 미국 대학은 인터넷을 통해 학위를 제공하고 있는 사이버 대학인데, 그 중에서도 대표적인 사이버 경영대학원은 카딘 대학(Cardean University)이다. 2000년에 문을 연 카딘 대학은 사이버 공간에서만 존재하지만, 미국과 영국의 명문 대학인 스탠퍼드대 · 컬럼비아대 · 시카고대 · 카네기 멜론대 · 런던정경대학(LSE)이 공동으로 교육과정을 마련하여, 세계 최고의 교육 수준을 자랑하고 있다. 카딘 대학의 앤드루 로젠필드(Rosenfield) 설립자 겸 총장은 "현재 카딘 대학은 전체 학생의 3분의 1이 미국 밖에서 등록한 해외파"라면서 "해외파 비율이 시간이 지나면서 급속도로 증가할 것"으로 전망했다. 한편, 직접 해외 대학과 파트너십을 맺고 미국식 MBA를 해외에 전파하는 대학도 늘어나고 있다. 뉴욕의 컬럼비아 경영대학원은 런던비즈니스 스쿨과 파트너십을 맺고 있으며, 뉴욕대학의 스턴 경영대학원은 최근 런던정경대학, 프랑스의 HEC와 3자 공동 MBA 프로그램을 선보였다.

3) 차세대 인터넷 이용체계 GRID

GRID는 한 번에 한 곳만 연결할 수 있는 기존의 월드와이드웹(WWW)과 달리 동시에 여러 곳과 연결해 마치 신경조직처럼 작동하는 인터넷망 구조를 말한다. GRID는 차세대 사이버교과서의 기반으로서의 의의를 지니고 있다. 이밖에도 여러 가지 이유를 가지고, 현 인터넷 이용 및 정보화 체제인 웹(WWW)을 대체할 차세대 인터넷 이용체계인 GRID에 대한 연구 개발에 세계 각국이 뛰어들고 있다. 미국, 유럽, 일본 등이 이미 대규모 프로젝트를 진행하고 있는 가운데, 우리 정부는 2001년 이후 5년간 435억원을 투입하여 국가 수준의 GRID 구축에 나설 예정이다. 세계가 이렇게 관심을 기울이는 이유는 GRID가 데이터베이스(DB)는 물론이거니와 각종 정보통신(IT) 자원을 공유하는 체제를 만들어 각 개인의 PC가 슈퍼컴퓨터 기능을 하도록 만들 것이기 때문이다.

〈월터 후글랜드〉 암스테르담 대학 교수에 따르면, 월드 와이드 웹(WWW)이 정보통신(IT) 기술이 만드는 새 세상의 맛을 보여줬다면 그리드(GRID)는 비전을 보여줄 것이라고 했다. 바꾸어 말해서, GRID는 새로운 네트워크 혁명이라는 것이다. GRID는 한 마디로 첨단화한 품앗이라 할 수 있다. 엄청난 자원과 인력이 필요한 고난도의 과제를 효율적으로 수행하기 위해 세계 곳곳에 산재한 고성능 컴퓨터, 대용량 데이터베이스, 전문 인력 등 각종 IT자원을 고속의 네트워크로 묶어서 공유하고 활용토록 한 협업 시스템이기 때문이다. 예컨대, 어떤 교수가 연구실에 앉아 다른 대학에 있는 광가속기를 이용해 얻은 실험결과를 대전연구소의 슈퍼컴퓨터로 보내 분석할 수 있다.

이처럼 각종 IT자원을 총동원한 GRID가 구축되면 기초과학은 물론, 산업 전반의 비약적 발전을 꾀할 수 있다. 그래서 〈데이비드 세인스버리〉 영국 과학혁신장관은 GRID를 'e교육, e과학, e산업, e비즈니스의 기반이 되는 신개념의 사회간접자본(SOC)'이라고 했으며, 〈마츠오카 사토시〉 일본 도쿄공업대 교수는 GRID를 '21세기 국가 경쟁력 강화에 필수적인 IT 인프라'로 정의하였다.

연구기관 사이의 정보 교류를 위해 고안된 WWW가 예상치 않은 인터넷 혁명을 몰고 왔듯이 GRID가 인터넷 이용과 교육공학 등에도 엄청난 변화를 가져올 전망이다. 예컨대, 저용량 PC를 보유한 가정에서도 영화 '매트릭스'에 등장하는 가상현실 몰입형 게임과 같은 첨단 서비스를 마음껏 즐길 수 있게 될 것이다. 또한, GRID네트워크에 접속만 하면 고성능 컴퓨터 등 각종 자원을 필요에 따라 빌려다 쓸 수 있다.

더욱이, 개인의 정보 및 자원 동원 능력이 가히 무한대로 늘어나 재택근무와 재택교육이 보편화되는 것은 물론이거니와, '1인 창업', '1인 연구'도 가능해진다. 한국과학기술정보연구원(KISTI) 박형우 슈퍼컴퓨팅 개발실장은 "GRID가 보편화하면 기업연구소 등 직장의 틀을 벗어난 프리랜서 전문가들이 늘어나고, 국경을 넘는 협업 연구 활성화로 국적 개념도 약화해 모국이 아니라 세금을 적게 매기는 나라에 적을 두고 활동하는 연구자들도 생겨날 것"이라고 전망했다.

IT강국들의 GRID 주도권 다툼은 이미 시작되었다. GRID 연구에 가장 앞선 나라는 미국이다. 슈퍼컴퓨터센터 등 정부출연연구소를 중심으로 1998년부터 다양한 GRID프로젝트를 추진해 왔다. 예컨대, 수십 만대의 가정용 PC를 연결해 외계의 생명체를 탐색하는 'SETI@Home' 뿐만 아니라, 우주항공국(NASA)의 항공기통합설계와 미시간 대학교 등이 참여한 지진예측분석사업도 진행 중이다. 유럽연합(EU)도 회원국의 연구 능력을 결집해 조기에 'e유럽'을 구현한다는 목표를 세우고 WWW가 아닌 GRID에 초점을 두고 있다. EU 차원의 프로젝트는 물론 영국, 프랑스, 독일 등 개별 국가에서도 다양한 프로젝트를 추진 중이다. 특히 영국에서는 과학혁신장관이 2001년 초에 "웹을 능가할 GRID 혁명에 영국이 지도자 역할을 맡겠다"고 공식 선언하기도 했다. 일본도 2000년부터 아시아 각국의 슈퍼컴퓨터를 연결하는 'AP GRID' 사업에 착수하여 GRID 주도권 다툼에 가세했다. 일본은 원자력과 고에너지 물리학 연구에 초점을 맞추고 있다.

이들보다 늦게 한국은 2001년부터 정보통신부가 '국가 GRID 기본계획'을 수립하였다. 과학기술부와 협조체제를 구축하고 대학과 정부출연연구소, 산업체 전문 인력이 참여하는 'GRID포럼 코리아'를 결성, GRID 인프라를 구축한다는 것이 계획의 골자이다. 이를 통해 IT생명공학(BT), 환경기술(ET) 등 고부가가치를 창출할 수 있는 미래 과제를 발굴해 지원하는 것은 물론, 자동차, 조선, 철강, 건설, 섬유 등 기존 산업의 기술 경쟁력도 한 차원 높인다는 계획이다.

4) 한계와 전망

(1) 사이버교육의 한계

① 사이버교육은 인터넷 기술력 범위 내에서 가능하다.

사이버 강의를 위해선 일정 수준 이상의 하드웨어 환경과 소프트웨어 환경이 요구된다.

콘텐츠 역시 마찬가지이다. 현재 사이버 콘텐츠는 VOD, Flash, AOD, TEXT, HTML으로 제작되고 있음이 공통적이다. 그래서 현재의 기술력 아래에서는 음성 및 영상 매체를 통한 강의로서 수업이 가능한 법학, 경영학, 무역학, 외국어와 같은 인문사회학과와 사이버 내지 멀티미디어 관련 학과가 사이버교육의 중심이다.

② 인격교육은 사이버 수업으로써 이루어지기 힘들다.

인격교육은 지식 · 기술교육과 상이하다. 인격교육은 학습자의 마음을 넓고 따뜻하게 키워야 성취될 수 있는 교육인 반면에, 지식교육은 지각을 벗어나는 사고를 용인해서는 안 되는 냉철한 교육이다. 예컨대, 과학실험과 경제분석은 철저하게 실물과 현상을 중시해야 하지만, 덕성의 함양과 실천은 이러한 논리를 벗어나야 가능하다. 그래서, 인격은 사람다움을 의미하는 말로서 지식이나 기술과 구별되는 정신 영역을 상정하고 있다. 즉, 고학력이나 전문적 직업지위가 훌륭한 인성을 담보하는 것은 아니며, 반대로 지식이나 기술력이 부족한 것이 인격이 낮은 것을 나타내는 것도 아니다.

이러한 관점에서, 현대인의 부적응과 불행의 원인은, 고도로 발전한 기술과 지식에 상응하는 심성을 계발하지 못한 점에서 찾을 수 있다. 공동체적 생활태도보다 개인적 업적과 투철한 욕망의 달성이 성취요 지식이라고 평가받는 요즘, 많은 한국인은 내적으로 혼돈이 일어나기 쉬운 상태에 있다. 학교에서는 학생을 지각에 길들이고, 지각을 벗어나는 사고를 정상으로 용인하지 않도록 길들이면서, 다른 한편으로는 지각으로써 설명될 수 없는 가치덕목을 자발적으로 실천할 것을 요구해 왔다. 우리 사회가 강조하는 전통적 가치와 현대적인 사랑, 애국심, 봉사정신, 협동심과 같은 덕목은 지각이 정신을 좌우한다는 교육을 통하여 제대로 배울 수 있는 것이 아니다.

(2) 사이버교육의 전망

1 사회적 관심의 급증

교육인적자원부가 발간한 「2002 평생교육백서」에 따르면 사이버대학이 2001년 9개에서 2002년에는 16개로 크게 늘었으며, 정원도 6220명에서 1만 6700명으로 증가했다. 재학생 연령을 보면 20~29세 45.2%, 30~39세 33.9%, 40~49세 15.2% 등의 분포를 나타내 사이버대학이 성인들을 위한 교육기관으로 자리잡아 가고 있음을 보여주고 있다.

그렇지만 통계청 사회통계조사에 따르면 60세 이상 평생학습 참여율은 5.8%로 국민 전체 평생학습 참여율 17.2%에 크게 모자란다. 이는 그 만큼 사이버대학에 대한 기대가 크다는 것을 반증한다. 그래서 사이버대학들은 독특한 교육프로그램으로 30대 이상 학습자에 대한 홍보에 나서고 있다. 현재 이 학교에서는 30대 이상 학생 커뮤니티가 17개 형성돼 있고, 그 밖에도 스터디 그룹 10개가 활동 중이다.

또한, 지역별로 캠퍼스를 구축해 오프라인 전용 동아리 공간을 별도로 꾸미고 있다. 예컨대, 안산에 운영되고 있는 학습장 이외에 강남, 분당, 인천학습장도 개장을 준비 중이다. 개별 학습장에서는 국내외 자격증 준비과정을 수강하는 학생들이나 외국어 프로그램에 참여하는 학생들에게 별도 오프라인 공간을 통해 자격증 강사나 외국인과 만날 수 있는 기회를 제공하고 있다.

한편, 열린사이버대학교는 엄격한 학사관리체계를 통해 30~40대가 주축을 이루고 있는 학생들을 관리하고 있다. 학부 심포지엄, 작품 전시회, 현장 전문가 초청 세미나, 원어민 회화 실습 등 온라인에서 이뤄지기 힘든 행사를 오프라인에서 개최한 후 학점 부여를 엄밀하게 실시한다. 특히 성균관대, 중앙대, 성신여대, 인하대 등 전국 14개 대학에서 참여하는 교수진이 참여한 '컨텐츠 은행'을 만들어 운영한다. 강의가 끝날 무렵 학생과 교원 내부에서 강의안 평가를 실시해 우수 교과목을 선정하는 등 콘텐츠 개발에도 힘쓰고 있다.

이 밖에 기존 대학교 가운데 사이버강좌를 개설한 곳도 성인들을 위한 평생교육 공간으로 자리잡아 가고 있다. 한성대학교(www.hansung.ac.kr)는 2003년 멀티미디어 동영상 제작, 전자계산개론 등을 신설해 텍스트가 중심이 아닌 사이버강좌를 선보여 학생들에게 좋은 평가를 받고 있다. 이 강좌는 동영상 중심의 강의가 아니라 프로그래밍을 이용한 실습과정을 대화방식으로 교습받기 때문에 성인들이 어려워하는 프로그래밍 강의를 쉽게 익힐 수 있다.

2 사이버교육 시장의 확대

근래 인터넷을 통해 전 세계 유명대학의 강의를 듣고 학위를 취득할 수 있는 '사이버유학'이 인기를 끌고 있다. 이 사이버유학은 모든 교육과정이 인터넷상에서 이루어져 학비와 체류비 등을 크게 절감할 수 있는 것이 장점이다. 온라인 과정이지만 교수는 물론 교과과정, 취득학점, 동문자격, 학위의 권위 등 모든 조건은 오프라인과 동등하다.

2003년 현재 국내에는 이런 사이버유학을 통해 외국대학의 학위를 취득했거나 과정을 밟고 있는 사람이 이미 1000여 명을 넘어선 것으로 추정된다. 지난해 중국 베이징대와 학술교류협약을 통해 학사 및 석사 과정을 개설한 서울디지털대학은 2003년 3월에 20여 명의 유학생을 모집해 인터넷(www.beida-online.co.kr) 강의를 시작했다.

개설학과는 학사과정(중국법학과와 행정관리학) 2개학과와 석사과정(비즈니스와 사회전공, 인력자원관리 전공, 행정관리 전공) 3개학과로, 중국어 실력에 제한을 두지 않고 무시험 전형이어서 입학이 비교적 쉬운 편이다. 학사는 3학년으로 편입해 4학기(이수학점 85학점 이상)를 공부하고, 석사는 3학기 수업(논문심사)을 받게 된다. 단 학사는 전문대 이상, 석사는 4년제 대학 이상을 졸업해야 입학자격이 주어지는 편입학 체제다. 또 입학은 쉽지만 일정한 자격을 갖추지 않으면 학위를 받을 수 없다.

학기당 수업료(교재비 포함)는 학사 165만원, 석사 320만원 정도로, 연간 최소 2000~3000만원이 소요되는 실제 유학경비를 크게 낮출 수 있다. 이 대학은 올해 9월 학사과정 1개 학과와 석사과정 4개학과를 추가 개설해 학생 모집에 들어갈 계획이다.

이와 관련하여, 미국의 콜럼비아, 시카고, 카네기멜론, 스탠포드대학과 영국의 런던정경대학이 컨소시엄을 구성해 1999년 설립한 미국의 카딘대학도 경영학석사(MBA)과정을 인터넷으로 제공하고 있다. 이 대학의 한국법인인 에듀케사(www.cardean.co.kr)는 지난 2000년 말부터 분기별로 40여 명의 학생을 모집하고 있는데, 현재 300여 명의 학생들이 인터넷을 통해 카딘대학의 MBA학위에 도전하고 있다. 학위과정인 마스터리(mastery)코스의 과목당 수업료는 500달러(약 60만원) 정도로, MBA학위에 필요한 45개 전 과목을 듣기 위해서는 2만2500달러(약 4500만원) 정도가 소요된다. 따라서 이런 고급과정은 더 높은 보수나 좋은 자리를 기대하는 직장인들이 주로 지원하고 있다. 이 대학은 앞으로 학사과정의 사이버 유학생도 선발할 계획이다. 아직 초기단계인 사이버유학은 세계 교육시장의 개방 · 개혁추세에 발맞춰 그 규모가 크게 확대될 전망이다.

5) 발전과제

이상에서 알 수 있듯이, 오늘날 사이버교육에 대한 수요는 괄목하게 증가하였다. 사이버 대학은 물론이거니와 일반 대학에서도 사이버 강좌가 확산되고 있다. 이와 관련하여 교육학계에서는 벌써부터, 미래의 학교에서 지식 및 기술 교육 영역은 사이버 체제가 중심이 되고, 학교는 대면 교육을 통한 인성교육에 중심이 놓일 것 같다는 전망을 내놓고 있다. 이러한 전망에서 볼 때, 현재 대학과 교수사회의 상태는 일류 기업보다 사이버 사회에 대한 대비가 부족하다.

사회변화가 급속한 정보화시대임에도 불구하고, '대학교육'이 '학습자의 삶'과 '지식과 기술의 변천'을 따라가지 못하는 경우가 있다. 예컨대, 실제 생활에서 흔히 사용되는 장비보다 성능이 뒤쳐지는 것으로 수업을 하거나 시대와 맞지 않는 교재와 이론을 강조하는 경우도 있다. 이처럼 학교교육이 시대에 뒤쳐지는 만큼, 강의에 대한 학생의 흥미와 교육효과가 감소될 것이다. 그래서 교수자는 정보화 시대 내지 네트워크 시대에 적합한 마인드와 수업법을 개발하는 것이 필요하다. 이와 관련하여, 사이버 수업법 개발 및 운영과 관련하여 몇 가지 과제를 제시해 보면 다음과 같다.

첫째, 대학 구성원 모두가 사이버 분야에 대한 마인드를 지녀야 하며, 특히 교수자는 강의실과 사이버 공간을 결합하여 교육효과를 높이는 관점에서 다양한 수업법들을 종합적으로 구사할 수 있는 강의력을 향상시켜야 한다.

둘째, 위와 같은 노력 속에서 학습자에게 새로운 정보/지식/기술/소양을 단계별로 지속적으로 제공할 수 있는 교육체제가 전공 분야별로 개발되어야 한다.

셋째, 정보화 · 세계화의 무한경쟁 속에서 학과 경쟁력을 높이는 측면에서, 학습자가 선호하는 세계 초일류 선진 직업교육기관들과 상호 온라인 협력체제를 구안해 볼 필요가 있다.

넷째, 사이버 수업법은 현장 중심의 수업법과 연관된 상태에서 각각의 수업법이 제각기 장점을 최대한 발휘하는 측면에서 도입되는 것이 현재 수준에서는 바람직한 것 같다.

다섯째, 궁극적으로 사이버 수업법은 학습자의 시간부족 · 학비부담 · 기회경비에 대한 배려를 통하여 학습장애 요인을 감소시키는 측면에서 도입하여, 결과적으로 다수의 학습자에게 교육기회를 널리 제공하고 이를 바탕으로 대학 발전을 도모하는 측면에서 전개될 필요가 있다.

여섯째, 사이버 수업설계를 위하여 사이버 학습자에 대한 생애주기별 · 생활공간별 특징과 그들의 교육 요구를 분석하는 다양한 후속 연구가 필요하다.

일곱째, 사이버 수업설계가 프로그램 수업법을 기본적으로 수용하고 있음을 고려할 때, 사이버 수업이 가능한 교과와 관련 직업을 분석하는 연구가 필요하다. 이를 통하여, 사이버교육과정이 정립될 수 있으며, 이로부터 학습자의 직업 활동에 유용한 사이버교육과정이 구안될 수 있다.

여덟째, 사이버 수업법을 강조할수록 이로써 해결할 수 없는 대인관계 이해 증진과 같은 인성교육을 보완적으로 강조할 필요가 있다. 세계 초일류 직업교육기관의 특징 가운데 한 가지는 대인관계 방식 학습과 같은 인성교육에서 찾을 수 있음을 유념할 필요가 있다.

한편, 교육계에서 사이버교육이 아주 널리 부각되고 있을지라도, 사이버교육의 주대상자인 한국 성인 학습자들이 사이버교육에 적극 참여할 것을 낙관할 수는 없다. 사이버교육은 학습자 유인 측면에서, 사이버 공간에서 상업 웹사이트들과 경쟁을 해야만 하고, 학습자의 사이버 학습력의 영향을 피할 수 없다. 이러한 상황을 종합해 볼 때, 오늘날 대학에서 사이버 수업능력을 재고하고 사이버교육체제를 확립하기 위한 검토 과제가 적지 않음을 알 수 있다.

제 9 장

실기교육의 평가

1. 실기교육 평가의 뜻
2. 실기교육 평가의 목적과 절차
3. 실기교육 평가의 유형
4. 실기교육 평가의 기준

1. 실기교육 평가의 뜻

교육평가라고 하면 우리는 흔히 시험을 연상한다. 그리고 아직 평가와 시험을 동의어로 생각하는 경우도 종종 있다. 그러나 평가는 종래의 시험 이상의 의미를 가지고 있으며 교육의 과정 전반에 관계한다. 교육평가란 일반적으로 교육의 목표가 얼마나 달성되었나를 검토하는 일로서 교육목표의 달성도, 즉 교육의 결과를 뜻하며 학습자에게 나타난 행동의 변화를 확인하는 것을 의미한다.

첫째, 교육평가란 행동변화의 확인을 의미한다. 이것은 학습자에게 실제로 어떤 변화가 일어났는지를 밝히는 것으로 교육목표 달성의 평가를 의미한다고 할 수 있다. 학습자의 행동변화를 확인한다는 것은 목표를 향한 의도적인 방향으로 학습자의 행동이 변화되었는가를 확인하는 문제, 즉 교육목표 달성도의 평가를 의미한다. 결국 이것은 학교와 교육과정과 수업으로 말미암아 발생된 변화를 의미하며 여기에는 인지적 · 정의적 · 운동기능적 영역의 변화 모두를 포함하고 있다.

둘째, 평가는 학생의 현재에 대한 정보제공 활동을 의미한다. 즉, 다양한 교육활동에 관한 결정을 내리기 위한 정보를 수집하고 활용하는 과정으로 학습자의 변화에 대한 정보를 제공하는 과정인 동시에 수업목표 수립의 정보가 된다. 따라서 정보제공 활동으로서의 평가는 학습성과 뿐만이 아니라 인지적, 정의적, 신체적, 사회적인 분야의 발달 가능성, 성취도, 환경 등에 관한 정보를 제공하여야 하며, 평가도구 또한 지필평가 뿐만이 아니라 면접, 관찰 등의 다양한 방법이 사용될 때 유용한 정보를 획득할 수 있다.

셋째, 평가는 교육의 과정에서의 구성요소에 대한 효율성과 적합성의 검증을 의미한다. 즉 교수—학습 과정의 목표와 내용, 방법, 평가 등이 효과적이고 적합한지에 대한 검토를 해줌으로써 교육과정의 질 관리 및 개선에 도움을 준다.

이상의 논의를 바탕으로 교육의 개념을 정리해 보면 교육평가는 '교육의 과정'에서 필요로 하는 학생에 관한 정보를 수집하고 교수—학습 과정의 효율성을 판단하며 교육목표의 달성도를 밝히는 과정이다. 따라서 교육평가를 발달적 교육의 관점에서 본다면 평가는 교육의 종착점이 아니라 교육의 출발점이 되어야 한다. 평가결과는 다음 교육활동에 활용됨으로써 평가는 교육의 과정을 이해하기 위한 수단인 동시에 인간이해를 위한 과정인 것이다. 즉, 교육평가는 인간규정을 위한 것이 아니라 인간이해를 위한 평가인 것이다. 그러므로 교육평가란 교육목표의 달성도를 확인하고 학생이해를 위한 정보를 수집하며 동시에 교육과정의 효율성과 적절성을 판단하는 교육의 한 과정이라고 정의할 수 있다(강기수, 1996).

2. 실기교육 평가의 목적과 절차

1) 실기교육 평가의 목적

학교 교육과정의 핵심적 활동은 수업에 있으며 학교교육의 질을 높이기 위한 노력도 역시 수업의 질이 향상되지 않으면 이루어질 수 없다. 즉, 수업은 학교에서 일어나는 모든 교육활동의 핵심적 과정이며 이러한 수업의 질 향상이 바로 교육의 질 향상으로 연결된다고 할 수 있다. 수업의 질이 높으면 교육의 질 역시 향상되고 반면 수업의 질이 떨어지면 양질의 교육을 기대할 수 없다. 따라서 교사는 자신이 이끄는 수업의 질 향상을 위해 끊임없이 자신의 수업을 평가해 보고 개선점을 모색하여 체계화된 정보를 다음 수업에 재투입하는 노력을 지속해야 하는 것이다. 이러한 과정을 보다 원활히 달성하기 위한 과정으로서 수업평가가 있다.

다시 말하면 수업평가는 수업과정에서 전개되는 여러 가지 사태들을 평가하여 그 결과를 교사에게 알려주고 지적된 점들을 개선 · 보완함으로써 수업의 질적 향상을 도모하려는 시도라고 할 수 있는 것이다. 이러한 수업평가 과정을 통하여 교사의 수업행동 및 수업기술, 매체의 사용 등에 대한 체계적인 자료를 수집할 수 있고 이 자료를 토대로 수업과 수업 프로그램에 대한 의사결정 및 기타 과학적인 판단을 내릴 수 있다.

2) 실기교육 평가의 절차

평가는 지금까지 행해진 교육의 결과로서 학습자의 변화를 확인하는 작업이다. 확인된 학습결과는 다시 새로운 교육의 시행을 위한 자료로 피드백되어 사용된다. 따라서 교육에 있어 평가는 일단의 교육의 과정을 종결하는 작업인 동시에 새로운 교육을 준비하는 작업이다. 그러므로 성공적인 교육을 위해서는 효과적인 평가의 과정이 필수적이라고 할 수 있다. 이러한 평가의 절차는 그 목적과 방법에 따라 약간의 차이가 있으나 대체로 수업목표의 확인, 평가장면의 선정, 평가도구의 제작, 평가의 실시와 결과처리, 평가결과의 해석 및 활용이라는 다섯 단계를 거치게 된다. 여기서는 Tyler의 평가모형을 적용하여 평가의 절차를 제시한다(Tyler, 1949).

(1) 수업목표의 확인

수업목표는 평가의 기준이 된다. 수업목표의 확인은 무엇을 평가할 것인가를 확인하는 작업이다. 즉, 수업목표가 무엇이며, 이 목표를 학습자가 달성할 수 있는 수업목표인가를 확인하는 것이다. 따라서 평가에서 가장 먼저 생각해야 할 일은 무엇을 평가할 것인가를 확인하는 일이 되어야 한다. 이 단계에서는 평가하고자 하는 주요 수업목표가 무엇이며, 이 목표가 평가하기에 적합하도록 구체적이고 명세적으로 진술되었는지를 확인해 보고 만일 그렇지 않다면 구체적인 행동용어로 다시 진술하여 본래 의도한 수업목표와 일치되는가를 검토해야 한다.

(2) 평가 장면의 선정

수업목표가 일단 확인되고 나면 다음 단계는 수업목표가 제시하는 내용과 행동이 잘 나타날 수 있는 적절한 평가 장면, 즉 평가 상태(test situation)를 선정해야 한다. 평가 장면의 선정이란 어떤 효과적인 평가를 위해 어떤 평가형태를 선정할 것인가의 문제이다. 무엇보다도 수업목표가 제시하는 내용과 행동을 잘 평가할 수 있는 평가 장면의 선정이 요구된다.

물론 이러한 평가 장면의 적절성은 수업목표의 달성도에 관한 타당한 증거를 얼마나 잘 수집할 수 있느냐에 의해 결정된다. 어떤 행동에 관한 직접적인 증거는 사람들이 바로 그러한 행동을 할 수 있는 상태에서만 얻어질 가능성이 많은 것이다. 따라서 평가 장면은 수업목표에 명시된 행동특성이 그대로 드러날 수 있고, 또한 실제로 그러한 행동을 학생들이 할 수 있는 혹은 할 수 있었던 기회가 내포된 상태라야 한다. 예를 들면, 도덕과 평가에 있어 개인 또는 사회생활 영역의 평가를 평소의 생활사태의 구체적 관찰에 의한 관찰법이나 누가기록법에 의하지 않고 지필검사에 의해 평가할 경우, 도덕과에서 목표로 하는 목표행동을 효과적으로 평가할 수 있는 장면이 아니기 때문에 타당한 증거를 얻을 수 없다.

교육평가에서 이용될 수 있는 검사상태는 지필검사, 표준화 심리검사, 자기보고 형식의 질문지, 관찰법, 면접법, 작품분석 등 다양하다. 그러나 평가할 각 행동 특성에 따라 그에 알맞은 검사상태는 서로 다를 수 있다. 따라서 평가 장면은 평가하고자 하는 바로 그러한 행동 특성이 반응되어 나올 수 있도록 구안되어야 한다. 특히 오늘날의 학교평가의 대부분이 지필검사에 의존하고 있으므로 교육목표에 명시된 행동특성을 평가할 수 있는 타당한 장면이라고 보기에는 어려운 점이 있다. 그러므로 평가 장면은 평가하고자 하는 그러한 목표행동이 반응되어 나올 수 있도록 제작되어야 한다.

(3) 평가도구의 제작

수업목표가 확인되고 평가 장면이 선정되면 다음 단계는 직접 평가도구를 제작하는 단계이다. 이 단계에서는 평가할 수업목표를 확인하여 내용과 행동의 두 차원으로 분류하여 어떤 평가방법을 적용할 것인가를 결정한 다음에 평가자가 할 일은 평가하여 사용할 도구를 직접 제작하거나 아니면 기존의 평가 도구들 중에서 적합한 것을 선정하는 일이다. 만일 평가 장면에서 기존의 도구를 사용하고자 한다면 평가자는 기존의 도구가 현재 평가하고자 하는 목적과 내용에 적합한 것인지를 검토한 후 사용여부를 결정해야 한다. 즉 이미 제작된 평가도구는 대개 검사 실시요강이 갖추어져 있으므로 검사의 실시, 결과처리, 이해 및 검사의 양호도, 활용가능성 등을 참고하여 선정해야 한다.

(4) 평가의 실시와 결과처리

평가의 실시에 있어 가장 중요한 것은 학생들이 목표행동에 잘 반응할 수 있는 상황 또는 조건을 마련하는 일이다. 즉 학생들이 편안한 분위기에서 최대의 능력을 발휘할 수 있는 분위기가 조성되어야 한다. 특히 지능검사, 학력검사, 적성검사 등과 같은 능력검사의 경우 피검사자들이 자신의 능력을 최대한 발휘할 수 있도록 심리적, 신체적 상태가 최적한 시간을 이용하여 검사조건이 표준화된 상황에서 실시해야 한다. 성격, 흥미, 태도 등과 같은 정의적 특성을 검사할 경우에는 피검사자가 솔직하게 있는 그대로 반응할 수 있도록 자세한 사전 설명이 필요하다. 또한 비지적 검사, 즉 행동특성에 관한 검사의 경우 피검사자는 검사내용이나 결과에 상관없이 사회적으로 올바른 방향으로 반응하려는 경향성이 있어 허위로 반응할 가능성이 높다. 이렇게 피검사자가 솔직하게 반응하지 않고 특정한 방향으로 반응하는 경우 신뢰성이 없어 평가도구가 의도하는 소기의 목적을 달성할 수 없다.

평가가 실시되고 나면 자료를 모아 채점을 하고 통계적 처리를 하게 된다. 어떠한 평가든지 간에 평가의 결과를 과학적이고 객관적으로 처리되어 평가 결과에 대한 분석이 이루어져야 한다. 선택형의 경우 반응의 자유도가 작아 채점에 주관성이 개입될 우려가 적으나 필답형, 특히 논문형의 경우 채점자에 따라 객관도가 유지되기 어려운 점이 있으므로 채점의 객관성과 공정성이 유지되도록 주의해야 한다.

(5) 평가결과의 해석 및 활용

평가절차의 매 단계가 다 중요하지만 결과의 해석과 활용은 평가실시의 궁극적 목적이 된다는 점에서 가장 중요한 단계라 할 수 있다. 즉, 평가를 통하여 수집된 정보와 자료는 의미 있고 바르게 해석되어 유용하게 활용되어야 평가의 존재가치가 있다. 그러나 지금까지의 대부분의 학교에서의 평가는 바르게 해석되고 활용되기 보다는 학생의 성적산출을 위한 근거자료로써 학생 평점을 위한 수단에 지나지 않는다. 물론 평가의 목적은 선발이나 선택을 위한 경우도 있지만 평가의 궁극적 목적은 학습자 개개인의 발전을 위한 정보로서 그리고 교육방법의 평가와 개선의 자료로써 활용되는 데 있다. 따라서 평가의 결과가 학생의 성적산출을 위한 자료에 국한될 때 평가는 개인의 발전과 인간 이해를 위한 수단이 되기보다는 인간을 제한하고 규정하는 수단이 되어 버린다.

이와 아울러 평가의 결과에 대한 잘못된 해석으로 인해 학습자에게 마음의 상처를 주거나 불이익을 주는 일이 없어야 한다. 즉 단위 평가가 의도하는 목적 이외에는 다른 용도로 오용되는 일이 없어야 하며, 특히 지능검사, 심리검사 등 비밀의 유지가 필요한 경우 개인의 정보가 공개되는 일이 없도록 자료를 잘 보관하는 것도 중요하다.

3. 실기교육 평가의 유형

평가의 유형에는 기준(해석)에 따라 구분되는 유형과 수업과정의 단계(시간의 흐름)에 따라 구분되는 유형이 있다. 즉 평가의 기준에 따라서는 규준지향 평가와 준거지향 평가로 분류할 수 있고, 수업의 과정에 따라서는 진단평가, 형성평가, 총괄평가로 구분할 수 있다.

1) 규준지향 평가와 준거지향 평가

(1) 규준지향 평가(norm-referenced evaluation)

흔히 상대평가 또는 상대기준 평가라고 하는 것으로 선발적 교육관에 기인한다. 학생들의 학습성취도가 절대적인 목표달성에 의해 결정되는 것이 아니라 학생상호간의 상대적 비교를 통해서 평점된다. 즉, 한 학생의 점수는 다른 학생들의 받은 점수에 의해 결정되는 평가방식이므로 모든 아이들이 우수한 성적을 받아도 학생들 간의 우열의 차는 가려지게 마련이다. 이 평가방식은 개개의 학생이 받은 점수는 그 시험에서 그가 속한 집단이 취득한 평균점수, 즉 규준(norm)을 기준으로 하여 평가되기 때문에 규준지향 평가라 한다.

규준지향 평가에서 평가의 목적은 개인차 변별에 있다. 즉, 상대적인 입장에서 반드시 잘한 사람과 못한 사람을 구별하는 데 목적이 있는 것이다. 평가의 절차에 있어 중요한 것은 개인차 변별이 목적이므로 교육목표 달성의 충실도를 기하기보다는 개인차 변별을 위한 난이도 조절이다. 또한 결과의 활용은 주로 등급, 분류, 선택, 선발 등에 활용된다.

이러한 규준지향 평가의 장점으로는 개인차 변별에 적합하고 경쟁을 통한 외적 동기유발에 적합하며 선택이나 선발에 적절하게 이용할 수 있다. 그러나 이러한 규준지향 평가는 지나친 경쟁심 유발로 인한 시기와 질투로 경쟁적 태도의 일반화를 초래할 수 있으며, 상대평가에 의한 필연적인 실패자, 낙오자의 발생으로 부정적 자아개념을 형성할 수 있다. 학업성취의 상대적 해석만이 가능하여 결손학습의 교정이 곤란하며 집단 내에서만의 성적 비교가 가능하므로 목표달성도 확인이 어렵다. 따라서 교육의 질적 저하를 초래할 가능성이 있다.

(2) 준거지향 평가(criterion-referenced evaluation)

발달적 교육관에 신념하는 것으로 절대기준 평가 또는 목표지향 평가라고 한다. 주어진 목표에의 달성 정도 또는 달성 여부를 기준으로 하여 학생 개개인의 학습 성취도를 평가하는 방법이므로 준거지향 평가라고 한다. 다른 학생의 점수분포와는 상관없이 한 학생의 주어진 목표의 달성도에 따라 평가가 결정된다. 준거지향 평가는 학습목표라는 속성을 대상으로 하여 어떤 합의된 기준을 설정하고 그 기준에 비추어 학생 개개인의 현재의 달성도를 밝히는 입장이므로, 평가의 결과는 교육과정 또는 교사의 수업목표가 얼마나 달성되었는지를 가르쳐 준다. 수업목표를 평가준거로 하기 때문에 준거지향 평가를 흔히 목표지향 평가라 한다.

평가의 목적은 개인차 변별에 의한 선별이 아니라 목표 달성도의 확인이며, 절차에 있어서도 수업목표를 충실히 측정 가능케 하는 문항에 관심을 둔다. 준거지향 평가의 결과는 학생 개개인의 달성도를 확인하여 결손학습을 보충하는 자료로 활용되면 수업의 평가 및 개선의 재료로 이용된다.

2) 진단평가 · 형성평가 · 총괄평가

평가는 단계에 따라 수업이 시작되기 전에 실시되는 진단평가, 수업이 진행되는 과정에서 실시되는 형성평가, 수업이 끝난 시점에서 실시되는 총괄평가로 구분된다. 종래에는 총괄평가만이 중시되었으나, 오늘날에는 평가의 본연의 목적에 부합하는 진단평가, 형성평가의 중요성이 골고루 강조되고 있다. 이러한 3가지 종류의 평가는 어느 것이 더 중요하느냐의 문제보다는 수업의 단계에 따라 어떻게 적절하게 적용하느냐의 문제가 더 중요하다고 할 수 있다.

(1) 진단평가(diagnostic evaluation)

현재의 학습과제에 대한 수업이 시작되기 전에 학생들이 가지고 있는 출발점 행동과 학습장애의 요인을 미리 진단하여, 효과적인 수업의 절차와 방법을 모색하는 평가이다. 즉, 수업의 시발점에서 학생들이 가지고 있는 선수학습의 정도, 학습결손의 유무, 심리적 특성(지능, 적성, 흥미, 동기) 등을 진단하여 학생들을 구분 배치하며, 적당한 교재와 수업전략을 계획하는 것을 목적으로 한다. 이러한 진단평가는 수업이 시작되기 전에 하는 것이 보통이지만 수업이 진행되는 도중에도 학생들이 계속적인 학습결함을 보일 때 실시 가능하다. 진단평가는 신체적 · 심리적 · 환경적 원인을 규명하고 진단하는 경우 형성평가와 비슷하나 형성평가와는 달리 좀 더 광범위한 수업 외적인 학습결손의 근원적인 원인의 진단도 평가에 포함한다.

(2) 형성평가(formative evaluation)

수업이 진행되는 과정에서 그 수업활동이 주어진 여러 가지 수업목표의 달성을 향하여 제대로의 정상적인 진전을 보여주고 있는지를 계속적으로 점검해 나가는 평가의 형태로서 총괄평가의 약점을 보완하고 극복하기 위한 것이다. 형성평가는 수업이 진행되고 있는 도중에 학생에게 피드백 효과를 주고 교육과정 및 수업방법의 질 개선을 위해서 실시되는 평가이다. 수업이 이루어지고 있는 과정에서 그 진전 상황에 관한 정보를 수집하고 분석함으로써 수업과 학습의 개선에 이바지하려는 데 그 중요한 목적이 있다. 형성평가의 특징으로는 ① 정보의 피드백과 교정, ② 수업의 질적 개선, ③ 교사 스스로의 제작 원칙이 있다.

이러한 형성평가는 한 단원이 끝난 후 또는 매 수업시간마다 실시하는 것이 효과적이며, 5~15분 정도의 소요시간에 해낼 수 있는 것이 적당하고, 평가형식은 교사가 직접 칠판에 문제를 출제하거나 즉각적인 문답형식 또는 인쇄물 등을 이용할 수 있다. 형성평가의 기능을 제시해 보면 다음과 같다(황정규, 1993).

첫째, 형성평가는 학습에 대한 보상(reward)과 강화(reinforcement)체제의 역할을 한다. 즉 형성평가는 학생들로 하여금 충분히 학습된 것은 무엇이며, 더 공부해야 할 것은 무엇인지에 대한 피드백을 제공한다.

둘째, 형성평가는 학습곤란의 진단 및 교정학습을 가능하게 한다. 즉, 형성평가는 교사와 학생에게 다 같이 학습의 진전에 대한 정보제공을 한다.

셋째, 형성평가는 학습 진행속도의 조절 기능을 가진다. 형성평가의 결과는 교사와 학생에게 피드백되므로 교사는 지도조절이 가능하고, 학생에게는 매 시간마다 적당한 긴장감을 부여하며 학습동기를 자극하게 된다.

넷째, 형성평가는 학습지도 방법을 개선하는 기능을 지닌다. 즉 형성평가의 결과는 학생뿐만 아니라 교사의 수업활동에도 피드백되어 교사로 하여금 자신의 학습지도 과정을 반성하게 한다.

결론적으로 형성평가는 교육평가를 최종적인 가치판단의 작용으로부터 교수—학습 과정을 개선하고, 그 효율성을 향상시키기 위한 조직적인 정보수집의 과정으로 전환되었다고 할 수 있다. 또한 형성평가는 교육과정의 개발과 평가의 영역뿐만 아니라, 교사와 학생간의 상호작용으로 이루어지는 수업의 운영이라는 면에 있어서도 그 가치를 지닌다.

(3) 총괄평가(summative evaluation)

총괄평가는 주어진 학습과제에 대한 일정기간의 수업이 종결되었을 때 그 동안의 학습 성과를 총괄적으로 사정하여 수업의 효율성에 대한 판단을 내리는 데 그 목적이 있다. 즉, 일련의 학습과제나 특정교과의 수업활동이 끝난 후에 수업목표의 달성여부를 종합적으로 판단하려는 평가형태로서 월말 고사, 학기말 고사, 학년말 고사 등이 있다. 이러한 총괄평가의 주요 기능은 다음과 같다.

첫째, 총괄평가는 학업성적을 판정하는 기능을 지닌다. 총괄평가의 기능은 학생들의 학업성적을 판정하는데 있으며, 판정은 대개 점수나 문자, 즉 평점으로 표시된다.

둘째, 총괄평가는 장래의 성적을 예측하는 근거가 된다. 즉 현재의 성취도와 장래의 성취도 사이의 상관관계를 예측하게 하는 근거가 된다. 총괄평가의 결과를 통해 보면 초등학교 3학년과 고등학교 2학년의 성적은 높은 상관관계를 가진다고 보고되고 있다.

셋째, 총괄평가의 결과는 집단 간의 성적 비교의 자료로 사용된다. 총괄평가는 개개인의 성장뿐 아니라 학습집단 전체에 대한 성적 산출의 근거가 된다. 즉 두 집단 간에 수업법, 학습자료, 학생집단을 달리하여 가르쳤을 때의 차이점, 즉 어느 방법이 효과적인가를 알 수 있다.

넷째, 총괄평가는 자격 인정, 즉 과목의 이수, 수료, 졸업시험, 종합시험 등의 근거가 된다.

다섯째, 총괄평가는 수업의 질 관리에 이용될 수 있다. 넓은 의미에서 수업은 순환적 과정으로 전학기의 수업의 반복이라 할 수 있으므로 이전의 경우와 비교할 수 있는 자료가 된다. 따라서 전년도 학습의 실패 원인을 규명하여 보완·지도할 수 있다.

이러한 총괄평가의 장점은 특정 학생이나 교과의 성적 평점이 가능하고, 학생들의 분류, 선발, 교육적 배치의 자료가 되며 장래의 성적을 예측해 보는 근거 자료로 활용할 수 있다는 점이다. 반면에 단점은 평가가 수업이 종결된 시점에서 실시되므로 교육목표가 달성되지 못해도 시기적으로 바로잡기 어렵다는 점이다.

4. 실기교육 평가의 기준

1) 타당도(validity)

평가도구가 측정하고자 하는 대상의 내용 그 자체를 재고 있는 충실성의 정도를 의미하는 것으로 검사의 진실성, 정직성이라고도 한다. 다시 말하면 무엇(what), 즉 측정하려고 하는 내용 자체를 얼마만큼 충실하게 재고 있느냐의 문제로서 정확성의 문제이긴 하나 신뢰도처럼 측정하려고 하는 것을 어떻게(how), 어느 정도 일관성 있게 측정하고 있느냐에 관심을 가지는 것은 아니다. 타당도란 평가도구가 목표에 제시되어 있는 내용은 타당하며, 적합하게 잴 수 있느냐의 문제로서 목표에의 충실성을 타당도라고 한다. 따라서 타당도의 경우 타당성이 있느냐 없느냐의 문제가 아니라 정도의 문제이며, 도구란 완전히 타당한 것도 아니고 반드시 타당하지 않은 것도 아니다. 모든 도구는 어느 정도는 모두가 타당하다. 더욱이 도구의 타당도란 도구 자체에 의해서만 결정되는 것은 아니다. 오히려 도구의 목적이 무엇이냐, 검사를 쓰려는 집단이 무엇인가, 또 어떻게 실시하고 어떻게 채점했느냐에 따라서 결정된다. 따라서 이 '평가도구 타당한가?'라고 질문하기보다는 '이 평가도구의 점수를 어떤 집단에게 어떤 목적으로 어떻게 쓸 때 얼마의 타당도를 가지는가?'라고 묻는 것이 보다 정확한 질문이 된다.

2) 신뢰도(reliability)

한 검사가 측정대상이 되는 내용을 어느 정도의 안전성을 가지고 얼마나 일관성 있게 재고 있느냐와 관련된 정확성(accuracy)을 그 검사의 신뢰도라고 한다. 즉, 신뢰도는 얼마나 정확하게 얼마나 오차 없이 측정하고 있느냐의 개념이다. 즉, 어제 측정한 결과가 오늘 측정한 결과가 다르거나 일정한 범위 내의 평가에서 평가결과가 크게 다르게 나온다면 이것은 신뢰성이 없다고 할 수 있다. 따라서 이러한 평가도구에 의한 결과를 일반화할 수 없으며 더구나 이러한 도구로 인간 행동을 잴 수는 없다.

물론 신뢰도가 낮으면 타당도는 이에 비례해서 낮아지기 때문에 신뢰도는 타당도의 필요조건이 된다. 즉, 신뢰도 없이 타당도가 높은 평가도구는 존재할 수 없다. 이러한 신뢰도에는 재검사신뢰도, 동형신뢰도, 반분신뢰도, 문항내적 합치도가 있다.

참고로 신뢰도를 높이는 방법은 다음과 같다.

첫째, 검사의 길이, 즉 검사의 문항수를 늘인다.

둘째, 너무 어렵거나 너무 쉬운 문제보다도 문항난이도가 약 50% 수준의 문항을 많이 사용한다.

셋째, 이질적인 문항보다는 동질적인 문항을 보다 많이 쓴다.

넷째, 문항변별도가 높은 문항을 많이 쓴다.

다섯째, 집단의 능력의 범위가 좁을 때보다는 능력의 범위가 넓을 때 신뢰도는 올라간다.

이 밖에도 검사환경, 시간제한 등 여러 가지 조건을 균일화시킴으로써 오차변량을 최소화시킬 수 있다. 나아가 측정도구의 신뢰도가 어느 정도 되어야 하느냐 하는 문제는 측정의 목적에 따라 좌우된다. 집단에 관한 의사 결정보다 개인에 관한 의사결정을 할 때 측정치는 더 신뢰로워야 한다. 보편적으로 합의된 바는 아니지만 개인에 관한 의사결정을 위한 측정도구의 신뢰도 계수는 적어도 .85는 되어야 한다. 집단에 관한 의사결정을 위한 신뢰도 계수는 이보다 좀 낮아도 무방하다.

측정도구를 선택할 경우에는 요강에 나타나 있는 신뢰도에 관한 정보를 이해할 수 있어야 한다. 어떠한 신뢰도 측정방법을 사용하였으며 신뢰도 계수에 영향을 준 요인이 무엇인지를 이해하여야 한다. 장기적인 예측을 목적으로 하는 적성검사는 안정도 계수가 중요하다. 성취도 검사에서는 일련의 특정한 문항의 반응으로부터 기능이나 지식을 습득한 정도를 추리하는 것이 목적이기 때문에 등가도 계수가 중요하다. 비지적 영역의 측정치에 대해서는 다양한 신뢰도 계수가 요청된다. 직업에 대한 만족을 장기적으로 예측하기 위한 흥미검사는 안정도 계수가 중요하다. 그리고 임시적 성격 특성을 측정하기 위해서는 높은 안정도 계수는 요구되지 않는다.

3) 객관도(objectivity)

객관도란 신뢰도의 일종으로 채점자의 신뢰도라고 하며 측정의 결과에 대해 검사자 또는 채점자가 어느 정도 일치된 평가를 하느냐 하는 채점자간의 합의의 정도를 의미한다.

같은 답안지를 여러 사람이 채점한 결과가 각각 다르게 나오거나 한 사람이 여러 번 채점하여 그 결과가 다르게 나온다면 객관성이 결여된 경우라고 하겠다. 이렇게 객관도가 낮게 되는 주된 요인으로는 우선 평가자의 소양이 부족하거나 평가도구 자체의 객관성이 결여된 경우 또는 평가자의 편견이나 인상, 즉 후광이나 안면의 효과 등에 영향을 받을 수 있기 때문이다.

평가에서 객관도가 낮게 되는 주요 원인으로는 평가도구 자체의 객관성 결여와 평가자의 소양부족을 들 수 있다. 채점할 때에는 개인적 인상이나 편견 등 주관적 요인을 배제하도록 노력해야 한다. 주관적 채점의 가능성이 높은 평가도구를 사용할 경우에는 여러 사람이 공동으로 평가해서 그 결과를 종합하는 것이 객관성을 높이는 한 방법이다.

4) 실용도(utility)

한 평가도구가 경비, 시간, 노력을 적게 들이고도 소기의 목적을 얼마나 달성할 수 있느냐의 정도를 말한다. 아무리 좋은 평가도구라도 경제적 · 시간적 노력을 많이 요한다든지 실시나 채점에 있어 복잡하고 까다롭다면 실용성이 부족하다고 하겠다.

실용성을 올리기 위해서는 검사의 결과와 채점이 쉬워야 하며, 해석과 활용이 용이해야 하며, 비용, 시간, 노력 등이 절약될 수 있어야 한다. 즉, 아무리 훌륭한 평가도구라 할지라도 그것이 경비와 시간과 노력의 소모를 지나치게 강요한다든지 실시나 채점에 있어서 너무나 복잡하고 까다롭다면 이러한 평가도구는 실용성이 없는 것이다.

첫째, 실시나 채점의 용이성이다. 실시 조건이 너무 까다롭거나 복잡하지 말아야 하며 채점방법이 간단하고 명료해야 한다. 채점방법에 있어서는 채점선의 이용이라든가, 채점기계의 이용 또는 피험자들이 직접 채점해 내는 방법들이 강구되어야 한다.

둘째, 해석과 활용성이다. 평가결과가 의의 있게 해석되고 활용되는 것이라야 된다. 활용할 가치가 없는 검사는 하지 않는 것만 못하다.

셋째, 경비 · 시간 · 노력의 절약이다. 아무리 좋은 검사라도 경비가 너무 많이 들고 시간이 지나치게 소요되는 것이라면 실용도는 없는 평가도구이다.

평가도구의 실용도란 결국 어느 정도 단시간에 손쉽고, 값싸게 Test할 수 있느냐 하는 것이다. 실용성을 이해하기 위해서는 실제로 이용할 수 있는지를 생각하면 된다. 예컨대, 타당도, 신뢰도가 높은 특정도구들이 많이 있으나 일반적으로 교사들이 그것을 활용하고 있지 않은 것은 그 Test를 적절히 실시하고 채점하기 위해서는 특별한 훈련을 받아야 하기 때문이다. 실용성이란 결국 실시하기 쉽고, 채점하기 쉽고, 해석 · 응용이 쉬워야 한다는 것이다.

제 10장

평 생 교 육

1. 평생교육의 의미와 기관
2. 평생교육제도의 구조
3. 평생교육의 여러 영역
4. 한국 평생교육의 발전과제

1. 평생교육의 의미와 기관

1) 평생교육의 의미

교육을 편협하게 정의 내렸던 과거에는, 학교에서 교사가 가르치는 강의만을 교육이라고 간주했다. 그러나 오늘날에는 이와 같은 형식교육[학교교육] 이외에, 방송통신대학과 같은 준형식교육, 학원에서의 비형식교육[사회교육], 가정에서의 무형식교육[가정교육]을 모두 교육의 범주에 포함시키는 평생교육(Lifelong Education)[1] 개념이 보편화되었다. 다시 말해서, 평생교육이란 삶, 평생, 그리고 교육이라는 세 가지 요소에 기초하여 교육을 평생의 과정으로 보는 것이며(Dave, R. H., 1978), 모든 사람의 생애는 교육적 경험으로 점철되어 있다는 것이다(조용환, 1999). 즉, 오늘날에는 학교교육의 경직성과 폐쇄성이 무너졌으며, 교육은 장소와 방식에 구애받지 않고 이루어지는 것으로 이해되고 있다.

이러한 평생교육의 방향은 모든 형태의 교육에 정통성을 부여하겠다는 것이고, 학교교육과 사회교육의 연계를 확보하는 일이 시급하다는 것이며, 모든 사회구성원이 교육의 주체이고 학습자라는 것이다(김신일, 1983; 황종건, 1983). 이것은 교육이 학습자의 생애를 중심으로 해석되고 재편되어 통합되어야 온당하다는 주장이라 하겠다. 이처럼 한 사회가 지니고 있는 모든 교육자원을 개별 학습자 모두를 위하여 조직하자는 평생교육 개념이 체계화된 것은 1965

---

* 조정호(2004), 삶과 교육, 서울 : 청구문화사. pp. 13~26의 내용을 일부 수정한 것이다.

1) 평생교육(Lifelong Education) 개념은 학교의 경직성과 형식성을 탈피하여 교육의 범위를 시간·공간적으로 넓게 해석하고자 1960년대부터 대두되었다; 1965년에 렁그랑(P. Lengrand)이 「영구교육(Education Permanence)」이란 논문을 발표하고, 1970년에 평생교육의 원리가 세계교육의 해에 기본이념으로 채택되면서 평생교육이란 말이 교육의 중심 개념으로 세계적으로 보편화되었다.

년 12월 파리에서 개최된 유네스코의 '성인교육추진위원회'부터이다. 이 위원회가 '계속교육'에 관한 렁그랑(Paul Lengrand)의 논문을 검토한 끝에 유네스코 사무국에 평생교육 개념을 받아들이도록 제안했으며, 유네스코 사무국에서는 이 제안을 받아들여 이 때부터 평생교육 용어가 보편화되기 시작하였다.

평생교육이란 문자 그대로 평생을 통한 계속적인 교육을 의미하며 급변하는 현대사회에 있어서 '일정 연령층을 대상으로 하는 한정된 기간의 교육으로서의 학교교육'과 '학교외(學校外) 교육을 중심으로 하는 사회교육'을 다같이 개편 강화함으로써 한 사회가 지니고 있는 교육 역량의 극대화를 도모하려는 노력을 의미한다. 이는 결국 한 사회가 지니고 있는 모든 형태의 교육적 자원을 수직적 · 수평적으로 통합하여 재편하려는 원리이며, 모든 사회 구성원의 교육기회를 일생 동안 보장하기 위하여 기존의 학교중심 교육체제를 재편하려는 노력이라 하겠다.

2) 평생교육기관

평생교육은 그 특성 때문에 학교교육과는 달리 주관하는 단체와 기관, 교육목적, 내용, 방법 및 시설이 다양할 뿐만 아니라 이를 관장하는 행정 체계가 분산되어 있어서 통합적으로 설명하는 일이 매우 어렵다. 그래서 수많은 평생교육기관 및 시설을 분류하는 방법은 관점에 따라서 다양할 수 있겠으나, 교육부에서는 다음과 같이 14가지로 분류하였다.

- 공무원 연수원 및 공공 연수기관
- 직업훈련기관
- 산업교육 연수기관
- 학원과 일반 평생교육기관
- 학교중심(부설) 평생교육기관
- 학교형태 평생교육기관

- 청소년 평생교육기관 및 단체
- 여성 평생교육기관 및 단체
- 노인 평생교육기관 및 단체
- 사회복지기관 및 시설과 단체
- 문화시설 및 단체중심 평생교육기관
- 상담기관
- 연구기관
- 시민사회 단체

2. 평생교육제도의 구조

평생교육제도란 평생교육에 관련된 법규에 기초하여 평생교육 정책을 실현하기 위하여 필요한 제반조직 · 활동 등을 지속적으로 안정되게 하기 위한 형태라고 할 수 있다. 평생교육제도의 양대 골격으로는 학교교육 체계와 사회교육 체계가 제시될 수 있으며, 가정교육은 사회교육 제도와 학교교육 제도를 평생교육제도 차원에서 원초적으로 보조해 주는 기능을 수행하고 있다. 그렇다면 평생교육 제도는 폐쇄적 학교교육과 비효율적 사회교육을 통합하고 재편성하여 결국에는 '교육의 사회화'와 '사회의 교육화'를 이룩하려는 것이라고 볼 수 있다.

평생교육의 범주 속에서, 교육은 교육형식의 관점에서 형식교육(formal education), 비형식교육(nonformal education)과 무형식교육(informal education)으로 분류되어지고 있다. 이와 같이 교육을 형식에 의하여 구분하는 기준으로는 '수업활동의 신중성과 사려성', '수업내용의 선정과 구성', '계획성', '현재 · 과거 · 미래 가운데 보다 중요시하는 부분' 등이 제시되고 있다. 이들 용어의 명확한 구분은 쉽지 않지만, 광범위하게 이들 용어의 구분을 시도한다면, 전통적인 학교와 대학처럼 전일제 수업방식으로 학습경험을 학습자에게 제공하며 교육과정을 끝마쳤을 때 졸업장이나 학위를 수여하는 것은 형식교육이 된다. 그리고 전통적인 교육과정 밖에서 계획된 학습경험을 참여자에게 제공하며 교육과정을 끝마쳤을 때 졸업장이나 학위가 수여되는 것이 필수적이지 않으며, 학교 외 청소년과 성인을 주된 교육대상으로 하는 것은 비형식교육이 된다. 그리고 가정교육과 같이 '계획'되지 않은 상태에서 진행되는 것이 무형식교육이 된다고 보아도 무방할 것이다.

교육기관을 교육형식 관점에서 분석한다면 형식 · 준형식 · 비형식 · 무형식 교육의 증거를 복합적으로 지니고 있음을 발견할 수 있으며 단지 어떠한 교육형식에 강조를 두고 있는지의 차이가 있을 뿐이다. 평생교육 차원에서 교육형식에 의미를 두는 것은 전통적인 학교(형식교육)에서 교육의 대상과 영역을 확대시킨 결과로 이해된다. 이처럼 교육형식의 개념은 사회전체를 대상으로 하기 때문에 국가 간의 이질성과 사회의 광범위성에 의해 교육형식의 개념 정의는 이론의 여지가 없다. 따라서 교육형식에 의해서만 교육기관의 유형을 분류하는 것은 한계를 지니고 있다고 볼 수 있다. 그럼에도 불구하고 평생교육 차원에서 교육기관을 논함에 있어서 교육형식이 주된 준거로 활용되고 있는 것은 기간학제의 교육기관을 포함하는 형식교육(formal education)에서 벗어나 교육대상을 전국민으로 확대시켜 평생에 걸친 교육을 검토함에 있어서 형식교육과 구별되는 개념으로 준형식 · 비형식 · 무형식 교육의 개념이 유용성을 지니고 있기 때문이라고 이해된다. 평생교육 하위 개념들이 지금까지도 혼동되는 상태를 나타내는데, 이러한 개념상 혼란의 원인은 다음과 같이 정리될 수 있다.

첫째, 평생교육이론의 생성지인 외국과 한국 사이에 제도와 여건이 다른 사항이 있다. 예를 들어서 학교제도와 의무교육기간 등이 상이하다.

둘째, 평생교육 연구 영역이 광범위하며, 이 연구 영역의 변천 속도가 더욱 반감되고 있다.

셋째, 평생교육 개념 성립의 역사가 오래되지 못했다. 1960년대 후반 대두된 평생교육은 1972년의 '포르(Edgar Faure)의 보고서'(UNESCO 연구간행물에서 발표, 평생교육의 이념적 준거를 제공, '학습사회의 구현'을 주장), 1973년에 데이브(R. H. Dave)가 평생교육체제의 구조를 밝힌 '평생교육 개념 특성'과, 1973년에 파킨(G. W. Parkyn)이 '평생교육 개념의 조직 모형(A Conceptual Model of Lifelong Education)'을 최초로 체계화시킴으로써 비로소 이론적 체계를 확립한 연구기간이 비교적 짧은 개념이다.

3. 평생교육의 여러 영역

1) 가정에서의 평생교육

가정은 사람이 출생 후 처음 맞이하는 교육환경이며 최초의 평생교육기관이다. 그래서 인간 발달의 틀은 가정교육에 의하여 결정된다. 인간의 신체 및 지적(知的)인 발달, 정서 및 사회성 발달의 기초는 모두 가정교육에 의하여 결정된다고 해도 과언이 아니다.

가정교육이 이처럼 중요한 까닭은 어린 시절에 인간 발달의 가소성(plasticity)이 크기 때문이다. 가소성이란 인간 발현이 환경에 따라 달라짐을 뜻하는데, 인간의 가소성은 여타의 동물과 비교하여 현저하게 크다. 인간 발달에 있어서 신생아 단계와 성인기 사이에 차이가 심하다는 사실은 사람에 대한 교육의 필요성을 나타내는 것이다.

교육이 교사와 학습자 사이, 즉 사람 사이에서 전개되는 활동이라는 관점에서 볼 때, 최초의 인간관계는 부모와 자식 사이의 관계이며, 이는 가정에서 형성되는 것이다. 가정교육은 부모의 자녀에 대한 관심과 노력에 좌우되는 교육이고, 이 밖에도 형제 사이의 관계를 통하여 이루어진다. 이러한 초기 경험이 성격 형성을 비롯하여 인간의 지적 능력 계발에 중요한 작용을 하고, 가정교육에 따라서 사람 됨됨이가 크게 달라질 수 있다.

그러하기에, 동서양의 고전에서는 태교(胎教)를 비롯하여 가정에서의 평생교육을 공통적으로 강조해 왔다. 아리스토텔레스(Aristotle)는 가정이 갖는 여러 덕과 애정을 필리아(philia)라는 범주로 논하며, 이것은 남녀간 사랑과 친구간 우정의 중간 형태로 이해될 수 있다고 하며, 좋은 국가는 필리아에 의하여 결속되어야 한다고 주장하였다. 18세기 계몽기의 루소(J. J. Rousseau) 역시 「에밀 Emile」에서 가정을 이상적인 교육소(教育所)로 강조하였다. 서구의 탈학교(de-schooling) 및 홈스쿨링(home-schooling, 학교에 보내지 않고 가정에서 교육을 하는 것) 운동에서도 학교교육의 실패를 지적하며 지 · 덕 · 체를 조화롭게 전인적으로 발달시키는 가정교육을 중시하였다.

현대 심리학의 견해도 이와 비슷하다. 가소성 측면에서 성격의 기본 틀이 6세 이전에 형성된다는 것이 공통된 주장이다. 정신분석학자인 프로이트(Freud)는 무의식의 관점에서 초기 경험이 성격 형성에 중요하다고 보았다. 프로이트 이전에는 성격 형성에 있어서 인생 초기에 주목하지 않았으나, 6세 이전의 경험이 성격 형성에 큰 영향을 미친다는 프로이트 이론이 널리 인정받으면서 가정교육의 중요성이 높아지게 되었다.

위에서 알 수 있듯이, 인간의 지적 능력, 성격, 적성, 창의력은 물론이거니와 내향성, 외향성과 같은 내적 특성 계발 역시 가정교육의 영역에 속한다. 인간의 심리적 특성은 유년기 이전에 상당 부분이 계발된다. 물론 유년기 이후에도 극적 경험(peak experience)을 하면 어린 시절에 형성된 내적 특징이 변하지만, 그 변화도 사람의 기본적 성격을 쉽게 바꾸는 것은 아니기에, 가정에서의 평생교육은 인간발달의 토대를 구축하는 것이라고 볼 수 있다.

2) 청소년을 위한 평생교육

우리나라 청소년 대부분은 학생이기에 청소년을 위한 평생교육은 학교교육이 중심이라고 볼 수 있다. 한편, 입시 위주의 학교교육을 보완하는 측면에서 학교교육 이외의 교육활동 측면에서 청소년을 위한 평생교육 프로그램이 다양하게 운영되고 있다. 예컨대, 청소년문화체육센터에는 스포츠 시설인 체력단련실, 음악 및 영화 감상실, 최신 음향조명시설을 갖춘 콜라텍, 만남의 공간인 휴게실, 소극장과 무료 인터넷이 가능한 정보자료실이 있는데, 이런 시설에서의 평생교육 활동을 통하여 청소년을 위한 평생교육에서 추구하는 바는 다음과 같다.

첫째, 지나친 입시 경쟁 및 폐쇄적 교육환경으로부터 오는 피로와 긴장을 완화시켜 주고 기분 전환을 기하도록 해 준다.

둘째, 획일적이고 경직된 학교교육으로부터 벗어나 청소년으로 하여금 자기표현의 기회를 가질 수 있도록 해 준다.

셋째, 청소년들에게 학교교육 이외의 평생교육 프로그램, 특히 단체 활동은 공동체적 가치를 부여함으로써 연대감을 증진시키고, 무력감과 지나친 이기심을 극복하고 인간관계를 개선함과 동시에 사회적 자질을 향상시킬 수 있다.

그래서 청소년들에 대한 평생교육 프로그램의 전개는 그들로 하여금 여가를 향유할 수 있는 능력을 제고시켜, 다음 단계에 올 인생의 각 시기를 보다 윤택하게 영위할 수 있도록 해 줌으로써 인간다운 삶을 누릴 수 있는 기초를 제공한다는데 그 의의가 있다. 현대 학교는 문화의 전달, 선발 및 사회적 혁신 기반의 조성, 그리고 개인의 발달이라고 하는 교육의 본질적 기능을 수행하고 있으나, 그 가운데에서도 특히 '사회적 선발의 기능(대학 입시)'에 관심이 집중되어 있기에 다른 학교의 기능이 황폐화되어 있다고 볼 수 있다. 따라서 학교가 입시중심의 교육체제로부터 벗어나 전인교육의 완성이라고 볼 수 있는 교육의 인간화를 추구하는 평생교육적 노력을 하는 것이 필요하다.

3) 성인을 위한 평생교육

성인을 위한 평생교육의 이념은 '안드라고지(Andragogy)'이다. 이것은 학습

사회, 평생교육, 자기계발, 자아실현 등을 망라하는 총체적인 개념이다. 즉, 성인을 위한 평생교육은 자원단체, 전문영역 담당기관, 정부기관, 대학 등에 의하여 성인교육 지도요원, 성인교육 개별지도교수, 성인교육 편의제공자 등으로 하여금 성인학습자에게 학점취득과 비학점추구 과정으로 구분하여 지식 전달과 기술습득, 정보접근 등을 위한 조직적이고 체계적인 교육의 과정(process of education)이다.

성인을 위한 평생교육은 자질의 향상, 자기충족 및 건전한 사회관계의 증진, 사회 활동에의 적극적 참여와 같은 성인학습자의 요구에 의하여 기초 및 보충교육, 직업 - 기술 - 전문교육, 건강 - 복지 - 가족생활교육, 시민교육, 소비자 - 경제교육, 자아실현교육 등의 영역에 해당하는 교육내용을 조직적이고 체계적으로 수행하는 교육적 활동이다.

성인교육 프로그램을 운영하는데 있어서 드러날 수 있는 문제점 중의 하나는 권위간의 충돌이다. 즉 모든 성인학습자는 나름대로 자신의 직위와 사회적 위신을 유지한 채 교육프로그램에 참여하기 때문에, 성인학습 프로그램의 교사는 나름대로의 권위에 입각하여 지도하는 동시에 이로부터 야기될 수 있는 권위간 갈등에 대한 해소 방안이 강구될 필요가 있다. 또한 성인학습자의 개별적 요구를 잘 반영하도록 노력을 기울여야 한다.

성인을 위한 평생교육을 강조하는데 있어선 구성주의가 적극적으로 인용되고 있다. 구성주의는 지식의 전달보다는 학습자들의 해석 능력을 중요하게 여기는 관점이다. 즉, 학습자가 스스로 환경과 상황을 분석하고 그 자신만의 의미를 부여할 수 있게 함으로써 자신의 관점으로 교육 자료를 해석하도록 도와 준다는 것이다.

기본적으로 지식은 개인의 관점과 해석, 상황에 따라 다르게 수용되고 또한 다르게 해석되며, 자기 삶의 새로운 구현에 도움이 된다고 보는 것이다. 이 같은 구성주의 철학은 개별학습, 개인성, 정보공유 및 조직력, 자기주도적 학습, 지식의 상대성 등을 강조하는 것이다.

4) 여성을 위한 평생교육

21세기 사회는 어떤 특정한 일이 남성에 적합하다는 식으로 성별에 따라 노동력 구분을 필요로 하지 않고, 그 일을 해 낼 수 있는 능력자를 필요로 할 뿐이다. 따라서 평생교육 대상으로서 여성을 남성과 같은 수준에서 논의하고자 하는 노력이 필요하다.

여성을 위한 평생교육의 중심은 여성을 주제로 하는 직업교육에 있다고 볼 수 있다. 어느 직종에 있어서나 항상 평등한 조건으로 남성과 여성이 함께 창의적인 전문가로서 일을 수행할 수 있도록 여성의 능력 신장을 위한 평생교육 프로그램의 개발 등이 제시될 수 있다.

5) 노인을 위한 평생교육

노인교육은 노인학교, 노인대학, 노인교실 등의 명칭으로 사회복지기관, 종교단체, 대학의 사회교육기관, 기타 민간단체에서 주로 노인들의 오락 및 레크리에이션을 중심으로 수행되어 오고 있다. 그러나 이러한 노인교육 프로그램이 노인들의 교육 요구조사와 교육결과에 대한 효과측정을 통해 검증된 사례가 거의 없다. 따라서 노인들의 평생교육 요구와 여건에 맞는 적절한 수준의 평생교육 프로그램 개발이 절실히 요구되며, 특히 노인 인구의 증가에 따라 다양한 프로그램이 개발될 필요가 있다.

일반적으로 노인은 신체 및 정신 능력이 급격히 떨어지기 때문에 교육이 불가능하다는 선입견을 가지고 있지만, 현대 발달심리학은 연령에 따른 지능의 쇠퇴가 거의 없거나 극히 적다고 주장한다. 예컨대, 발츠(Baltes & Baltes)는 노화는 연령에 따른 일률적 과정이 아니므로 대개의 노인들에게는 상당한 정도의 잠재력이 그대로 유지되어 새로운 학습이 충분히 가능하다고 한다. 오히려 경험을 통하여 축적된 지식과 기술은 노화에 따른 인지기능의 쇠퇴를 상쇄시킬 수 있다고 했는데, 이러한 심리학적 이론을 바탕으로 평생교육 차원의 노인교육이 활성화될 필요가 있다.

6) 직장인을 위한 평생교육

직장인을 위한 평생교육은 대학 미진학 직장인을 위한 고등교육기회의 확대와 근로자를 위한 연수 내지 보수교육과 전문학사과정이 중심이라고 볼 수 있다. 이를 위한 노력이 전문대학, 대학교, 방송통신대학, 개방대학, 독학학위제, 학점은행제, 기능대학, 평생교육원 등을 중심으로 다양하게 추진되고 있다. 예컨대, 산업체 근무 고졸자를 위하여 전문학사제도를 수립하였다. 이 제도는 산업체에서 일정 기간 이상 재직하고 있는 고졸 근로자에게 평생교육의 기회를 제공하고 아울러 산업사회의 전문기술 교육요구를 충족시키기 위하여, 이들이 전문대학에 무시험 특례 입학하여 전문학사 학위를 취득하게 하는 새로운 교육제도이다.

이 밖에도, 정부가 인정하는 사설학원, 평생교육원, 대학교 등에서의 학습경험을 학점화하여 학사학위 또는 전문학사학위를 수여하는 학점은행제가 도입되었고, 학위제도의 종류가 학문중심의 학술학위, 실무중심의 학술학위, 전문학위로 세분화되었으며, 대학원은 일반대학원, 전문대학원, 특수대학원으로 구분되었다. 이러한 일련의 교육정책은 일차적으로 평생교육기회의 확대와 관련이 깊다.

한편, 그 밖의 평생교육으로는 '교원을 비롯하여 공무원과 기업근로자에 대한 연수', '의사 · 간호사에 대한 소속 기관이나 단체의 보수교육', '방화관리자 · 위험물취급기능사와 같은 각종 기술자격증 소지자에 대한 주관 단체 내지 협회의 정기교육'이 제시될 수 있다. 심지어, 종교단체에서 운영하는 평생교육 프로그램도 있다.

즉, 대한 예수교장로회 총신대학교의 '선교사 연장 교육원'의 학위과정, 호스피스선교회 자원봉사자 평생교육 프로그램이 있다. IMF 이후 일반 대학 및 대학원이 전문 직업교육을 담당하는 평생교육이 나타나기 시작했다.

그러한 예로서, 서울대학교 공과대학 특별 계속교육이 제시될 수 있다. 1999년도 1학기에 시작된 이 교육은 실직 및 미취업 산업인력에게 전문기술

능력을 배양하고 재충전의 기회를 부여하고자 학부 및 대학원의 강의를 일반에게 개방하는 것이다.

이 평생교육에 대한 지원자격은 대졸학력 이상의 미취업자이고, 서류심사와 면접으로 교육대상자를 선발했다. 이 교육은 강의특성과 수용여건을 고려하여 담당교수의 승인 아래 특별수강생 자격을 부여하고, 이수생에게는 과목별로 수강증명서를 발급한다.

2000년 2차 연도를 중심으로 볼 때, 지구과학영역에 10명, 물리영역에 13명, 화학영역에 12명, 생물영역에 15명, 정보과학영역에 18명, 수학영역에 27명이 선발되었다. 이와 같이 대학과 전문기관이 주관하는 전문성이 높은 교육은, '서울대학교 뉴미디어통신공동연구소의 신기술 계속교육 및 산학협동연구'와 '한국가스학회의 가스기술 및 안전에 대한 계속교육'에서도 확인이 되지만, 그 수와 종류가 적다.

특히, IMF 이후 대학 교수의 연구결과를 상품화하는 것을 지원하고 있으며, 많은 대학 안에 창업지원센터를 설치하여 대학과 기업의 산학협동을 장려하고 있다. 이러한 모든 노력은, 기업이 대학의 교육자원을 활용하고, 학교는 기업의 시설을 활용하면서 대학생의 취업기회를 넓히기 위한 일련의 평생교육 확대조치라고 볼 수 있다.

4. 한국 평생교육의 발전과제

한국의 평생교육은 소외계층에 대한 배려, 기능직 근로자를 위한 전문대학 수준의 학위과정 개방, 그리고 소양 수준의 교육은 비교적 잘 해 왔으나, 전문기술인력 양성을 소홀히 해 온 경향이 있다.

또한, 그 실태는 설명하기가 힘들 정도로 복잡하다. 구체적으로 말해서, 학위취득을 내세우는 평생교육이 있는가 하면, 그렇지 않은 경우도 있다. 정부가 주도하는 평생교육이 있는 반면에, 민간이 이끌어 온 평생교육도 있다. 학교중심의 평생교육이 있는가 하면, 그 밖의 교육기관이 중심인 평생교육도 있다. 조직의 화합과 단결을 추구하는 평생교육이 있는 반면에, 개개인의 발전과 전문성 향상을 도모하는 평생교육도 있다. 영리를 목적으로 하는 평생교육이 있는가 하면, 이와는 달리 공공 봉사 차원에서 비영리로 운영되는 평생교육도 있다. 강의를 중심으로 진행되는 평생교육이 있는가 하면, 통신으로 이루어지는 평생교육도 있다. 특정 전문가 내지 자격증 소지자만을 대상으로 하거나 선발시험을 통과해야 교육받을 수 있는 평생교육이 있는가 하면, 자격 제한이 없이 개방된 평생교육도 있다. 이처럼 한국의 평생교육은 각양각색이다.

위와 같이 평생교육이 다양하다는 것은 자율성이 높다는 것을 나타낼 수 있으나, 다른 한편으로 평생교육기관의 교육과정과 운영이 자의적이어도 상관없음을 나타낸다. 더욱이, 이들 각각을 생애적 측면에서 종적으로 또한 생활공간별로 횡적으로 연계시키는 일이 쉽지 않다는 것을 나타낸다.

아마도 이러한 이유 때문에, 그 동안 한국의 평생교육은 학계에서 통합적으로 조망되지 못해 왔던 것 같다. 그러나 평생교육이 명실상부한 평생교육이 되기 위해선, 평생교육과정/프로그램 코스만큼은 유기적으로 관계를 맺을 필요가 있다. 예컨대, 국가공인 자격증별로 묶이던가 직종이나 분야별로 종적으로 연계되어서, 그 연결 코드만큼은 통일될 필요가 있다.

이와 같이 평생교육의 생애적 연속성이 확보되지 못한다면, 평생교육이 사회교육이나 계속교육과 다른 차별성이 확보되기가 힘들 것이며, 평생교육이 산발적인 교육적 활동에 머무를 가능성이 높다. 특히, 평생교육기관은 하루 24시간이라는 한정된 시간을 지닌 인간에게 어떠한 선택이 더 보람 있고 유익한 것인가를 설득할 수 있는 평생교육 학습자에 대한 재정지원과 같은 유인책을 고려해 볼 필요가 있다.

단지 학위나 자격증을 준다는 유인책만으로는 '소득이 낮고 시간적 여유가 없는 빈곤층(특히, 가사노동과 직장에 시달리는 저소득층 여성)'과 '생활이 넉넉하여 여가를 찾아다니는 상류층'을 평생교육으로 인도하기가 쉽지는 않을 것 같다. 그래서 공공기관의 평생교육은 물론이거니와 규모가 작은 기업의 평생교육을 위하여, 대체 인력의 확보 방안과 같은 합당한 지원책이 마련될 필요가 있다. 더욱이 평생교육의 결과를 실제 기술능력에 따른 자격의 등급으로 나타내서, 학습자에게는 평생교육의 필요성을 꾸준히 각성시키고, 기업에게는 효과적인 채용정보를 제공하여 줄 수 있는 방법을 검토해 볼 필요가 있다.

평생교육에 임하는 학습자의 자세에 대하여 말하자면, 요즘 많은 한국인들이 이것저것을 배우러 바삐 다니는 모습을 쉽게 볼 수 있다. 기업가·정치가·고위 공무원과 같은 지도자들이 특수대학원과 전문 교육기관에 자발적으로 등록하여 배우는 경우가 늘어났으며, 중간 관리자에 대한 연수도 다양하게 시행되고 있고, 성인 근로자와 미취업자 그리고 무직 청소년에 대한 직업교육도 여러 가지로 실시되고 있다.

그러나 이들이 평생교육을 받는 일차적인 목표가 교육 그 자체에 있는 것이 아니라, 승진을 위한 연수 점수를 획득하거나 4년제 대학입시에 실패하여 부득이 평생교육기관에 등록해야 하는 경우가 드물지 않은 것 같다. 이러한 학습자의 자세는 평생교육을 통하여 새로운 변화에 잘 적응할 수 있는 전문적인 정보/지식/기술/소양을 배우는데 일차적인 목적이 있는 것이 아니기에, 평생교육의 본말이 전도된 상태라 하겠다.

다시 말해서, 학습동기가 전문성의 향상에 있는 것이 아니기에, 이러한 교육을 통하여 참다운 평생교육의 실현은 기대하기가 힘들 것 같다. 이런 점에서, 정보/지식/기술에 초점이 있는 평생교육에서조차 기본적인 소양교육 내지 인격교육이 필요함을 알 수 있다. 또한, 이러한 폐단을 예방할 수 있도록, 조직구성원 개개인이 자기향상에 매진하는 학습문화를 조성하고, 학습자의 시간부족·학비부담·기회경비에 대한 배려가 제고되어 평생학습장애요인을 감소시킬 필요가 있다.

사회와 조직 측면의 발전과제를 말하자면, 아직 우리 사회와 조직에서는 평생교육에 대한 이해가 성숙되어 있는 것 같지는 않다. 그러하기에, 정규 학교와 이를 보조하는 사설강습소에 대한 관심은 아주 높지만, 그 밖의 평생교육에는 관심이 별로 없을 것이다.

예컨대, 민간 기업에서는 개방대학, 방송통신대학, 독학학위제를 학력으로조차 인정하지 않는 것이 보통이다. 이러한 태도는 학교교육, 특히 고등교육이 대중화된 결과에 기인하는 것으로 볼 수 있으나, 전문 직업인의 양성과 사회발전은 결코 학교교육에만 의존할 수는 없는 것이다.

조직구성원 모두가 생애적으로 부단히 자기의 부족한 점을 찾아서 보완하고 평생 동안 계속해서 배워야, 온전한 사회발전과 조직발전이 지속될 수 있다. 즉, 지도자와 하위 조직구성원 모두가 급변하는 조직 환경에 능동적으로 적응할 수 있도록 사회와 조직에서 요구되는 새로운 정보/지식/기술/소양을 계속적으로 교육받아야 한다.

이런 관점에서, 우리 사회와 조직에서 평생교육에 대한 인식은 개선될 필요가 있다. 조직구성원에 대한 평생교육은 조직혁신에 필수적인 지식과 품성을 지닌 전문인력을 확보하는 길이며, 사회와 조직의 전문성 향상, 발전, 화합은 평생교육과 밀접하게 연관된 문제라는 이해가 확산될 필요가 있다.

제 11장

계속교육의 실태비교

1. 각 나라의 계속교육 실태
2. 국가 간 비교

계속교육은 나라마다 다르다. 역사가 짧은 미국은 다양성, 실용성, 자율성, 전문성이 특징이고, 유구한 문화를 지닌 영국은 성인 중심, 자격증 중심으로 교육기관과 자격증 수여기관을 이원화하여 운영하는 것이 특징이다. 독일은 실무 위주 전문대학 중심의 무상교육이 특징이며, 프랑스는 특정 연령 이상 성인 중심으로서 대학보다는 직업전문교육기관 중심이다. 일본은 고비용이 드는 공과대학을 국립 중심으로 운영하고, 비학위 전문학교에 대한 높은 진학과 이에 대한 노동성의 다양한 자격증 제도 구축 등에서 특징을 찾아볼 수 있다. 이들에 비하여, 한국의 계속교육은 학위를 갖지 못한 학습자에게 학위를 주는 데 초점이 있다.

1. 각 나라의 계속교육 실태*)

인터넷으로 'continuing education'이란 용어를 2000년 7월에 검색해 보면, 450개 범주(categories)의 1,151개 웹 사이트(web sites)가 발견된다. 이들 웹 사이트를 분류해 보면, 미국, 캐나다, 호주, 뉴질랜드, 영국, 독일, 프랑스, 이탈리아, 스위스, 네덜란드, 덴마크, 스페인, 그리스, 남아프리카공화국, 이스라엘, 인도, 싱가포르, 말레이시아, 필리핀, 파키스탄, 태국, 중국의 홍콩과 마카오, 일본, 브라질, 아르헨티나와 같은 25개국에서 운영하고 있다.

그렇지만, 상당수의 웹 사이트는 미국에서 운영하는 것이고, 그 다음으로는 영국, 캐나다, 호주의 웹 사이트가 많으며, 동양권에서는 인도, 싱가포르, 말레이시아가 비교적 많았으나, 한국의 웹 사이트는 없다. '계속교육'을 한글로 검색해 보아도, 계속교육을 이름으로 내건 국내 웹 사이트는 없으며, 단지 그 게시된 내용에 계속교육이란 용어를 포함하는 웹 사이트들이 있을 뿐이다. 이러한 계속교육 실태를 미국, 영국, 독일, 프랑스, 한국을 중심으로 살펴보면,

---

* '조정호(2004), 삶과 교육, 서울 : 청구문화사.' pp. 189~219의 내용을 일부 수정한 것이다.

다음과 같다.

1) 미국의 실태

웹 사이트를 중심으로 본다면, 미국에서는 Alabama, Arizona, California, Colorado, Connecticut, Florida, Georgia, Hawaii, Illinois, Indiana, Iowa, Kansas, Kentucky, Louisiana, Maine, Maryland, Massachusetts, Michigan, Minnesota, Missouri, Montana, Nebraska, Nevada, New Hampshire, New Jersey, New Mexico, New York, North Carolina, Ohio, Oklahoma, Oregon, Pennsylvania, South Carolina, Tennessee, Texas, Utah, Virginia, Washington, Wisconsin, Wyoming과 같은 40개 주에 있는 대학교, 자치단체와 공공기관, 전문 단체와 협회 등에서 'continuing education'을 제목으로 내건 웹 사이트를 운영하고 있다. 대체로, 대학교에서는 계속교육을 통하여 교육자원의 개방을 도모하고 있으며, 전문 단체와 협회에서는 전문 지식과 새로운 정보의 제공 및 전문가들 사이의 교류를 추구하고 있다. 이러한 계속교육이 자치단체와 공공기관, 기업과 전문가에 의해서도 운영되고 있다. 이를 개괄해 볼 때, 미국의 계속교육은 정해진 방식이 없음이 특징적이다. 계속교육을 운영하는 기관에 따라서, 그 교육대상, 내용, 방법, 운영이 아주 다양하다.

교육대상을 중심으로 본다면, 미국에서는 고등학생 · 대학생 · 대학교동문 · 전문직 종사자에게 뿐만 아니라, 문맹자 · 장애자를 위한 계속교육이 두루 마련되어 있다. 일부 웹 사이트에서는 자신들의 계속교육이 '모든 연령층을 대상으로 하는 프로그램과 과정(programs and courses offered for all ages)'임을 밝히는 경우도 있다.

이러한 계속교육을 통하여, 대학교 · 전문단체 · 정부의 공공 봉사(public service)가 이루어지고 있으며, 또한 학위취득과정을 비롯하여 시민에게 유용한 새로운 정보와 도움의 제공 · 훈련 · 보수과정 · 특정 능력의 개발과정이

다양하게 제공되고 있다. 그래서 미국의 계속교육은 그 범위와 대상이 성인교육(adult education)보다 훨씬 넓고, 평생교육과 다를 바가 없다. 미국의 계속교육에서는 학교교육의 개방과 확장은 물론이거니와, 직업교육이나 재교육과 같은 성인교육을 두루 포함하고 있다.

미국의 이러한 계속교육은, 강의, 연구 집회(workshop, conference), 세미나, 계절제 수업, 저널 발행 · 보급이나 방송을 이용한 원격학습과 같은 매체교육(media education)을 포함하고 있으며, 이 밖에도 인터넷과 온라인을 이용한 원격학습, 가족합숙프로그램(familyhostel program), 몇 주 동안 여행을 함께 하며 배우는 과정, 컴퓨터 디스켓을 이용한 학습까지 포함하고 있다. 미국에서는 국내에 생소한 '계속 및 원격교육(continuing and distance education : C&DE)' 이란 용어가 흔히 사용되고 있으며, 심지어 '비디오를 활용한 석사학위과정(masters degree via video)'과 같은 형태의 계속교육이 운영되는 경우도 있다.

이들 계속교육은 대체로 학습자가 시간과 공간의 제약을 받지 않도록 운영되고 있으며, 경제적 비용 부담이 적거나 무료인 경우가 흔하다. 일부 교육기관은 자신들의 계속교육이, 학교에서 교육을 받을 여력이 없는 사람들을 위한 것임을 강조하고 있으며, 이러한 자신들의 노력을 '학문의 혁신(academic innovation)' 혹은 '직장과 학교의 연계(school-to-work)'라고 설명하고 있다.

그렇다고 해서, 이들의 교육내용이 인문 교양이나 상식의 수준에 머물러 있지는 않다. 이들의 교육내용을 살펴보면, 문해교육에서부터 미래에 요구될 기술(skill)과 첨단 공학에까지 이르고 있다. 구체적으로 말해서, 영어와 외국어 강좌, 건강과 보건, 안전, 공예, 여가활용, 가정관리, 지역사회정보, 최신 국내외 판례와 세무 정보, 간호학, 의학, 비즈니스 관리와 개발에서부터 경제 · 경영 · 재정 · 산업정보 · 심리학과 같은 사회과학, 생물학 · 컴퓨터 · 공학과 같은 자연과학을 비롯하여 컴퓨터 프로그래밍과 환경교육에 이르기까지 대부분의 삶의 영역을 망라하고 있다.

그 교육 수준은 다양하다. 즉, 기본적인 정보 제공에서부터 간호사, 변호사,

의사, 기술자와 같은 전문 자격증 소지자에 대한 보수교육을 비롯하여 전문개발훈련(professional development training)까지도 포함하고 있다. 또한, 고위관리자, 부서장, 중견 관리자, 근로자에 대한 과정이 세분되어 있다. 특히, 매학기(quarter, session)마다 정보를 갱신(update)하고 있으며, 새로운 강좌(course, program)를 꾸준히 개설하고 있음을 밝히고 있다. 이와 같은 계속교육은 자기학습속도(self-paced)에 따라서 진행될 수 있는 편의가 마련되어 있으며, 외국인에게도 문호를 개방하는 경우가 적지 않다.

이처럼 미국의 계속교육은 통일된 모습이 없음이 특징적이라 하겠다. 다만, 위와 같은 다양성 속에서 통일된 모습을 찾아본다면, 미국성인교육협회(American Association for Adult Education)가 일찍이 1920년대에 창립되었다. 또한, 미국 대학교의 계속교육 분야에서는 성인교육 담당자들을 위한 전국대학계속교육협회(National University Continuing Education Association)가 성립되어 있으며, 이 협회가 「계속고등교육평론」(Continuing Higher Education Review)과 「연속」(Continuum)이라는 저널을 발행하여 그들간 교류를 매개하고 있다. 그리고 원격교육 분야에서는 도서관의 활용과 관련하여 '계속도서관교육망과(자료)교환'(Continuing Library Education Network and Exchange) 협회가 1975년에 설립되었다. 전문 분야의 계속교육에서는, 미국의학협회(American Medical Association)와 미국계속의학교육평가협의회(Accreditation Council for Continuing Medical Education in America)가 설립되어, '계속의학교육(continuing medical education)'이라는 개념을 사용하고 있는데, 이 개념은 환자, 대중, 전문가에게 서비스를 제공하기 위해서 의사가 사용하는 지식, 기술, 전문적 의료행위와 상호 관계를 유지, 발전, 증진시키는데 기여하는 교육적 활동을 포함한다고 정의되어 있다. 그렇지만, 미국에서 개설된 계속교육 웹 사이트들이 이와 같은 합의된 범위와 방향에 얽매여 운영되고 있는 것으로 보이지 않는다. 그보다는 학습자의 요구와 사회의 변화를 빠르게 수용하며, 교육과정을 유동적으로 운영하고 있는 것으로 파악된다.

그럼에도 불구하고, 그 동안 미국의 계속교육은 일부 국내외 학자들의 비판을 받아 왔다. 구체적으로 말해서, 역사적인 측면에서 볼 때, 미국의 평생교육과 성인학습 내지 안드라고지(andragogy)가 대중을 국가와 자본의 통제 아래로 끌어들이려는 술책이라는 비판이다. 그러나 위에서 살펴본 미국의 계속교육 실태를 중심으로 볼 때, 이러한 비판의 설자리는 좁다고 생각된다.

현재 미국의 계속교육이, 자본가와 이들의 재정 지원을 받는 대학교와 전문가들에 의해서 장악되거나 왜곡되어 있다고 보기가 힘들고, 상류층 백인이나 자본가에 의해 주도되고 있다고 보이지도 않는다. 일부 선행 연구와 미국 산업사회의 성장과정에 나타나는 것처럼, 미국에서 성인에 대한 계속교육이 정치가와 자본가, 혹은 정부와 대기업에게 장악되어 온 면이 있을지라도, 적어도 오늘날은 그렇지 않다고 보아야 옳을 것 같다. 바꾸어 말해서, 오늘날 미국의 성인교육 내지 계속교육을 현 체제를 재생산해 내기 위한 수단으로 해석하기가 힘들다. 오히려, 이러한 비판에 적대적인 증거를 찾기가 쉽다. 적은 비용으로 쉽게 개설되는 웹 사이트를 통하여 가난하고 소외된 미국인들이 고등교육기회를 쉽게 얻게 되었고, 새로운 정보를 공유할 수 있게 되었다.

수많은 상업적인 쇼핑몰 웹 사이트들과 달리, 미국의 계속교육 웹 사이트에서는 생활법률 · 판례 · 최신의학정보 · 첨단과학기술 · 여가활용 · 자치단체와 지역의 정보를 각각의 전문기관이 빠르고 쉽게 시민에게 제공함으로써, 시민의 당면 문제 해소와 발전에 기여하고 있으며, 이로부터 시민의 자기주도적인 학습을 유도하고 있다. 그래서 오늘날 미국의 계속교육은 다양성 · 실용성 · 전문성 · 자율성 · 신속성을 바탕으로 전개되고 있다고 보인다.

아마도 이러한 미국 계속교육의 특징은 급변하는 환경 속에서 새로운 발전을 모색해 내기 위한 불가피한 선택이라고 볼 수 있으며, 또한 시민 개개인의 역량을 제고시키기 위해서 학교와 교육이 지녀 온 전통적인 권위를 포기한 혁신의 결과라고 해석된다.

2) 영국의 실태

오랜 민주화 역사를 지닌 영국에서, 성인에 대한 계속교육은 노동자 계층의 단합과 이들의 시민의식 향상에 기여하는 측면에서 대두되었다. 대략 20세기 초반부터 부각된 영국의 계속교육은 초기에는 노동 현장을 중심으로 생존권 보장을 위한 자본가에 대한 투쟁 수단으로 전개된 경향이 있다.

그러나 오늘날 영국의 계속교육은 과거와는 다른 것 같다. 주 OECD대표부 황호진 서기관이, 영국교육노동성의 의회에 대한 자문보고서인 「학습시대(The Learning Age)」(1998)를 기초로 작성한 「평생학습체제 구축에 관한 정책대안」(1998) 자료와, 주한 영국문화원의 자료를 중심으로 볼 때, 'further education'으로 표기되는 영국의 계속교육은 실무중심의 직업교육으로 운영되고 있다. 그러하기에 영국에서는 일반 직장인 뿐만 아니라, 고등학교 재학생과 졸업생 및 대학졸업생까지도 활발하게 계속교육에 참가하고 있다.

현재 영국의 대표적인 계속교육기관은 직업교육칼리지(Further Education College)라고 볼 수 있다. 직업교육칼리지는 그 성격이 전문 직업교육기관이지만 학교로 분류되고 있으며, 개인과 기업의 수요변화에 맞추어 교육과정을 탄력적으로 운영하고 있다. 또한, 기업가/고용주, 지방교육청, 지역조직, 민간훈련공급자와 협력하여 취약 계층에 대한 교육기회 확대에도 성과를 거두었다.

직업교육칼리지 학생 가운데 16~18세의 청소년이 약 20%를 차지하고 있으며, 성인이 시간제 학생인 반면에, 16~17세 청소년은 학교보다 직업교육칼리지에서 전일제로 공부하고 있다. 이 칼리지는 계속교육기금위원회(Further Education Funding Council), 스코틀랜드교육산업부(Scottish Office Education and Industry Department), 북아일랜드교육부(the Department for Education in Northern Ireland)와 같은 정부의 재정지원을 받는 공립 교육기관이다.

한편, 영국에서 직업기술 자격증을 수여하는 기관으로는 'City & Guilds', 'Edexcel Foundation', 'London Chamber of Commerce and Industry Examinations Board(LCCIEB)'와 'Royal Society of Arts(RSA)'가 있는데, 'City & Guilds'에서는 주로 정보 기술(information technology), 건축, 미용(hairdressing), 케이터링(catering), 사회 보건(health and social care) 분야의 자격증을 수여한다. 그리고 'Edexcel Foundation'에서는 주로 마케팅, 비즈니스, 공학(engineering), 관광과 레저 분야의 자격증을 수여하고, 'London Chamber of Commerce and Industry Examinations Board(LCCIEB)'에서는 주로 금융, 정보 기술, 비서학(secretarial), 언어, 마케팅 분야의 자격증을 수여하며, 'Royal Society of Arts(RSA)'에서는 주로 경영, 비즈니스, 정보 기술, 언어, 소매(retail), 금융, 사무기술(keyboard and office skills) 분야의 자격증을 수여한다.

위의 직업기술 자격증을 수여하는 기관은 독립기관이며 교육기관은 아니다. 직업교육은 영국 전역에 걸쳐 있는 직업교육칼리지에서 담당하고, 자격증은 위의 기관들에서 수여하는 이원적인 구조로 계속교육이 운영되고 있다.

또한, 국가자격증 제도를 평가하고 개선하는 별도의 정부 기관으로서 The Qualifications and Curriculum Authority(QCA)가 있는데, 스코틀랜드에는 이와 동일한 기능을 수행하는 Scottish Qualifications Authority(SQA)가 있다. 이 QCA와 SQA에서 모든 국가인정자격에 대한 사항을 개발하고, 교육기관을 인증하며, 산업계의 요구를 반영하고 있다.

자격증(National Vocational Qualifications, NVQ)은 특정 업무에 요구되는 실무능력에 따라서, 5등급으로 나뉘어져 있는데, 1등급은 매일 되풀이되는 일을 할 수 있는 수준을 나타내고, 2등급은 홀로 혹은 팀의 일원으로서 책임감을 갖고 보다 복잡한 일을 할 수 있는 수준을 나타내며, 3등급은 복잡한 여러 가지 일을 수행할 수 있으며 다른 사람을 지도할 수 있는 수준을 나타내고, 4등급은 기술이나 전문적인 능력이 필요한 일을 할 수 있고 다른 사람을 지도하며 수단과 정보를 전달할 수 있는 수준을 나타내며, 5등급은 다양한 업무

환경에서 여러 가지 일을 해낼 수 있고 다른 사람의 일을 계획하고 체크할 수 있는 수준을 나타낸다.

이러한 자격증(NVQ)은 업무능력 향상도와 지식과 기술을 업무에 적용할 수 있는 능력에 근거해서 평가된다. 구체적으로 말해서, 자신의 일터에서 전문 자격증을 보유하고 있는 외부 감독관에 의해 평가받거나, 직장 상사의 감독이나 개인의 실무 능력을 입증할 수 있는 포트폴리오를 통해서도 이루어진다.

황호진 서기관의 자료에 의하면, 영국의 근로인구 가운데 약 1400만 명이 NVQ 2등급 이상을 보유하고 있으나, NVQ 3등급 이상의 자질을 갖춘 인력의 비율은 만족스럽지 못한 실정이다. 그래서 영국에서는 고도의 자격을 갖춘 전문 인력에게도 전문성 개발을 통하여 기술을 지속적으로 향상시키고자 노력하고 있다.

그리고 영국에는 NVQ와 별도인 General National Vocational Qualification(GNVQ)이라는 제도가 있는데, 이 제도는 일반 사무 영역에 관련된 것으로서 대학 진학이나 취업 전에 사무에 관한 기본 지식이나 기술을 습득하는데 주안점을 두고 있다. 이 평가 역시 여러 수준으로 구분되는데, 기초(foundation), 중급(intermediate), 그리고 고급(advanced)의 3가지 수준이 있다. 이 제도에는 분야와 상관없이 각 단계마다 커뮤니케이션, 응용 수학, 정보 기술을 필수 과목으로 부과하고 있다.

이상과 같은 NVQ와 GNVQ를 'Edexcel', 'City & Guilds', 'RSA' 등에서 수여하고, 스코틀랜드에서는 이에 상응하는 SVQ(Scottish Vocational Qualifications)와 GSVQ (General Scottish Vocational Qualifications)를 SQA라는 기관에서 수여한다. 이 밖에도, 영국에는 회계, 마케팅, 은행업무, 보험, 측량, 섬유 기술 등에 대한 전문자격증 제도가 있으며, 이 자격증들은 전문기관에서 실시하는 시험과 이미 취득한 다른 자격증의 소유 여부에 따라 획득할 수 있는 것으로 대개 대학원 수준이다.

또한, 고등교육을 받지 못한 학습자를 위하여 개방대학이 운영되고 있다. 약 2백만 명 이상이 개방대학을 마쳤으며, 약 20만 명이 개방대학에서 교육받고 있다. 이들 학생의 약 3분의 2는 30~49세이고, 약 4분의 3이 전일제 고용 상태이며, 대략 절반이 여성이고, 약 5천 명 정도가 장애자이며, 대략 3분의 2 이상의 학생이 입학시 정규자격을 가지고 있지 못했지만 이 가운데 많은 학생이 학점과 자격을 취득하고 다른 교육기관에서 교육을 계속받고 있다.

대학교와 고등교육전문학교(Higher Education Colleges) 역시 근로자의 능력 개발과 신기술 보급을 위하여 노력하고 있다. 그래서 이들 학교는 나이든 근로자를 전일제 또는 시간제 학생으로 받아들이고 있으며, 다른 한편으로는 기업가/고용주에게 신기술과 높은 수준의 연구결과를 제공하고 있다.

이와 관련하여, 영국에서는 고등교육을 책임지는 국가자문기구(National Advisory Body)와 대학승인위원회(University Grants Committee)에 보고하는 계속교육위원회(Continuing Education Standing Committee)가 운영된 바가 있으며, 고등교육국가조사위원회(Nat'l Committee of Inquiry into Higher Education)에서는 1997년에 '학습사회에서의 고등교육(Higher Education in the Learning Society)'이란 보고서를 작성하였다. 근래에는 대학정보망인 쟈넷(JANET)과 슈퍼쟈넷을 설치하였다. 그 결과로 근로자의 계속교육기회가 대폭 확충되었다. 예컨대, 관리기술(managerial skills)의 개선을 위하여 MBA과정을 이수하는 학생 수가 약 3만 명으로 증가하였고, 관리 NVQ를 취득하고자 하는 학습자 수는 약 10만 명으로 급증하였다.

이와 같은 계속교육에 대한 관심과 노력은 꾸준히 있어 온 것이다. 그러한 증거는 북아일랜드 성인교육위원회(Northern Ireland Council for Adult Education)가 1980년에 「북아일랜드의 계속교육 : 발전 전략」(Continuing Education in Northern Ireland : A Strategy for Development)이라는 보고서를 발간한 것에서 찾을 수 있다. 더욱이, 영국의 계속교육은 그들의 오랜 직업교육의 전통에 뿌리를 두고 있다. 오늘날까지도 영국에서는 '현대적 도제'가 성행하고 있으며, 이 현대적 도제에 약 11만 명의 '고용주와 19세 이상 성인'이 참여하고 있다.

이 밖에도, 1997년도를 기준으로 약 800만 명의 성인이 '훈련 및 기업위원회(Training and Enterprise Councils, TECs)'를 통하여 제공되는 대학과 전문학교의 훈련과정과 야간학급 등에서 계속교육을 받고 있다. TECs는 지역인력개발에 관한 통합된 계획을 세우고 있으며, 계속교육과정, 기술동향 등에 대한 피드백을 제공하고 있다. 이와 유사한 위원회와 기관도 다양하게 운영되고 있다. 예컨대, 기초기술교육을 개선하기 위한 기초기술청(Basic Skills Agency)이 있으며, 정보기술의 활용을 장려하고 평가하는 교육통신기술위원회(BECTA)가 있고, 특정 분야의 고용주들에게 훈련분담금을 부과하는 건설업훈련위원회와 공학건설업훈련위원회가 있다.

노조연합의 하나인 UNISON은 1989년부터 학습복귀프로그램(Return to Learning Programme)을 운영하고 있는데, 이는 노조원들에게 개방대학(Open College)에서의 고등교육기회를 제공하기 위한 것이다. 한편, 국가기술작업반(Nat'l Skills Task Force)이 교육고용부의 기술과(Skills Unit)와 협력하여 미래의 기술수요를 평가하고 있는데, 국가기술작업반은 기술인력 공급을 개선하기 위해서 국가훈련기구(Nat'l Training Organizations) 및 관련 단체와 협력하고 있다.

위와 같이 유기적인 계속교육체제가 확립되어 있음에도 불구하고, 영국은 1999년에 통신기술을 이용하는 새로운 교육기관인 산업대학(University for Industry, UfI)을 설립하여 기초기술, 정보기술, 중소기업관리, 특정 산업과 서비스업에서 필요한 기술교육의 확대를 시도하고 있다. 산업대학(UfI)은 직업교육을 직접 담당하고 있으며, 대학교나 전문학교에 특정 교육과정을 위탁하기도 하고, 학생들의 교육과정 선택이나 학습방법에 대한 조언을 제공하여, 직업교육 관련 정보가 일괄제공(one-stop)되는 체제를 구축하고 있다.

또한 개인학습구좌(Individual Learning Accounts)를 만들어 계속교육을 위한 저축장려와 기금조성에 노력하고 있다. 게다가, UfI의 교육과정 및 학습시작에 대한 정보를 무료로 제공하는 전국 전화서비스 학습정보센터인 Learning Direct를 신설하였다. 이 밖에도 'BBC 방송이 주관하는 공공 교육채널인 BBC Learning'과 '교사와 학생들이 온라인으로 학습 컨텐츠에 접근하는 전국학습망(Nat'l Grid for Learning)'을 마련하였다.

위와 같은 영국의 계속교육제도는 단기간에 급조된 것이 아니라, 노동자 - 중앙정부 - 자치단체 - 전문가 - 학교 - 기업이 유기적으로 연결되어 이루어 낸 결실이라고 평가된다. 즉, 자격증 중심의 영국 계속교육제도는 산업변화와 그 시행착오 및 사회적 · 개인적 요구를 수용하는 가운데 오랜 기간에 걸쳐서 자리잡은 것이다. 그러하기에, 영국에서는 계속교육의 중심이 노동 현장에 있는 것이다.

또한, 이처럼 노동/직업과 교육을 결부지워 이해하는 전통을 배경으로, 오늘날 전 블레어(T. Blair) 총리가 교육을 최선의 경제정책으로 강조하며, 정보통신기술과 생명공학 분야에서 새로운 발전을 추진하고 있는 것으로 이해된다.

3) 독일의 실태

계속교육 관련 국내 문헌에서 미국 다음으로 자주 소개되는 나라 가운데 하나는 독일연방공화국이다. 독일은 산학연계를 통하여 뛰어난 장인을 양성하는 나라로 알려져 있으며, 특히 정밀기계공학, 의학, 첨단과학 분야에서 우수성을 인정받고 있는 자부심이 강한 나라이다.

이들의 웹 사이트를 방문해 본 바에 의하면, 계속교육(weiterbildung)을 이름으로 내건 웹 사이트들은 물론이거니와 외국인에게 독일을 소개하는 주한 독일연방공화국 대사관과 독일문화원에서조차도 세부적인 내용을 독일어로 기술하고 있을 정도이다. 아마도 이러한 특징은 독일인들이 자신들의 역사, 문화, 산업에 대하여 자긍심을 지니고 있음을 나타내는 좋은 예가 될 수 있다고 본다. 이와 마찬가지로, 독일의 교육체제에도 여타의 국가들과는 구별되는 특징이 있다.

독일의 고등교육체제를 살펴보면, 대학교는 '일반 대학교 수준의 고등교육기관', '전문대학', '미술 및 음악대학', '특수 대학'과 '사립대학' 다섯 가지로 구분되고 있다. 이 가운데, '일반 대학교 수준의 고등교육기관'이란, 종합대학교, 공과대학, 교육대학, 통합대학교 및 특수대학교(예 : 의과대학)를 말하고, 통합대학교란 일반대학 과정, 전문대학 과정, 예능대학 과정이 한 대학교 안에 개설되어 있는 대학교를 말한다.

이들 '일반 대학교 수준의 고등교육기관'은 '디플롬', '석사', '국가시험', '박사학위'를 수여할 권한을 갖고 있으며, 특히 공과대학 입학에 실습이 요구되고 있다. 그렇지만, 이들 대학교는 '학제간 협력 전공'이 가능하며, 수학기간은 평균 8~12 학기이다. 그러나 헤쎈주와 너르트라인 웨스트활렌주의 통합대학교에서는 단기수학(최소 6학기, 전문대학과정)과 장기수학(최소 8학기, 일반대학 석사과정)이 모두 가능하다.

한편, 미술 및 음악대학은 실기 시험에 합격해야 입학할 수 있으며, 특수대학은 성직자를 양성하는 신학대학을 말하고, 사립대학이란 E.A.P.베를린 경제대학, 코블렌츠 기업경영대학, 외스트리히 윙켈 소재 유럽 비지니스 스쿨, 위텐 헤어 데케 사립대학, 아일하임 비어브런넨 소재 구스타프 시웨어트 아카데미를 말한다. 이와 같은 독일의 고등교육기관은 사립대학을 제외하고 등록금이 없으며, 모든 대학이 각 연방주의 주 대학법에 따라서 자치권을 지니고 있고, 실습이나 실기가 강조되고 있음이 특징적이다.

이와 관련하여, 현재 독일에 있는 총 300여 개의 대학 가운데 전문대학이 138개교로 종합대학교(88개교)보다 수적으로 월등히 많은 것이 눈길을 끈다. 이들 전문대학(Fachhoch Schule)은 계속교육의 중심적인 고등교육기관으로서 일반고등학교나 실업고등학교 졸업생에게 기계, 전자, 건축, 경영, 정보통신, 컴퓨터, 경제 및 경영, 사회복지, 디자인, 영화와 비디오, 광고와 영상, 환경공학 등에 대한 실무 위주의 교육을 제공한다.

전문대학은 기업에서 필요로 하는 인력을 배출하는데 목적이 있기에, 전공 분야의 실무 능력과 문제해결력 제고에 주안점을 두고 있다. 그래서 전문대학에서는 지역사회의 기업, 상공회의소, 경제인연합회, 관공서, 노조 등을 파트너로 각종 연구와 협력사업을 추진하는 산학협동이 활발하다. 그렇기 때문에, 전문대학에서는 학과에 따라선 본과를 시작하기 전에 예비실습을 요구하는 경우가 있으며, 또한 수업에 따르는 실기 테스트, 소규모 수업을 하는 경우가 많다. 본과의 실습과정은 일반적으로 교육기간이 정해져 있으나, 학생의 학력과 학과에 따라서 이수 기간이 다르다. 이처럼 실무 위주로 교육을 할지라도, 전문대학을 졸업하면 '디플롬' 학위를 수여받게 된다. 특히, 전문대학이 일반대학교와 마찬가지로 자치권을 누리고 있으며, 연방주가 재정을 지원 및 운영하고 있음이 특징적이다.

위와 같은 실무 위주의 전문대학은 독일의 상공업 길드와 도제에 뿌리를 두고 발전해 왔다. 그래서 학교는 이론과 교양을 담당하고 기술 연마와 실습은 기업이 책임지며, 학교와 기업이 연계되어 있다고 하겠다. 구체적으로 말해서, 독일의 직업교육은 고등학교에서부터 시작하여 고등교육기관으로 이어지는 체제이기에, 고등학교 단계에 직업학교가 있다. 이 직업학교에 다니는 청소년들은 기업에서 주로 배우고 학교에는 1주일에 1~2일만 나와서 교육을 받는다. 이러한 교육과정이 전문대학과 연계되어, 실무 위주의 교육으로 이어지는 것이며, 또한 전문대학과 병존하는 장인학교, 고등직업학교, 고등전문학교와 같은 직업학교가 운영되는 바탕이 되는 것이다. 이 가운데, 마이스터학교라고 불리는 장인학교는, 실업고등학교를 졸업하고 수년간 제과업, 정육점, 치과기술, 판매업과 같은 분야에서 경력을 쌓은 후, 1~2년의 교육과정을 이수하고 시험을 통과하여 장인(마이스터, 기술자)의 자격을 수여받는 학교를 말한다.

위와 같이 고등학교부터 시작되는 계속교육을 지원 및 강화하기 위해서,

독일 정부는 직업교육 중 탈락 예방, 후속되는 상위 자격증 취득 지원, 직업학교 졸업자의 승진 우대, 실무중심의 직업교육과정 개발, 새로운 직종에 대한 직업교육과정 개발, 직업교육 수료자를 위한 고등교육기회 확대를 위하여 노력하고 있다.

4) 프랑스의 실태

주한 프랑스대사관 자료에 의하면, 프랑스의 교육체제는 독일과 마찬가지로 그들의 오랜 역사와 문화를 바탕으로 독특하게 발전해 왔음을 알 수 있다. 현재 프랑스의 고등교육은 '대학인 위니베르시떼', '다양한 교육과정을 제공하는 에꼴'과 '전문 직업교육기관인 그헝제꼴'의 세 가지를 중심으로 운영되고 있는데, 이 가운데 에꼴과 그헝제꼴은 프랑스가 오랫동안 발전시켜 온 직업교육제도이다.

구체적으로 말해서, 프랑스의 대학은 기초전공을 교육하고 이것의 응용을 연구하는 교육기관으로서, 1995년을 기준으로 볼 때, 프랑스 전역에 산재하는 1,475개 학과 및 연구기관들이 101개의 대학(Universite)으로 통합 · 운영되고 있다.

이에 비하면, 에꼴은 아주 개방적으로 운영되고 있으나, 직업교육을 폭넓게 담당하며, 대학 및 그헝제꼴과 연계되어 있다. 그리고 엘리트 직업교육기관인 그헝제꼴은 공립이나 사립 형태로 운영되는 고등교육기관이지만, 정부가 각각의 그헝제꼴을 직접 인정하는 제도가 확립되어 있으며, 그 교육 수준이 높고 입학 정원이 한정되어 있으며 지원 자격에 연령 제한을 두고 있다. 그헝제꼴에 입학하기 위해선 '2년 이상의 DEUG, DUT, BTS 등의 프랑스 고등교육 학위'나 이에 상응하는 학위가 있어야 하고, 서류심사 후 면접이나 필기시험에 합격해야 한다.

현재 약 6만 명의 학습자가 그헝제꼴 입학을 위해 1~2년 과정(보통 2년)인 그헝제꼴 준비반(CPGE)에 등록하고 있다. 이 준비반에 들어가기 위해선, 바깔

로레아(대학입학자격시험) 성적이 일정 수준 이상이어야 하고, 고등학교 최종 학년의 성적표와 교사 의견서를 제출해야 한다. 그헝제꼴 준비반에서는 기업 및 기타 사회조직의 요구에 부응하는 교육을 하고, 다른 한편으로는 대학과 연계될 수 있는 교육을 하지만, 학습자가 지원할 그헝제꼴에 따라 교육내용이 다르다. 특히, 그헝제꼴 준비반 1년차 과정에서의 성적에 따라 2년차 과정이 분반되고, 이에 따라서 교육내용과 지원하게 될 그헝제꼴 및 학과가 대체로 결정된다.

그헝제꼴의 교육기간은 3~4년(보통 3년제)이지만, 이공, 인문, 행정, 상경, 농업, 식품, 수의학, 군사 분야의 실무 교육에 치중하기 때문에, 5~6년을 공부해야 졸업할 수 있는 경우가 흔하고, 대학보다 학업 연한이 대체로 2~3년이 더 길다. 이처럼 교육 수준이 높기 때문에, 그헝제꼴의 졸업생들은 관공서와 기업의 간부 및 엔지니어로 많이 진출한다.

이런 이유에서, 우수한 학생들이 그헝제꼴에 지원하고 있으며, 프랑스의 영재들은 그헝제꼴을 통하여 배출된 경우가 많다. 예컨대, 파리고등사범학교(Ecole Normale Superieure)는 파스퇴르와 베르그송과 같은 석학을 비롯하여 노벨물리학상 수상자인 삐에르-질르 드 젠느를 배출하였고, 에꼴 폴리테크닉(Ecole Polytechnique)은 1794년 개교 이래 200여 년 동안, 프랑스 산업계, 학계와 행정부의 과학 기술 엘리트를 배출하였다.

한편, 직장에서 근무하는 성인들이 대학, 에꼴, 대중 교육기관인 CNAM(Conservatoire National des Arts et Metiers), 지역 회관에서 교육을 받는 계속교육 제도가 확립되어 있다. 이러한 계속교육은 '국가 엔지니어 과정', '테크니션을 위한 계속교육', '직업교육학교에서의 계속교육', 그리고 '비학위과정의 계속교육'으로 구분되고 있다. 이들 계속교육 과정은 엘리트 직업교육인 그헝제꼴과는 정반대로 일정 연령 이상의 성인에게만 입학을 허락하는 경우가 많다.

국가 엔지니어(Ingenieur diplome par l'Etat, Ingenieur DPE) 자격은 1934년에 제정된 엔지니어 학위 규정에 따라서 교육부가 수여한다. 등록일 기준으로

35세 이상이며 5년 이상의 실무 경력이 있어야 국가엔지니어를 신청할 수 있다. 또한 국가엔지니어를 수여받기 위해선, 교육부 서류 심사 후 지정된 에꼴에서 4~5인으로 구성한 심사위원회(교수 2인과 엔지니어 2~3인)가 시행하는 면접(활동과 업적 중심)과 리포트 심사(실무 보고서 심사)를 통과해야 한다. 이 두 시험을 통과하면, 교육부 장관이 서명하고 전문분야를 기재한 자격증이 수여된다. 현재 프랑스에서는 38개의 에꼴에서 이 제도를 시행하고 있으며, 다양한 전공을 갖추고 있다.

'테크니션을 위한 계속교육'이란 에꼴이 엔지니어 자격을 수여하는 계속교육과정을 말한다. 이에 지원하기 위해선 DUT나 BTS의 자격을 소지하고 있어야 하고, 또한 3년 이상의 실무 경험이 있어야 한다. 이 교육과정은 2기로 나뉘어 진행되는데, 6~18 개월이 소요되는 1기 과정은 지원자가 기업에서 실무에 종사하면서 진행되며, 1기를 마친 이후에야 에꼴에 공식적으로 입학이 된다. 1기 과정에서의 교육은 통신교육, 주말이나 야간교육, 주중의 일정 요일교육 등 에꼴에 따라 다르다. 2년이 소요되는 2기 과정에서는 에꼴에서 일반교육과 전공교육을 받게 되며, 에꼴에 따라서는 실습교육의 일부를 기업에 위임하는 경우가 있다. 이 2기 교육이 끝나면, 에꼴의 일반 학생들과 동일하게 엔지니어 자격증이 수여된다. 에꼴은 이러한 과정을 운영하는 경비를 교육부로부터 지원받고 있으며, 교육 이수 후 전직을 희망하는 학생은 2기 과정 초에 구직 신청을 할 경우 최종 임금의 70%에 해당하는 급여를 2년간 정부로부터 지급받는다.

CNAM(Conservatoire National des Arts et Metiers)은 프랑스에서 가장 규모가 큰 기술교육기관이다. 교육은 강의와 실습으로 이루어지며, 강의는 야간 또는 토요일에 진행되는데, 시험에 통과하면 1학점 또는 1/2 학점을 취득하게 되며, 1년에 3학점까지만 취득할 수 있다. 강의에서 1학점을 취득하기 위해서는 대략 주당 2시간의 수강과 2시간의 실습 및 6시간의 자습을 해야 한다.

CNAM에서의 교육은 3기로 나뉘어 진행되는데, 3~4년이 소요되는 1기 과정은 대학입학자격증(바깔로레아)만 소지하고 있으면 전공이나 경력에 관계없이 입학이 가능하고, 1기 과정에서 7학점을 취득하면 DPST(기술1기학위증)을 받는다. 2~3년이 소요되는 2기 과정에서 6학점을 취득하면, DEST(기술고등연구학위증)을 받게 된다. DPST와 DEST 취득 후 시작되는 3기에서는 1학점을 이수하고 전공 분야의 실무 경험이 충족되면 엔지니어 자격증을 수여한다.

CNAM에는 화학, 생물학, 전기학, 전자학, 자동화공학, 에너지학, 재료공학, 수학, 전산학, 기계공학, 물리학, 기상학, 구획정리 및 평가학, 핵공학, 건축학, 경제학, 기업학 등의 학과가 개설되어 있으며, 외국 유학생을 대상으로 하는 박사과정도 운영되고 있다.

이 밖에도, 농업 관련 엔지니어를 양성하는 INPSA(Institut National de Promotion Superieure Agricole)라는 계속교육기관이 있다. INPSA에는 농업기술엔지니어(ITA) 과정과 농식품산업기술엔지니어(ITIAA) 과정이 설치되어 있다. 이 계속교육기관에 입학하기 위해선 'BTS자격 및 3년 이상의 실무 경력', 또는 '5년 이상의 실무경력'이 있어야 하고, 25세 이상이어야 한다. INPSA에서는 전일제로 약 2년간 교육을 하는데, 공통과목 수강에 16개월, 선택과목 수강에 2개월, 과제 및 보고서 작성에 5개월이 소요된다.

또한, 전산학 및 생산공학 분야에서 활동하는 테크니션을 대상으로 계속교육을 실시하는 CESI(Centre d'Etudes Superieures Industrielles)라는 교육기관이 있다. CESI에서는 시험을 통하여 학생을 선발하여, 2년간 전일제 교육을 실시한다. 특히, 대부분의 에꼴에서는 기업에서 파견되었거나 일자리를 구하는 사람들을 위하여 단기 연수프로그램을 운영하고 있다. 이러한 프로그램은 기업의 요청에 따라 집중적으로 연수시키는 단기 과정이 있고, 또한 대학입학자격 취득 후 2년 정도 학력이 있는 성인에게 600~1200 시간 에꼴의 전공을 교육시키는 중기 과정도 있다. 그리고 원격교육(방송통신교육)도 운영되고 있는데, 이 교육은 대학부설 통신교육센터나 국립원격교육센터(CNED)가 맡고 있으며, 학위나 자격증을 준비하는 과정을 개설하고 있다.

한편, 에꼴이나 그헝제꼴과 구분되는 전문직업교육도 있다. 이런 직업교육은 항공학, 준의학(언어치료, 시력교정, 청력보철, 심리치료), 건축, 군사 및 경찰 분야, 응용미술(국립고등미술학교, 국립 및 지방학교, 응용고등미술학교), 무대미술(연극학교, 인형극학교), 음악(음악원, 국립음악학교, 대학 음악학과), 무용, 시청각 분야(사진, 컴퓨터그래픽, 영화), 박물관 · 문화재 · 미술품 복원, 저널리즘, 통 · 번역을 가르치는 계속교육이다. 이러한 교육은 교육기간이 다양하고, 국립과 사립이 모두 있으며, 교육부가 승인하는 학위를 수여하는 경우가 있는 반면에 그렇지 않은 경우도 있다.

앞에서 알 수 있듯이, 프랑스에서는 고등교육 내지 전문 직업교육을 희망하는 학습자들이 자신의 조건에 따라서 교육을 받을 기회가 다양하게 마련되어 있다. 이러한 교육을 시행하는 교육기관은 대체로 정부의 교육연구부 소속이지만, 학생선발 · 교육과정 · 인사 · 운영은 자율성을 지니고 있으며, 교육기간 동안 학생에게 재정 보조와 문화 활동과 생활에 실제적으로 도움이 되는 혜택을 주고 있다.

5) 일본의 실태

일본 대학의 계속교육을 (1) 대학공개강좌, (2) 대학통신교육, (3) 방송대학, (4) 전문학교(Specialized Training Colleges), (5) 단기대학(Junior Colleges), (6) 공과대학(Colleges of Technology), (7) 대학(Universities)으로 나누어 살펴보면 다음과 같다(김도수, 1997; 한상길, 2001).

첫째, 대학공개강좌는 대학의 학문적 연구성과를 사회와 시민들에게 개방한다는 측면에서 지역주민의 교육수요 충족과 대학의 평생교육이념 실천에 기여하는 바가 크다. 일본의 대학개방은 문부성이 위촉한 국 · 공립대학의 공개강좌가 중심이 되어 전개되었다. 즉, 1950년대 후반에 들어와 산업발전과 함께 고등교육에 대한 성인들의 급증하는 교육요구에 부응하여 농민대학,

생산대학, 부인대학 등과 같은 명칭의 강좌가 개설되었다. 1960년대 후반에는 대학과 지방교육위원회가 협력하여 대학개방강좌가 공식적으로 열리게 되었고, 특히 1968년 대판대학과 대판시 교육위원회의 협력에 의해 개설된 대학개방강좌가 우수한 평가를 받으면서 각 대학들의 개방강좌 개설이 늘어났다. 그럼에도 불구하고, 대학의 독자적인 개방강좌 개설은 1970년대부터라고 볼 수 있다. 1973년 東北대학이, 1976년 金澤대학이, 1978년에는 香川대학이 각각 대학개방교육센터를 설치하여 본격적인 개방강좌를 개설하였다. 이로부터 1986년에는 338개 대학에서 2,511개 개방강좌를 개설하여 330,486명이 수강하였다.

둘째, 대학통신교육은 시간적 · 지리적 · 공간적으로 제약이 많은 성인들에게 고등교육 기회를 제공하고 있다. 〈강의록을 통한 준학교 형태의 통신교육〉은 1945년부터 시작되었다. 그리고 〈방송을 통한 방송통신교육〉은 1950년부터 시작되었다. NHK방송이 1963년에 라디오를 통한 통신강좌방송을 열었고, NHK방송국이 통신고등학교를 설립하였다. 그 후 10년간 14,402명의 학생이 통신교육을 통하여 고등학교 졸업장을 취득했다. 방송교육을 개설한 최초의 대학은 법정대학으로서 1947년에 실시하였다. 1948년에는 중앙대학이 1949년에는 일본여자대학과 일본대학이 각각 통신교육과정을 개설하였다. 대학통신교육의 교육방법은 우편, 전화 등의 통신매체를 이용하는 방법과 출석을 통한 직접적인 면접지도 방법이 있다.

2002년 문부성 자료에 의하면, 고등학교 통신교육과정을 제공하는 기관수는 128개이고 이들 교육기관에 192,092명이 재학하고 있으며, 전문대학 통신교육과정을 제공하는 기관수는 10개이고 이들 교육기관에 24,922명이 재학하고 있고, 대학 통신교육과정을 제공하는 기관수는 28개이고 이들 교육기관에 225,911명이 재학하고 있으며, 대학원 통신교육과정을 제공하는 기관수는 14개이고 이들 교육기관에 1,804명이 재학하고 있는데, 일본의 전문대학 · 대학 · 대학원 통신교육과정을 제공하는 기관이 모두 사립인 것이 특징적이다.

셋째, 방송대학은 모든 연령층의 교육요구를 충족시키기 위하여 설립된 전형적인 개방형 고등교육기관이라 할 수 있다. 방송대학은 1967년부터 오랜 준비과정을 거쳐 1981년에 정식으로 설립되었으며, 1985년에 첫 개강을 하였다. 일본방송대학의 특성은 "장기간의 계속적이고 치밀한 준비와 정부의 적극적인 재정 지원", "방송교육개발센터의 동일구내 설치로 인한 협력관계 수립", "방송교육대상지역이 동경과 그 주변지역에 국한됨", 그리고 "영국의 Open University의 교수 – 학습체제를 적용"하는 점에서 찾을 수 있다. 방송대학은 연간 3학기제로 운영되고 있으며, 4월 · 8월 · 12월에 입학할 수 있다. 방송대학의 교수 – 학습체제는 다른 나라의 원격교육방법과 같이 인쇄교재와 방송에 의한 수업이 중심이며, 이 밖에 통신지도에 의한 면접수업으로 보충되고 있다. 즉, 매학기 15주에 걸쳐 2단위 과목은 45분짜리 주 1회 방송되며, 재방송이 이루어지고 있다.

넷째, 전문학교(Specialized Training Colleges)란 고등학교 졸업생이 입학하는 교육기관이지만 정규학교는 아니고, 일본인들의 실생활에 필요한 직업능력과 교양을 증진시켜 주는 교육기관으로서 기술, 취미, 기예, 강습 등을 전문적으로 지도하고 있다. 그래서 일본의 전문학교는 한국의 전문대학과는 차이가 있지만 비슷한 면도 많다. 한국의 전문대학과는 달리, 졸업 후에 준학사학위를 받지 못한다. 왜냐하면 전문학교는 직업 교육을 목적으로 전문 교육기관이며, 사회생활에 원만히 적응할 수 있는 교육내용에 초점이 있기 때문이다. 교육기간에 있어서 전문학교는 1~3년 학제이지만, 통상 2년제가 일반적이며, 문부성에서 지정한 8개 분야, 즉 "공업(건축, 통신, 기계, 전기, 전자 등)", "농업(조경, 원예, 동 · 식물, 수산 및 생물학 등)", "의료(간호, 임상, 치의학, 의료보험, 지압, 침구 등)", "위생(이 · 미용, 영양, 조리, 제과 등)", "교육 · 사회복지(유아 · 아동교육, 아동 · 사회 · 노인복지 등)", "상업실무(경영, 정보처리, 경리, 회계, 관광, 각 국가별 해당어학 등)", "가정(패션, 수예, 복장 등)", "문화 · 교양(예술, 스포츠, 영상미디어, 디자인, 취미 등)"으로 통상 구분되고 있고, 최근에는 방송 · 광고, 패션, 디자인, 통역

등 다양한 분야로 확대되고 있는 추세이다.

2002년 기준으로 3,467개교에 이르는 전문학교의 교육 영역은 매우 다양하다. 심지어 라면경영 전문학교도 있을 정도이며, 21세기에 유망한 전문학교 학과로는 애니메이션 학과, 컴퓨터 그래픽 학과, 패션디자인 학과, 국제통역학과, 뷰티아트(미용예술)학과, 방송관련학과 등이 부각되고 있다. 이들 일본의 전문학교는 이론보다는 취업과 사회적응력을 높이기 위해 실용적인 전문 기술과 지식을 훈련 · 배양하는 기관이다. 학위과정이 아니기 때문에 졸업 후에 '준학사' 학위를 취득할 수 없어 대학편입은 할 수 없지만, 별도로 단기 대학과정 1년 정도를 수료하면 편입자격이 주어진다.

전문학교는 자격증 취득을 목적으로 하고 있지만, 외국인의 경우도 2년 이상 과정을 전문학교에서 졸업하면 '전문사' 자격을 취득할 수 있고, 전문사 자격을 취득하면 일본 기업에서 취업을 할 수 있도록 제도화되어 있다. 그래서 일본내 전문학교 재학생수는 해마다 늘어나고 있는 추세이다. 수업시간은 1주당 32시간 내외이며, 1년 통상 35주 정도 수업이 진행된다. 이수 기간은 요리와 이 · 미용 분야 등은 1년이고, 치 · 의학 분야는 3년간이지만 그 외의 기간은 2년이 대부분이다. 학비는 문과계의 경우 1년간 90만엔 내외이고 이공 및 예술 및 의료계는 1년간 100만엔 이상이다. 입학자격은 정규 고등학교 졸업자 또는 졸업 예정자이거나 이와 동등한 자격을 갖춘 자로서, 전형방법은 일반적으로는 서류심사와 면접으로 이루어지지만 전공과에 따라 실기 테스트, 적성검사, 영어, 수학 테스트, 일본어 시험을 요구할 수도 있다. 응시 시기는 일반적으로 매년 10월초부터 시작하여 선착순으로 정원을 마감하며, 아래의 단기대학 전형방법도 이와 비슷하다.

다섯째, 단기대학(Junior Colleges)이 위의 전문학교와 다른 점은 준학사 학위를 수여한다는 점이다. 단기대학의 설립 목적이 전문 기술과 지식을 배양하고 연구하여 직업을 구하는데 실질적인 도움이 되도록 한다는 측면에서, 단기대학은 전문학교와 큰 차이가 없다. 단기대학의 학제는 전공과정에 따라 2~3년이지만, 통상 2년제가 일반적이다. 또한 단기대학을 졸업하기 위해서는 2년제인 경우 총 62학점 이상을 취득해야 하며, 3년제인 경우는 93학점 이상을 취득해야 한다.

여섯째, 일본 정부는 공과대학(Colleges of Technology)을 전문학교, 단기대학, 대학과 분리하여 관리하고 있음이 특징적이다. 수적으로 보자면, 2002년도를 기준으로 전문학교가 3,467개교, 단기대학이 541개교, 대학이 686개교인데 비하여, 공과대학은 62개교에 불과하지만, 이 가운데 무려 59개교가 국 · 공립이며(국립 54개교, 공립 5개교), 사립 공과대학은 3개교에 불과하다. 이처럼 일본에서 공과대학은 정부와 지방자치단체의 육성과 지원 하에 일본 산업계를 이끌어 가는 중추 인력을 양성하고 있다.

일곱째, 대학(Universities)은 국립, 공립, 사립의 세 종류로 나뉘는데 국립이나 공립보다 사립이 월등히 많고 총 숫자는 2002년 기준으로 686개이다(사립 512개교, 국립 99개교, 공립 75개교). 대학의 수는 단기대학보다 적으며, 전국에 걸쳐 약 3,000여 개가 있는 전문학교에 비하면 아주 적은 실정이다. 대학의 학제는 일반학과 4년제, 의학 분야 6년제로 되어 있으며, 국립대학 야간학부의 경우는 5년제이다. 일반 학과 4년 동안 2년은 교양 과정을 이수하고, 2년은 전공과정을 이수하도록 되어 있다. 일본의 대학은 단기대학 졸업자나 다른 대학의 1 · 2 학년 이수자 또는 다른 대학 졸업자를 편입으로 받아들이고 있다. 입학시험은 각 대학별, 학부, 학과에 따라 요구하는 시험이 다양하다. 시험은 서류심사 이외에 면접, 작문, 학과시험, 실기시험, 적성검사 등이 있다. 이들 시험 점수는 학교에 따라 평가 방법이 다르나, 종합 평가방식이 일반적이다. 입학자격은 고등학교 졸업자 또는 예정자이거나 이와 동등한 자격으로 18세 이상이어야 한다. 지원시기는 국 · 공립과 사립에 다소 차이가 있다. 일반적으로 정규 과정 시작은 매해 4월부터 시작되기 때문에 원서 제출시기는 해당 년의 1월이고, 2월경에 시험을 치른다. 그러나 사립대학의 경우 원서 제출시기는 전년의 12월 이전부터 해당 년의 1월까지이고, 입학시험도 해당 년 1 · 2

월 사이에 보게 된다. 대학원은 2년간의 수사과정(일본에서는 석사를 수사(修士)라고 함)과 3년간의 박사과정으로 되어 있으나, 한꺼번에 묶어서 5년제로 운영하는 곳도 있다. 그러나 치 · 의학에는 수사과정은 없고 4년간의 박사과정만 있다. 수사와 박사과정은 학기 중 전공과목을 30학점 이상 취득해야 하며, 졸업시 논문심사와 졸업시험에 합격해야 학위를 수여받을 수 있다. 학위 취득 외 대학원 예비과정으로 연구생 과정이 있는데 한 학기에서 2년 정도 기간 동안 지도교수 아래에서 연구를 하게 되는 형태로 수사과정을 미리 준비하는 제도이다. 대학원에 따라서 유학생들에게 필수적으로 이 연구 과정을 이수하도록 요구하는 경우도 있다. 이 연구생 제도는 일본 내 대부분 대학원에서 시행 중이지만, 공식명칭이나 과정 등은 학교마다 다르다. 또 입학 허가 방법도 서류심사와 면접만으로 가능한 곳도 있고, 자체적으로 필기 시험을 치러야 하는 곳도 있다. 대부분의 대학원에서는 연구생 과정에 입학하기 위한 조건으로 '사전승락제'를 요구하고 있다. 이 '사전승락제'란 지원 대학 내에서 지도교수를 선정하여 그 분의 사전 승낙을 받는 것이다. 사전 승락을 받기 위해서는 임의로 선정한 교수에게 자기소개서, 대학의 성적, 졸업증명서, 교수나 학장 및 총장 추천서를 첨부하고 충실한 연구계획서를 함께 동봉해 자신의 지도교수가 되어 주길 요청해야 한다.

일본은 우리나라와 마찬가지로 미국식 교육제도를 따르고 있지만, 그들 나름대로 독특한 특징을 지니고 있다. 문부성의 2002년도 자료를 중심으로 볼 때, 일본 대학 성인평생교육의 주된 특징은 (1) 비학위 직업교육을 하면서도 번창하는 전문학교, (2) 사립 중심의 통신교육, (3) 국립 중심의 공과대학에 있다고 파악되는데, 일본 대학 성인평생교육의 특징, 배경과 한계에 대하여 약술하면 아래와 같다.

일본 대학 성인평생교육의 특징은 다음과 같다.

첫째, 비학위 직업교육이라는 점이다. 일본의 전문학교는 한국의 전문대학과는 달리, 졸업 후에 "준학사학위"를 수여하지 않는다. 더군다나 학비가 문과

계의 경우 1년간 90만엔 내외이고 이공 및 예술 및 의료계는 1년간 100만엔 이상인데도 불구하고, 2002년 기준으로 일본에는 3,467개교에 이르는 전문학교가 있으며, 그 교육 영역은 매우 다양한 분야로 확대되고 있고, 재학생 수도 늘어나고 있는 추세이다.

둘째, 사립 중심의 통신교육이라는 점이다. 2002년 문부성 자료에 의하면, 일본에서 전문대학 통신교육과정을 제공하는 기관수는 10개이고 이들 교육기관에 24,922명이 재학하고 있으며, 대학 통신교육과정을 제공하는 기관수는 28개이고 이들 교육기관에 225,911명이 재학하고 있으며, 대학원 통신교육과정을 제공하는 기관수는 14개이고 이들 교육기관에 1,804명이 재학하고 있는데, 일본의 전문대학 · 대학 · 대학원 통신교육과정을 제공하는 기관이 모두 사립인 것이 특징이다.

셋째, 국립 중심의 공과대학이라는 점이다. 일본에서는 공과대학을 전문학교, 단기대학, 대학과 분리하여 관리하고 있음이 특징적이다. 2002년을 기준으로 볼 때 전체 대학 686개 가운데 공과대학은 62개교이나 국 · 공립대학이 59개교를 차지하고 있다. 일본산업계를 이끌어가는 핵심인력은 이들 대학을 중심으로 양성되고 있다.

한편, 일본 대학 성인평생교육의 배경은 다음과 같다.

첫째, 학습기회 확장을 추구한다는 점이다. 널리 알려진 바와 같이, 평생교육(life-long education)이라는 용어는 1965년 유네스코의 성인교육추진 국제위원회에서 렁그랑(Paul Lengrand)이 구상한 개념으로서, 1970년에 「평생교육입문」이라는 저서를 발표한 후 평생교육의 개념을 정의하였다. 즉, 평생교육은 인간의 삶의 질 개선이라는 이념추구를 위하여 태교에서부터 시작하여 유아교육, 아동교육, 청년교육, 성인교육, 성인후기교육, 노인교육으로 수직적으로 통합한 교육과 취학전 교육, 사회교육, 학교교육을 수평적으로 통합한 교육을 총칭하는데, 이 평생교육 개념이 국제적으로 알려진 것은 1972년 동경에서 개최된

제3차 세계성인교육회의 이후의 일이며, 우리말로 평생교육으로 번역되는 lifelong education을 일본어로는 생애교육(生涯敎育)이라 옮겨지고 있으며, 성인생애교육(成人生涯敎育)은 일본 사회의 특징을 반영하여 독특하게 발전되어 왔다. 이와 관련하여, 문부성(文部省, Ministry of Education, Culture, Sports, Science and Technology) 자료에 의하면, 문부성은 성인학습자를 위한 특별히 선택된 절차, 주간 및 야간 과정, 특별 등록 제도를 위한 시스템을 사용하여 고등교육에 대한 접근을 넓히는 것을 장려하고 있다. 또한, 문부성은 방송대학, 고등학교에서의 이수과정 등록제와 같은 새로운 학교 형태를 제시하고 있으며, 모든 학교에서 일반 대중에 대한 대학 및 그 밖의 기관과 시설에서의 공개 강좌를 운영하고 있다. 그래서 모든 사람에게 유용한 학습기회를 제시하고자 노력하고 있다. 더욱이, 생애교육의 보다 발전된 다양한 요구를 정확히 충족시키기 위하여, 문부성은 ELNET 개방대학을 제시하고 있는데, 이것은 해당 대학의 공개 강좌를 전국의 시청 공개홀과 다른 지역으로 전해 주고자 인공위성 통신을 사용하는 것이다. 이처럼 문부성은 일본 지역사회에서의 학습교환을 위하여 이용 가능한 사회교육시설로의 다양한 학습 기회를 확장시키는 것을 돕고 있다.

둘째, 일본 노동성의 직업능력개발 관리가 있다는 점이다. 일본에서는 비즈니스커리어 제도를 통해 화이트칼라의 직업능력을 객관적으로 평가하고 능력개발을 유도하고 있다. 즉, 비즈니스커리어제도는 일본 노동성이 1994년에 화이트칼라의 직업능력을 공정하게 평가하고 직업능력의 향상을 지원하기 위해 만든 제도이다. 이 제도에서는 화이트칼라의 직무를 “인사 · 노무, 능력개발”, “경리 · 재무”, “영업 · 마켓팅”, “생산관리”, “법무 · 총무”, “홍보 · 광고”, “국제비즈니스”, “정보 · 사무관리”, “연구개발특허”, “경영기획”의 10분야로 나누고, 각 직무 분야를 다시 초급, 중급, 상급으로 나누어 그 매트릭스를 통해 30개의 유니트를 구성한다. 각 유니트에는 필요한 직무능력의 내용과 수료에 필요한 교육훈련 프로그램이 정하여져 있는데, 이러한 프로그램을 수강한 후 시험에 통과하면 자격을 인정한다. 1995년도의 합격자수는 약 1,700명이고 97년도에는 101개의 민간교육훈련기관 등이 행하는 3,128강좌가 이 제도의 대상으로 인정되고 있다. 비즈니스커리어제도하에서 화이트칼라 노동자는 직무의 전체상을 파악하면서 각 유니트별로 어떠한 전문지식과 능력이 필요한가를 단계적, 체계적으로 파악할 수 있다. 물론 업종, 업태, 기업규모 등에 따라 기업마다 필요로 되는 업무나 지식, 능력은 가변적이지만 전체에 공통되는 범용적인 부분이 반드시 존재한다. 비즈니스커리어제도의 최대의 특징은 그러한 공통적, 범용적인 전문적 지식, 능력을 습득할 수 있는 점에 있다. 기업은 비즈니스커리어제도의 교육훈련 프로그램과 기업독자의 실무교육(OJT, Off-JT)을 조합하여 효율적인 능력개발을 꾀할 수 있다.

셋째, 성인평생교육 대학에 대한 기업의 자금지원이 있다는 점이다. 일본의 기업들은 직업인의 재교육 사업을 실시하는 대학에 자금을 지원하고 있다. 구체적으로 말해서, 일본 기업의 연합체인 경단련(한국의 전경련에 해당)이 중심이 되어 기업들의 자금 협력을 받아 "첨단 기술자 육성 트러스트(1990년)"를 설립하여 재교육 사업을 실시하는 대학을 지원하고 있다.

넷째, 일본 대학들의 자발적인 성인평생교육 활동이 있다는 점이다. 일본청년봉사협회(JYVA, Japan Youth Volunteer Association)는 대학생 성인을 비롯하여 중 · 고교의 청소년에 이르기까지 사회봉사활동을 활성화하기 위한 단체로서, 봉사활동에 관한 각종 교재, 슬라이드, 영화를 제작하여 보급하거나 대여하고 있다. 또한 청소년자원봉사지도자들을 초청하여 매년 연수를 실시하고 있는데, 우리 나라에서도 매년 사회복지계에 근무하는 직원들이 참가를 하고 있다. 일본청년봉사협회는 영어의 앞머리 글자(Initial)를 발음하여 일본에서는 지바(JYVA)라고 불리워지고 있다. 또한, 성인학습자를 위한 대학원 학위과정 프로그램을 개설하고 있다. 예컨대, 나고야 대학(Nagoya University)은 성인학습자를 위한 수사(석사)학위 프로그램을 운영하고 있는데, 이 대학원 프로그램은 생애교육, 심리학, 상담과 심리요법 세 가지 코스로 구성되어 있다.

일본 대학 성인평생교육의 한계로서는 첫째, 일본 대학의 폐쇄성과 교육제도의 경직성이 제시될 수 있고(한상길, 2001), 둘째, 교수회의 집단 이기심이 제시될 수 있다.

특히, 일본 대학이 성인평생교육기관으로 소임을 다하는 것을 저해하는 한 가지 조건은 국립대학은 물론 사립대학에도 경영자가 없는 경우가 대부분이라는 점에서 찾을 수 있다. 일본 대학에는 이사회는 있지만 이것은 장식품에 불과하고 입시 · 교무사항으로부터 교수채용, 인사, 수업료 인상, 총장(일본은 학장) 선출에 이르기까지 실질적인 의사결정을 교수들의 집단인 교수회에서 하는 경우가 많다. 대학을 기업으로 가정하면, 이것은 종업원인 교수들이 사장에 해당하는 총장까지 선거로 결정하고 모든 것을 관리 · 운영하는 종업원 기업에 가까운 형태이다. 이렇게 되면, 대학은 시장의 동향과 교육수요자의 요구에 따라 유연하게 대응할 수 있는 교육기관으로 변하기 어렵고, 개혁이 이루어지는 경우에도 교수들의 요구를 중심으로 대학을 변화시킬 가능성이 높다.

6) 한국의 실태

한국에서는 계속교육이 '실업계/미진학/무직 청소년과 성인 실업자를 위한 교육기회의 확대'와 '근로자를 위한 연수 내지 보수교육과 전문 학사과정'을 중심으로 추진되어 온 경향이 있다. 불과 수년 전까지 한국에서는 계속교육이 실업계 고등학교, 전문대학, 방송통신대학, 개방대학, 독학학위제, 기능대학을 중심으로 논의되었으며, 이러한 경향은 교육개혁위원회 제3차 대통령 보고자료(1996. 2. 9)의 다음과 같은 문구에서도 확인이 가능하다.

(1) 계속교육 기회의 부여

"실업계 고등학교 졸업생에게 고등직업교육의 기회를 제도적으로 보장한다." "10년간 국민공통기본교육을 이수한 자에게 계속교육 기회를 제공하기 위하여 희망하는 고등학교는 고등학교 2~3 학년 단계의 직업교육과정을 전문대학(2+2), 개방대학(2+4) 등의 교육과정과 연계하여 운영할 수 있다. 이러한 과정을 이수한 고등학교 졸업자는 해당 대학에서 학생 선발시 우선하여 선발한다"('제1장 교육개혁방안Ⅱ'의 '제1절 신직업교육체제 구축'의 '가. 고등학교 단계 직업교육의 다양화').

"실업계 고등학교 졸업자, 비진학 청소년, 그리고 일반 성인을 중심으로 계속 직업교육 기회를 확대하는 방향으로 전문대학, 개방대학, 기능대학이 각각의 특성을 살리도록 지원한다."

(2) 전문대학 직업교육의 강화

"전문대학이 고등학교 교육과 연계하여 중소기업 등 산업 현장에 필요한 중견 전문 인력을 양성하고, 고등교육 단계의 계속 직업교육 기회를 제공하는 중추적인 직업교육기관이 되도록 육성한다." "산업체 취업자의 계속교육 및 자격취득을 용이하게 하기 위하여 전문대학의 전공학과 중 수업연한이 2년인 학과의 경우 1년 과정 이내의 심화과정을 개설할 수 있도록 한다"('제1장 교육개혁방안Ⅱ'의 '제1절 신직업교육체제 구축'의 '나. 전문대학, 개방대학, 기능대학의 직업교육 활성화').

(3) 신대학 도입의 배경과 특징

"주요 선진국에 비해 낮은 수준에 머물고 있는 성인 경제활동 인구의 전반적인 교육수준을 획기적으로 높이기 위하여, 직업 현장을 떠나지 않고도 계속교육을 받을 수 있도록 새로운 유형의 신대학을 도입한다. 현장중심, 프로그램 연계체제(Program Network System)로 운영되는 신대학은 기존 직업교육기관과 다른 특징이 있다."

(4) 신대학의 유형

"신대학은 실업계 고등학교 졸업자를 위한 계속 직업교육과정으로서 산업학사과정과 전문대학 졸업자를 위한 계속 직업교육과정으로서 학사과정을 두는 두 가지 유형으로 설립 · 운영한다"('제1장 교육개혁방안Ⅱ'의 '제1절 신직업교육체제 구축'의 '다. 신대학의 도입').

"산업체에 취업하고 있는 사람들이 직업전문 계속교육을 통하여 그 분야에서의 최고 학위를 취득할 수 있도록 한다"('제1장 교육개혁방안Ⅱ'의 '제1절 신직업교육체제 구축'의 '라. 전문직업 분야의 학위제도 도입').

(5) 교육구좌제의 도입 검토

"국민의 평생교육, 특히 취업자의 계속교육을 촉진하기 위해 개별적으로 취득한 학력, 학위, 자격 등 인증된 학습경험과 학교외 교육 등에서 얻은 학습경험을 종합적으로 누적 기록 관리하고 이를 객관적으로 인증받기 위한 제도적 장치로서 교육구좌제(education account) 도입을 연구 · 검토한다"('제1장 교육개혁방안Ⅱ'의 '제1절 신직업교육체제 구축'의 '마. 평생직업교육 기반의 구축').

(6) 신대학 체제 도입 규정

"산업현장 취업자에게 고등 직업계속 교육기회를 제공함으로써 이론과 실기능력을 고루 갖춘 현장 적응 능력이 높은 산업인력 양성을 목적으로 하는 신대학의 유형, 입학자격, 수업연한, 설립기준 및 설립주체, 운영, 국가의 지원 등에 대하여 규정한다(고등교육법안 제6장)"('제1장 교육개혁방안Ⅱ'의 '제4절 교육관계 법령 체제 개편'의 '라. 고등교육법 제정 방안').

위와 같은 계속교육은 '국민의 정부'에 계승되어, 1999년에 수립된 교육개혁

10대 과제 및 교육발전 5개년 계획에 반영되었다. 그 결과, 실업계 고등학교 교육을 기초 및 일반 직업능력 중심의 '계속교육 모형'으로 바꾸고 있으며, 진학과 취업을 동시에 탐색할 수 있는 '통합형 학교'를 2000년에 도입하였고, 2003년부터는 국가 기간산업인력 양성 관련 학과 학생의 50% 이상이 장학금 혜택을 받을 수 있는 정책을 입안하였다.

또한, 산업체에 근무하는 고졸자를 위하여 전문학사 제도를 수립하였다. 이 제도는 산업체에서 18개월 이상 재직하고 있는 고졸 근로자에게 계속교육 기회를 제공하고 아울러 산업사회의 전문기술 교육요구를 충족시키기 위하여, 이들이 전문대학에 무시험 특례 입학하여 전문학사 학위를 취득하게 하는 새로운 교육제도이다.

이 밖에도, 정부가 인정하는 사설학원, 평생교육원, 대학교 등에서의 학습 경험을 학점화하여 학사학위 또는 전문학사학위를 수여하는 학점은행제가 도입되었고, 학위제도의 종류가 학문중심의 학술학위, 실무중심의 학술학위, 전문학위로 세분화되었으며, 대학원은 일반대학원, 전문대학원, 특수대학원으로 구분되었다. 이러한 일련의 교육정책은 일차적으로 학교교육 기회의 확대와 관련이 깊다고 하겠다.

한편, 그 밖의 계속교육으로는 '교원을 비롯하여 공무원과 기업근로자에 대한 연수', '의사 · 간호사에 대한 소속 기관이나 단체의 보수교육', '방화관리자 · 위험물취급기능사와 같은 각종 기술자격증 소지자에 대한 주관 단체 내지 협회의 정기교육'이 제시될 수 있다. 심지어, 종교단체에서 운영하는 계속교육 프로그램도 있다.

즉, 대한 예수교장로회 총신대학교의 '선교사 연장 교육원'의 학위과정, 제주 호스피스선교회 자원봉사자 계속교육, 세계한인선교사회의 부인선교사 계속교육, 독신선교사 계속교육, 선교사 계속교육, Diaspora 한인교회의 선교사 계속교육 프로그램이 있다.

IMF 이후에는 일반 대학 및 대학원이 전문 직업교육을 담당하는 계속교육이 나타나기 시작했다. 그러한 예로서, 서울대학교 공과대학 특별 계속교육이 제시될 수 있다. 1999년도 1학기에 시작된 이 계속교육은 실직 및 미취업 산업인력에게 전문기술 능력을 배양하고 재충전의 기회를 부여하고자 학부 및 대학원의 강의를 일반에게 개방한 것이다. 이 계속교육에 대한 지원자격은 대졸학력 이상의 미취업자이고, 서류심사와 면접으로 교육대상자를 선발한다. 이 계속교육은 강의특성과 수용여건을 고려하여 담당교수의 승인 아래 특별수강생의 자격을 부여하고, 이수생에게는 과목별로 수강증명서를 발급한다.

마찬가지로, 계속교육을 이름으로 내건 국내의 학위논문은 드물다. 이정우가 이화여자대학교 대학원 석사학위논문으로 제출한 〈도서관전문단체의 계속교육활동에 관한 연구〉(1990)와 같이, 주로 도서관의 계속교육 프로그램 개발에 관한 연구들이 시론적인 위치를 차지하고 있다.

위의 내용을 종합해 볼 때, 한국의 계속교육은 기업이나 학교로부터 소외된 계층에 대한 교육기회의 확대와 일부 특수 직종 종사자에 대한 관리를 위주로 전개되어 왔다고 볼 수 있다.

2. 국가 간 비교

앞에서 알 수 있듯이, 계속교육 실태는 나라마다 다르다. 미국의 계속교육은 정해진 형식이 없는 것이 특징이며, 이를 시행하는 기관에 따라서 그 대상·내용·방법·운영이 아주 다양하다. 그래서 미국의 계속교육은 그 범위가 성인교육보다 훨씬 넓고 평생교육과 다를 바가 없다. 미국의 이러한 계속교육은 시민 개개인의 역량과 전문성을 제고시키기 위해서, 학교와 교육이 지녀 온 전통적인 권위에 얽매이지 않은 결과라고 해석된다.

영국에서는 계속교육을 실무중심의 전문 직업교육으로 운영하고 있다. 그래서 계속교육기관은 기업 · 교육청 · 지역조직 · 민간교육담당자와 협력하고 있다. 계속교육기관으로의 입학은 개방적이며 융통성이 있으나, 소정의 교육을 이수하면 국가 공인 자격증을 수여하고 있다. 이런 까닭에, 영국에서는 고등학교 재학생과 졸업생뿐만 아니라, 대학졸업생과 일반 직장인까지도 계속교육에 참가하고 있다. 영국의 이러한 계속교육제도는 그들의 산업변화와 사회적 · 개인적 요구를 오랜 기간에 걸쳐서 수용하는 가운데 자리잡은 것으로 판단된다.

독일의 계속교육은 전통적인 상공업 길드와 도제에 뿌리를 두고 발전해 온 생애적인 전문 직업교육이라 할 수 있다. 고등학교에서부터 보통 직업교육이 시작하여, 고등교육기관이나 전문직업교육기관으로 이어지는 체제라 하겠다. 이처럼 계속교육이 연계되어 있기에, 전문대학과 병립되는 장인학교(마이스터 학교), 고등직업학교, 고등전문학교와 같은 여러 유형의 직업학교가 저마다 특성을 살린 채 공존하고 있으며, 또한 총 300여 개의 대학 가운데 전문대학이 138개교로 대학교(88개교)보다 수적으로 월등히 많다. 이들 전문대학은 지역사회의 기업, 상공회의소, 경제인연합회, 관공서, 노조를 파트너로 각종 연구와 협력사업을 추진하는 산학협동이 활발하다.

프랑스의 계속교육 역시 그들의 역사와 문화를 바탕으로 독특하게 발전해 왔다. 그러하기에, 학습자가 자신의 능력과 조건에 맞는 계속교육을 받을 기회가 다양하고, 계속교육기관은 학생선발 · 교육과정 · 인사 · 운영에 있어서 자율성을 지니고 있다. 이러한 계속교육기관 가운데, '다양한 교육과정을 제공하는 에꼴'과 '엘리트 직업교육기관이며 고등교육기관인 그헝제꼴'이 프랑스가 오랫동안 발전시켜 온 대표적인 직업교육기관이다. 또한 직장에서 근무하는 성인들은 대학과 에꼴 이외에 대중 교육기관인 CNAM과 지역 회관 등에서도 계속교육을 받고 있다.

일본 계속교육의 특징은 비학위 직업교육에서 찾을 수 있다. 일본의 전문학교는 한국의 전문대학과는 달리, 졸업 후에 '준학사학위'를 수여하지 않는다.

그럼에도 불구하고, 2002년 기준으로 일본에는 3,467개교에 이르는 전문학교가 있으며, 그 교육 영역은 매우 다양한 분야로 확대되고 있고, 재학생 수도 늘어나고 있는 추세이다.

위와 같이 미국 · 영국 · 독일 · 프랑스 · 일본의 계속교육은 서로 차이가 난다. 이 차이는 이들 국가가 저마다 고유한 역사 · 문화와 산업변화의 배경을 지니고 있는 것으로부터 비롯된 것으로 보이며, 특히 세계를 선도하는 미국의 다양한 계속교육은 그들 자신이 말하는 것처럼 '학문의 혁신'을 부단히 추구한 결과로 볼 수 있다. 또한 이들 모두와 다르게, 개발도상국에서는 계속교육이, 미흡한 학교교육을 보충하는 측면에서 전개되는 경우가 많다.

이러한 까닭에, UNESCO에서는 미국의 계속교육이 공립 및 사립기관에 의해서 제공되는 초 · 중등학교와 그 이후 교육에 대한 기회 전체를 의미하며, 이것에 의하여 모든 연령의 참석자들이 학술, 직업, 여가시간 활용과 자기개발에 참여한다고 보았을 것이다. 또한 이와는 달리, 계속교육이 아동기의 전일제 교육을 끝마친 사람에 의해서 착수되거나 이들에게 제공되는 교육으로서 성인교육(adult education)과 동의어로 쓰이는 경우도 있다고 하였을 것이다(1979, 40-41). 그리고, 자비스(P. Jarvis)는 계속교육이 전일제 학교교육을 끝마친 후에 이어지는 학습기회, 또는 생애에서 최초의 형식교육을 졸업한 후에 이어지는 학습기회를 의미한다고 보았을 것이고, 독일교육협의회(German Education Council)에서는 다양한 기간의 초기 교육을 끝마친 이후 '조직된 학습(organized learning)'의 계속 혹은 재개로서 계속교육을 정의 내렸을 것이다(Jarvis, 1990, 77).

그렇지만, 이러한 개념 정의의 차이에도 불구하고, 계속교육 실태로부터 다음과 같은 공통점이 확인된다.

첫째, 계속교육은 사회와 개인의 지속적인 교육 요구에 따라서 나라마다 다르게 운영되어 왔다는 점이다. 계속교육이란 용어만 보더라도, 평생교육 차원에서 국제적으로 통용되기 이전부터 '계속전문교육(continuing professional education)'이란 표현으로 이미 사용되고 있었다(Jarvis, 1990, 77). 마찬가지로, 계속교육이란 용어가 한국에 도입되기 이전에, 영국 · 독일 · 프랑스와 같은 유구한 역사와 문화에 바탕을 둔 자생적인 계속교육이 우리 사회에서 행해진 바가 없다고 단정할 수는 없다.

둘째, 오늘날 급변하는 환경 속에서 계속교육의 필요성은 갈수록 증가되고 있다는 점이다. 계속교육에 대한 노력은 교육 선진국이나 과학문명 선진국이라고 해서 예외가 없으며, 오히려 미국, 영국, 캐나다, 독일, 프랑스와 같이 학교교육 여건이 좋은 국가일수록 계속교육이 활발하게 잘 운영되고 있다. 그리고 교육 여건이 부실하여 학교교육에 대한 소외 계층이 문제가 되는 나라에서도 그들 나름대로 계속교육을 강조하고 있다.

셋째, 계속교육의 최종 목표는 학교교육에 이어지는 전문 직업교육에 있다는 점이다. 다시 말해서, 계속교육이 시작되는 연령, 체제, 방법, 내용은 나라마다 다를지라도, 그 궁극적인 목표는 전문 직업인 양성으로 귀착될 수밖에 없다는 것이다. 왜냐하면 계속교육은 어떠한 단계의 학교교육에 이어지는가에 상관없이, 학습자에게 보다 나은 지식, 기술, 소양을 계속 교육시켜서, 국민/조직구성원의 전문성 향상과 사회/조직의 지속적인 발전을 도모하는 것이기 때문이다.

이러한 공통점들로 미루어 볼 때, 계속교육은 현대인이 급변하는 환경 속에서 지도성과 순응성을 향상시키는데 기여할 수 있는 유용한 개념이라고 보지 않을 수 없다. 또한, 계속교육의 두드러진 특징은 이론과 현장의 연계, 즉 학교와 기업의 협동을 시도하는 점에서 찾을 수 있다. 이러한 노력은 학교의 현장경험/실습기회 부족과 산업계의 전문인력/기술인력 부족을 동시에 충족시켜서 '학교와 기업의 공영'과 '국민의 직업능력 발달'을 도모하는 제도라고 볼 수 있는데, 그러한 대표적인 예로서 산업사회로부터 비롯된 산학협동이 제시될 수 있다.

국내 학계에서는 산학협동의 기원을 영국에서 19세기경에 아동근로자에게 학교교육을 병행시킨 것에서 찾는 접근이 있고, 또한 1920년대 미국 오하이오(Ohio) 주의 신시내티(Cincinnati)에서 시행된 대학생의 사기업체 실습을 산학협동의 시초로 제시하는 견해가 많다. 그렇지만 산학협동이 사기업체와 학교의 협력과 연계라는 취지를 고려할 때, 상공업 길드와 도제에 뿌리를 두고 오랫동안 발전해 온 독일의 산학협동 계속교육기관이나 역사가 수 세기에 이르는 프랑스의 에꼴이나 그헝제꼴의 산학협동이 영국이나 미국에 비하여 그 연원이 깊다고 볼 수 있다.

이러한 산학협동이 한국에서는 일본 제국주의 시절부터 시작하여, 광복 후 경제개발 5개년 계획이 시작된 후부터 제도화된 것으로 보인다. 즉, 1963년에 산업교육진흥법(법률 제1403호)을 제정하여, 기술학교 · 고등기술학교 · 실업계고등학교 · 전문대학 · 실업계대학 또는 실업계 학과를 개설한 인문계 고등학교나 대학의 학생에 대하여 산업에 종사하기 위하여 필요한 지식 · 기술 및 태도를 습득시키는 교육을 법으로써 장려하였다(동법 제2조). 그래서 이 법에 따라서 1973년부터 산업교육을 실시하는 학교의 학생은 재학 중 일정한 기간 산업체에서 현장실습을 의무적으로 이수하게 되었다(동법 제3조의 2).

그 후 국내에서는 산업체 근로자에게 계속교육 기회를 제공하기 위해 다양한 산학협동 프로그램이 개발되어 운영되었다. 근래에는 현장실습의 필요성이 높은 전문대학과 대학교의 학과에, 현직과 학교를 순환하는 프로그램을 설치하였고, 대학과 산업체의 연구소가 협동으로 학위과정을 이수하도록 지도하는 협동학위과정도 개발되었다. 또한, 기업체가 근로자들을 전문대학이나 대학원에 위탁하여 학위과정을 이수하게 하는 위탁교육제도가 도입되었으며, 현장실습을 필요로 하는 전문대학 학과에 산업체 근로자가 쉽게 입학할 수 있는 제도를 마련하였다.

IMF 이후에는 대학 교수의 연구결과를 상품화하는 것을 지원하고 있으며, 많은 대학 안에 창업지원센타를 설치하여 대학과 기업의 협동을 장려하고 있다. 이러한 모든 노력은, 기업이 대학의 교육자원을 활용하고, 학교는 기업의 시설을 활용하면서 대학생의 취업기회를 넓히기 위한 일련의 조치라고 볼 수 있다.

위와 같은 산학협동이 계속교육 측면에서 큰 성과를 가져왔음에도 불구하고, 정보화의 대두와 더불어 개선이 필요한 부분이 있다. 이러한 개선의 필요성은, 산학협동이 학교와 기업의 구분을 전제로 하는 계속교육체제라는 점에서 발견될 수 있다. 즉, 산학협동은 학교와 기업의 이해관계가 다르기에 세세한 부분에서는 실제적으로 관리가 어렵고, 교육과정이나 교재가 없는 경우가 많다.

더군다나, 한국인이 원하건 원하지 않건 간에 상관없이, 우리에게 학습의 혁명 내지 계속교육의 혁신으로 다가오는 정보화시대의 변화에 따라서, 산학협동은 디지털화에 의한 교육방법과 운영체제의 전환은 물론이거니와 그 교육내용과 교육목적의 변경도 피하기 힘들 것으로 보인다.

부 록

각과 학습지도계획안

1. 유아교육과 학습지도계획안
2. 미술과 학습지도계획안
3. 음악과 학습지도계획안
4. 공업과 학습지도계획안
5. 가정과 학습지도계획안

1. 유아교육과 학습지도계획안

일시	2008년 월 일 요일 09 : 00~11 : 00	교사	○○유치원 샛별반 (세반)
주제	봄에 볼 수 있는 것		

기대성과	1. 식목일에 지낸 이야기를 할 수 있다. 2. 봄에 볼 수 있는 것에 대해 알 수 있다. 3. 자기가 만든 작품에 대해서 성취감을 갖는다.		
시간		활 동 내 용	준 비 물
08 : 50 ~ 09 : 00	등 원	교사는 등원하는 유아를 반갑게 맞이한다. 사물함 정리하기 : 가방, 옷, 신발을 정리한다. 출석판에 이름붙이기 : 출석판의 자기 이름 위에 사진을 붙인다. 준비해 온 이야기를 이야기 바구니에 담아 놓는다.	출석표 이야기 바구니
09 : 00 ~ 09 : 30	이야기 나누기	'즐거운 아침' 노래를 하며 자리를 정돈한다. 아침인사 노래를 한다. 교사 : 사랑하는 얘들아 반갑다. 오늘은 우리가 처음 만나니 반갑다 얘들아. 유아 : 사랑하는 선생님 반갑습니다. 오늘은 우리가 처음 만나니 반갑습니다. 선생님이 하루 일과를 소개한다. 이야기 나누기→계획하기→자유선택활동→정리 정돈 및 회상하기→새 노래 배우기→동화→정리 및 회상→귀가지도 식목일에 무엇을 했는지 유아들에게 물어 본다. 교사 : 어제는 무슨 날이었니? 유아 : 식목일요. 교사 : 식목일에 무엇을 했니? 유아 : 나무를 심었어요. 산에 다녀왔어요. 엄마 아빠와 함께 꽃밭에다 꽃씨를 뿌렸어요.	

<table>
<tr><td></td><td>예상되는 상호작용</td><td>봄에 볼 수 있는 것에 대하여 유아들이 가지고 온 이야기거리를 소개한다.

유아A : 이건 개나리 꽃이야. 개나리는 봄이 되면 노랗게 피어서 봄이 된 것을 알려주지.
유아B : 무슨 색깔이야?
유아A : 노란색이야.
교사 : 우리 교실에서 이 개나리와 같은 색깔은 어디 있을까? 한 번 찾아볼까?
유아C : 피아노 커버가 노란색이에요.
유아D : 정섭이가 가져온 수선화의 색깔도 노란색이에요.
유아E : 성우 옷에도 개나리와 같은 노란색이 있어요.
교사 : 정말 그렇구나.
유아C : 어떻게 꽃이 피니?
유아A : 우리 엄마가 그러시는데 개나리는 씨를 심지 않고 가지를 잘라서 땅에다 꽂으면 뿌리가 자라서 나중에 꽃을 피우게 된대.
교사 : 너희들 그렇게 하는 것을 무엇이라고 하는지 아니?
유아 : 몰라요.
교사 : 꺾꽂이라고 하는 거란다. 우리 한 번 같이 해 볼래? (준비한 곳에 한 가지를 심어 본다.)
유아B : 그런데 개나리는 잎이 없나?
유아A : 개나리는 꽃이 핀 다음에 지고 잎이 나는 거래.
교사 : 참 신기하다. 다른 것들은 새싹이 나고 꽃이 피는데.
유아D : 아니에요. 잎이 나중에 나는 다른 것들도 있어요.
교사 : 잎이 나중에 나는 꽃들에는 어떤 것이 있을까?
유아D : 지금 이야기거리로 가지고 온 개나리요. 진달래요 꽃이 핀 다음에 잎이 나요.
유아F : 목련도 꽃이 피고 잎이 생겨요.
교사 : 너희들 참 잘 알고 있구나. ○○는 봄에 볼 수 있는 것으로 개나리를 가지고 와서 너희들에게 소개했어. ○○에게 더 궁금한 것 없니?
유아 : 없어요.
교사 : ○○에게 어떻게 칭찬해 줄까?
(이야기거리를 준비해 온 아이를 미리 아이들과 정한 방법으로 칭찬해 준다.)

* 유아들의 이야기거리 소개가 끝난 후 교사가 준비한 부직포로 만든 꽃을 손에다 끼우고 봄에 새싹이 자라고 잎이 나고 꽃이 피는 모습을 보여 준다.</td><td></td></tr>
</table>

09 : 30 ~ 09 : 45	계획하기 및 오늘의 약속 정하기	꽃이 핀 상태에서 미술활동으로 나비 만들기를 소개한다. 미술 영역 : 나비 만들기 조작 영역 : 뱀밥꽃 만들기 1. 게임판을 하나씩 나누어 갖고 '어떤 색깔이 보이게 놓을 것인지 결정한 후 뱀밥꽃 모양을 게임판 위에 모두 붙인다. 2. 순서를 정하여 바둑알을 손가락으로 튕긴다. 이 때 바둑알이 과녁판 밖으로 튀어나가면 다른 유아에게 기회가 주어진다. 3. 바둑알이 멈춘 과녁판의 숫자만큼 자기 게임판의 뱀밥꽃을 반대로 뒤집어 붙인다. 4. 자기 게임판의 꽃색깔이 모두 바뀌면 게임이 끝난다. · 약속 정하기 유치원 생활을 하며 오늘 꼭 정했으면 좋을 내용이 무엇인지 이야기해 보게 하고 다수결로 결정한다. · 계획하기	게임판 바둑알 뱀밥꽃 모양

2. 미술과 학습지도계획안

- 시 일 : 2008년 월 일
- 장 소 : 3학년 1반 교실
- 지도교사 : ○ ○ ○

1) 단원명 : 국화꽃(크레파스화)

2) 단원 설정의 이유

그림은 마음의 거울이다. 마음에 비추어진 상이 개개의 생각에 되쏘여 화폭에 옮겨진 것이 그림이다. 미술은 이런 생각을 어떻게 옮겨 나타내는 것인가를 다루는 것이다.

본 단원의 설정은 표현지도를 위하여 가을을 느끼는 아동의 감정을 표현하는데 있다고 보겠다. 흔히 볼 수 있는 우리 주위의 모든 사물에 대한 관찰과 그것을 느끼고 산다는 것은 어른이나 아이들도 다 같은 현상일 것이다. 가을이 가기 전에 이 아쉬운 맛, 국화꽃에서 좀더 가을을 맞아 고운 마음을 기르기에 도움이 될까 싶어서 이 단원을 택하여 보았다.

3) 지도 목표

(1) 이해면
- 국화꽃과 다른 꽃의 생김새의 차이를 안다.
- 무슨 꽃이고 잎은 초록색인 것을 안다.
- 연필로 데생은 완전히 한 뒤에 색칠하는 것을 안다.

(2) 기능면
- 표현의 강약을 독자적 방법으로 표현할 수 있는 능력을 기른다.
- 꽃잎은 하나하나 세밀히 관찰하여 시든 것과 싱싱한 것의 차이점을 구분하여 칠한다.
- 여러 가지 색을 칠하여 잘 어울리도록 꾸밀 줄 안다.

(3) 태도면
- 크레파스 칠을 하여 부분적으로 문지른다.
- 빈곳이 없게 완전히 칠한다.
- 배경을 잘 조화시킨다.
- 공간의 처리가 헛되지 않도록 하고 주된 물체가 뚜렷한가 살펴본다.

차시	학습문제	학습목표	학습내용	준비물 및 유의점
1	· 정물화의 의의 · 정물화의 데생 · 꽃과 잎	· 정물화에 대한 충분한 관찰 · 국화꽃의 성질 관찰	· 꽃의 데생을 제일 먼저 한다. · 국화꽃의 색의 종류를 알아본다. · 완전한 데생인가 본다.	교사 : 참고화 아동 : 도화연필 스케치북 연필
2	· 꽃의 채색 · 배경 처리	· 색에 대한 연구 · 중간색 내는 법 · 배경 처리	· 큰 면부터 시작해서 작은 면으로 칠한다. · 엷은 색구부터 칠한다.	교사 : 참고화 아동 : 스케치북 크레파스

4) 지도의 실제

- 본시의 주제 : 국화꽃의 세밀한 데생
- 일시 및 장소 : 2008년 　월 　일 제2교시 3의 1반 교실
- 본시의 목표
  - 평상시의 관찰력을 높인다.
  - 꽃의 형태에 대한 연구를 한다.
  - 원색을 피하고 중간 색만을 쓰도록 색을 연구한다.
  - 작은 작품이라도 끝까지 그리고 완성하는 습성을 기른다.
  - 개인의 작품과 자기 작품을 비교하여 비평한다.
  - 작품감상법을 연구한다.
- 본시의 준비물

  아동 : 크레파스, 스케치북, 미술연필, 교과서

  교사 : 참고화, 국화꽃 꽂은 화병

5) 본시의 활동

단계	학습문제	학습활동	지도상의 유의점	시간
도입	・분위기 조성	・자료 준비 완료 ・데생에 대한 설명 ・그릴 준비	・준비물이 완전한가 조사 후에 설명 시작	5분
전개	・배경 처리	・데생검사 받은 후 채색 시작한다. ・원색을 제외한 색만으로 충당한다. ・남이 그린 것을 참고하되 모방하지 않도록 한다.	・연필 데생이 완전할까? ・데생이 끝나면 채색 시작 ・원색 사용 금지 ・순회지도 ・여러 아동의 작품 비교감상	25분
정리	・차시예고	・그림을 채점 받고 자기 주위가 어지럽혀졌나 살핀다.	・완성된 작품 수집 ・숙제물 제시	10분

3. 음악과 학습지도계획안

- 2008년 월 일 음악과 학습지도안
- 제1학년 지도안 ○ ○ ○

1) 단원 : 얼룩 송아지

이 곡은 바장조 박자 4/4로 음성은 하아니의 일부 형식이다. 리듬적인 곡으로 따듯한 친밀감과 아름다운 느낌을 주는 곡이다. 모자간의 애정을 노래한 사랑스런 곡임을 알아야 한다.

2) 목 표

- 모자간의 애정을 노래하여 동무에 대한 애호의 정신을 기른다.
- 계명모창이나 회보놀이의 연습을 통하여 악보에 대한 도입의 준비를 한다.

- 음악적인 활동을 통해 종합적으로 취급하여 즐거운 분위기를 넓힌다.

3) 계 획

- 제1차 : 가창과 회보놀이(음정에 따르지 않고 노래한다.)
- 제2차 : 계명모창, 4박자의 박자치기(박자를 정확히 따라서)
- 제3차 : 노래와 리듬놀이(악기를 사용하여) 본시에서 취급한다.
- 제4차 : 리듬반응(노래에 맞춰 유희를 창작하여 본다.)

4) 본시의 목표

- 악기를 사용하여 리듬놀이를 한다.
- 간단한 리듬에 맞추어 움직이도록 연습한다.

5) 과 정

순서 시간	지도내용	학습활동	학습 태도	지도상의 중점	자료준비	평가
도입 전개	1. 가창, 구형, 발음의 올바른 노래법 · 리듬과 선율의 파악, 특히 리듬에 대한 이해 2. 기악합주 캐스터네츠, 심벌즈, 북을 써서 악기합주를 한다. · 악기파트 연습 · 구성과 합주 3. 기악합주의 반주로 부르는 연습 · 노래와 발상	1. 「얼룩송아지」: 소리를 같이 하여 노래한다. 2. 콩나물놀이 : 다음의 선율을 치면서 노래한다. 3. 계명모창 : 쏠쏠리쏠 미미파미레도라도쏠 4. 가사로 : 몸을 움직이면서 송아지 송아지… 얼룩송아지를 어린이에게 가르친다. 5. 악기를 사용하여 합주하여본다. · 보표로 보면서 악기 또는 범창에 맞추어 리듬	단체	· 음정을 올바르게 아름다운 소리로 리듬을 붙이는 법과 노래하는 법 · 가사의 이해, 동작의 공부, 악기를 치는 법	오르간 또는 피아노 회보 회보 합주보 캐스터네츠 목금 큰북	성난 소리를 내고 있지 않은가? 계명으로 잘 불렀는가? 독작이 잘 되었는가? 모자의 애정을 노래부르

		을 붙인다. · 리듬에 반응시킨다. 6. 소리를 맞추어 부른다. · 부르는 방식은 발음이 나 발성에 주의하여 · 송아지 : 의 촉음에 주의하여 곡의 느낌(강약)에 대하여 이야기하고 어느정도 발상을 붙인 방법으로 지도한다. 7. 다음 공부에 대한 토론	개별	발상을 붙이는 법, 입의 모양, 올바른 발음으로 부르는 법		고 사랑스러운 느낌을 맛볼 수 있었는가? 아름답게 부르는 법과 친밀감에 관심을 갖고 불렀는가?
비고	음악적인 환경으로 하여 모자의 애정을 나타내고 소의 그림을 게시해 둔다. 동무들이 사이좋게(2인조로) 놀고 있는 장면을 그린 그림이나 사진을 제시하여 두는 것도 한층 수업을 효과적으로 한다. 창작적 표현 : 동물의 우는 소리를 흉내내어 본다.					

4. 공업과 학습지도계획안

1. 시일 : 2008.　　.　　(화) 제7교시
2. 대상 및 학습장 : 제1학년 A반 60명 대강당

1) 단원 : 측량

방사법 및 전진법에 의한 평판 측량 실습

2) 단원 설정의 근거

- 토지의 경계선을 정하기 위한 측량
- 여러 가지 건설 공사에 필요한 측량
- 큰 지역에 걸쳐 나라가 시행하는 측량
- 고등학교 교육을 받은 사람으로서 이상의 정도로는 아는 데 있다.

• 학습재료의 분석적 이유 : 학습재료는 다음 기구에 의하여 실시한다.

① 도판(board), ② 삼각(tripod), ③ alidade, ④ 구심기(plumging), ⑤ 추구, ⑥ 자침함, ⑦ tape(3n) 2개, ⑧ pole(4개), ⑨ 도시, ⑩ 표침, ⑪ 연필

3) 학습목표

평판측량은 삼각을 가진 도판 위에서 alidade로서 방향을 정하고 tape로 거리를 측정하여 도판 위에 현장에서 직접 제도하는 측량법으로서 그 방법이 쉽고 신속하게 측량할 수 있으며 현장에서 즉시 오차를 발견할 수 있고 또 작은 구역의 측량이나 복잡한 시가지 등의 세부 측량에 널리 사용되므로 숙련된 측량작업을 할 수 있게 하는 데 그 목적이 있다.

4) 학습(실습) 계획

6명을 1조로 하여 10조로 편성하고 5 : 4로 학습집단을 받아 관찰평가와 실제 활동을 교대하여 실시한다.

단계	실습내용	소요시간	비고
1. 방사법	① 측점 선정 작업 ② 평판 설치법 ③ 방사 측정법	40	
2. 전진법	① 평판 설치 ② 평판 이동시 표정법 ③ 전진법에 의한 측정법	40	

5) 학습(실습) 내용

(1) 방사법

• 측량하고자 하는 구역의 중앙 부근에 평판을 설치하는 동작

- 평판을 수평으로 세우는 방법
- 지상의 측점과 도상의 측점을 일치시키는 동작
- 평판의 방위 또는 방향조정을 정확히 하는 동작
- 각 점마다 시준하고 tape로 거리를 재어 도상에 기입하는 방법

(2) 전진법
- 평판상에 전지역을 그릴 수 있도록 A 측점에 평판을 세우는 작업
- 평판을 수평으로 세우는 방법
- 평판에 방위를 결정하는 동작
- 실축과 함께 제도를 하고 오차를 발견함
- 다음 점으로 평판을 이동시켜 측정하는 동작
- 폐함 오차 조정 작업

6) 교사와 학생의 활동

지도사항	교사활동	학생활동	배당시간	비고
방사법	1. 작업순서 설명 2. 평판 설치의 정확 여부 3. 기구 조절의 양부 지도 4. 정확한 시준 여부	① 주시 ② 정준 구심 표정을 한다. ③ 각축점을 시준하여 방향선을 긋고 거리를 재어 소정의 scale로 선상에 기입 ④ 이 작업을 되풀이 하여 완성한다.	5분 5분 30분	
전진법	1. 작업순서 설명 2. 평판정치에 신속을 기하도록 지도한다. 3. 평판 이동시에 정확을 지도한다.	① 주시 ② 평판을 정치할 때 표정을 정확히 하고 신속을 기한다. ③ 측량 도중에 오차를 체크한다. ④ 폐합비를 적게 작업을 조심히 한다.	5분 5분 30분	

	4. 점선의 검사법을 검사한다.			
평가	방사법 전진법		5분	

7) 지도상 유의점

(1) 방사법

- 시준이 잘 되는 곳에 ○점을 잡아 평판을 설치한다.
- 시준시 평판이 움직이지 않도록 한다.
- 기구의 무리한 힘을 가하지 않도록 한다.
- 도지를 평판에 완전히 밀착시킨다.

(2) 전진법

- 평판 이동시 표정을 정확히 한다.
- pole을 수직으로 세우고 tape을 팽팽히 당겨서 재도록 하며 tape의 읽기를 정확히 한다.
- 측량 도중에 점선을 이용하여 정확여부를 지도한다.

8) 안정수칙

- 기구 반출시에 조심하게 다룰 것
- 실습시에 평판이나 기구에 몸을 대지 않도록 한다.
- 나사를 조정할 때 지나치게 조이지 않도록 한다.
- tape를 지면에서 약간 띄워 끌리지 않도록 한다.
- pole은 항상 수직으로 세워서 갖고 다닌다.

9) 평가 : 채점요령

구분	전진법					방사법					비고
조 별	10	9	8	7	6	5	4	3	2	1	
1. 실습태도											
2. 신속도											
3. 정확도											
4. 실습작품											

5. 가정과 학습지도계획안

- 일 시 : 2008년 월 일 교시
- 대 상 : 학교 학년 반
- 지도교사 :

1) 단원명 : 우리들의 생활

소단원 : 매일의 식사

2) 단원설정의 이유

사람은 살고 있는 동안에 체온을 유지하고 호흡, 순환, 소화, 성장, 운동 등 여러 가지 생활현상을 나타내고 있다. 이러한 생활현상으로 하여금 체내에서 분해되고 소모된 물질과 체온과 일할 때의 필요한 열과 힘을 내는 물질을 끊임없이 보급해야 한다.

이와 같은 여러 가지 필요한 물질을 우리는 음식물에서 섭취하고 있으며 음식물은 매일의 식사시간을 통하여 얻게 된다. 고로 좋은 식사, 즐거운 식사를 마련하려면 먼저 영양소와 식품이 몸에 끼치는 영양적 인식과 특징을 고려하여 합리적인 조리법과 식단작성 등을 연구하고 실천하여 즐겁고 건강의 원천이 될 수 있는 식사를 마련하는 데 도움이 되고자 본 단원을 설정하였다.

3) 학습목표

(1) 이해면

- 건강 유지상 알맞은 식사를 해야 함을 인지시킴
- 여러 가지 영양의 구실을 이해시켜 편식을 하지 않도록 지도함
- 즐거운 마음으로 식사를 해야 건강에 유익함을 이해시킴

(2) 기능면

- 식품을 선택할 수 있는 기능을 기름
- 식단을 작성할 수 있는 기능을 기름

(3) 태도면

- 식사시의 바른 태도를 기름
- 끝정리를 깨끗이 할 수 있는 태도를 기름

4) 학습지도과정(1교시 45분)

과정	학습내용	학습 활동		학습자료	시간(분)
		학생	교사		
도입		・정리 정돈 ・올바른 자세	・전시 교과내용과 본시 학습 내용과 연관시켜 동기 유발 ・문제 제시분		2
전개	・매일의 식사가 건강과 식생활에 미치는 영향 1. 영양소의 종류와 함유 식품	・식사의 중요성을 질문 ・종류를 들고 예를 들어 질문시킴 ・영양, 영양소, 식품을 구분토록 설명시킴	・종합평가 후 설명 ・부족한 점을 보충설명 후 요점 필기 ・설명, 요점필기 ・식품선택 중요성	식품 도표	40

	2. 영양소의 구실을 이해 3. 편식을 하지 않도록 4. 과학적인 조리법 연구 5. 즐거운 마음으로 식사 하도록	· 편식? · 편식을 하지 않으려면 · 요리하는 이유 · 요리할 때의 주의 · 적당한 행주감 · 행주소독	· 부엌 행주관리 · 다양성 있는 조리법 · 영양손실을 적게 하는 법 · 식품배합이 합리적이고 과학적인 조리법으로 식사를 마련해서 감사하는 마음으로 즐겁게 식사하므로 일가 단란한 시간을 가질 수 있는 점과 식사 후 뒤처리를 깨끗이 하도록 설명		
평가 정리		질문에 응하고 학습내용 재정리			2
차시 예고		다음 시간 학습내용 제시			1

참고 문헌

권건일(2006), 실기교육방법론, 경기 : 공동체.

권두승(2002), 성인학습 지도방법의 이론과 실제, 서울 : 교육과학사.

권이종(1995), 사회교육개론, 서울 : 교육과학사.

강기수(1996), 신교육학개론, 서울 : 배명사.

김경중,최인숙(1989), 유아발달심리, 서울 : 형설출판사.

김도수(1997), 평생교육, 서울 : 양서원.

김두범 외(2005), 실기교육방법론, 서울 : 학이당.

김신일(1983), 평생교육의 사회적 배경, 유네스코한국위원회 · 한국평생교육기수 편, 평생교육의 기초와 체제, 서울 : 법문사.

김선원(1992), 교육과정과 교수-학습이론, 서울 : 학문사.

김영수 외(1989), 교육방법 및 교육공학, 서울 : 교육과학사.

김영채 역(1991), 학습심리학, 서울 : 박영사.

김영환(1996), 교육방법 및 교육공학, 서울 : 학지사.

김정규(1988), 교육과정 및 교육평가, 서울 : 형설출판사.

김종서(1973), 교수과정의 분석, 서울 : 교육출판사.

김종서 외(1992), 교육학개론, 서울 : 교육과학사.

김학수(1992), 현대교수이론, 서울 : 교육과학사.

김호권(1975), 현대교수이론, 서울 : 교육출판사.

김호권 외(1994). 현대교육평가론, 서울 : 교육출판사.

나일주 · 정인성(1997), 교육공학의 이해, 서울 : 학지사.

노승윤(2006), 실기교육방법론, 경기 : 양서원.

박도순 외(1995), 신교육학개론, 서울 : 문음사.

박상호(1994), 학습지도, 서울 : 학문사.

변영계 · 김영환(1996), 교육방법 및 교육공학, 서울 : 학지사.

서명원 외(1972), 교육학대사전, 서울 : 교육과학사.

서봉연 · 송명자 역(1990), 인지발달(Flavell, J. H., Cognitive Development), 서울 : 중앙적성출판사.

송준석(2005), 실기교육방법의 이해, 서울 : 학이당.

신현정 · 김비아 역(1996), 마이어스의 심리학개론, 서울 : 시그마프레스.

심우엽(2006), 교육심리학, 서울 : 교육과학사.

양봉규 외(1985), 교육과정 교육평가신강, 서울 : 형설출판사.

유네스코한국위원회 · 한국평생교육기구 편(1983), 평생교육의 기초와 체제, 서울 : 법문사.

윤진 · 김인경 역, 아동기와 사회(Erickson, E. H., Childhood and socity), 서울 : 중앙적성출판사.

이경섭 외(1983), 교육과정, 서울 : 교육과학사.

이무근 외(2005), 실기교육방법론, 서울 : 교육과학사.

이병헌 외(2004), 실기교육의 이론과 실제, 서울 : 동문사.

이영덕 외(1973), 생활지도의 원리와 실제, 서울 : 교육과학사.

이옥형(2006), 아동 · 청년발달, 서울 : 집문당.

이재원 외(1981), 공업기술교수법, 서울 : 성안당.

이재창 외(1995), 인간이해를 위한 심리학, 서울 : 문음사.

이정균(1972), 교육심리학, 서울 : 선명출판사.

이현수(1990), 이상행동의 심리학, 서울 : 대왕사.

이현주(2009), 중학생의 연령 및 성별에 따른 맥락적 도덕지향성, 성신여자대학교 대학원 박사학위 논문.

이홍우(1977), 교육과정 탐구, 서울 : 박영사.

이홍우(1973), 인지학습의 원리, 서울 : 교육출판사.

이홍우 역(1973), 브루너 교육의 과정, 서울 : 배영사.

이훈구 역(1984), 학습심리학(Douglas, L., Hintzman), 서울 : 탐구당.

이희도 외(1983), 현대수업원론, 서울 : 교육과학사.

임채식 외(2007), 실기교육방법론, 경기 : 양서원.

윤길근 외(2007), 실기교육방법론, 서울 : 태영출판사.

조정호(2001), 정보화시대에서의 학교개선방향, 2001년도 중등요업과 1 · 2급 정교사 자격연수, 서울 : 단국대학교 사회교육원.

조정호(2003), 사이버교수법에 대한 이해, 이러닝워크샵, 경기 : 서울보건대학.

조정호(2000), 한국인의 지도성과 순응성 향상을 위한 계속교육, 한국계속교육을 위한 지조성과 순응성을 위한 시안적 연구, 서울 : 한국계속교육연구원.

조정호(2004), 삶과 교육, 서울 : 청구문화사.

조영환(1999), 질적연구 - 방법과 사례, 서울 : 교육과학사.

장혁표(1988), 생활지도의 이론과 실제, 서울 : 형성출판사.

장현갑 외 역(1992), 심리학, 서울 : 중앙교육출판사.

정원식(1976), 지력과 정의의 교육, 서울 : 배영사.
정원식 외(1975), 교과교육원리, 서울 : 한국능력개발사.
정종진(1988), 교육평가신강, 서울 : 형설출판사.
정화영 외(1985), 실기교육방법론, 서울 : 형설출판사.
천병기(1994), 현대 교수－학습지도론, 서울 : 형설출판사.
천병기(1974), 학습지도, 서울 : 형설출판사.
최용섭 · 김옥환(1972), 학습지도, 서울 : 형설출판사.
최지운(1976), 학습지도, 서울 : 학문사.
최수영 · 이태욱 역(1990), 교육과 컴퓨터, 서울 : 대광문화사.
하경표(2008), 현대실기교육총론, 서울 : 글로벌.
한방교 외(2003), 실기교육방법론, 서울 : 동문사.
한상길(2001), 성인평생교육, 서울 : 양서원.
한준상(2001), 학습학, 서울 : 학지사.
함종규(1984), 학습지도, 서울 : 문음사.
홍웅선(1989), 한국 교육이 추구하는 인간 특성, 한국정신문화연구원.
황응연 외(1983), 현대생활지도론, 서울 : 교육출판사.
황정규(1993), 학교학습과 교육평가, 서울 : 교육과학사.
황종건(1983), 평생교육의 원리, 유네스코한국위원회 · 한국평생교육기수 편, 평생교육의 기초와 체제, 서울 : 법문사.
황종건(1994), 사회교육의 이념과 실제, 서울 : 명지대학교 사회교육대학원.

Ainsworth, M.(1973), The development of infant mother attachment. In B. M. Caldwell & H. N. Ricciuti(Eds.), Review of child development research(Vol.3). Chicago : University of Chicago Press.
Ausubel, D. P., Robinson, F. G.(1968), *School Learning*, New York : Holt, Rinehart and Winston.
Bandura, A(1977), *Social learning theory*, Englewood Cliffs, New Jersey, Rentice-Hall.
Bloom, B. S., et al.(1972), *Hand book on Formative and Sommative Evaluation of Student Learning*, N.Y. : McGraw-Hill Book Co.
Bobbut, F.(1918), *The Curriculum*, Noston : Houghton Mifflin Company.
Branden. N.(1969), The Psychology of self-esteem. Los Angeles, Califonia : Nash Publishing Corporation.
Bruner, J. S.(1966), *Toward a Theory of Instruction*, Cambridge, Massachusetts : Harvard Univ. Press.
Carroll, J. B.(1963), *A Model of School Learning*, Teachers College Record, Vol, 64, No. 8.

Corey, S. S.(1959), *The american High School Today*, New York : McGraw-Hill Book Co.

Dave, R. H.(1978), *Foundation of lifelong education* : some methological aspects, dave, R. H. ed., *Foundation of lifelong education* (UNESCO Institute for education, Paris : Pergamon Press).

Dewey. J.(1938), *Experience and Education*, N.Y : The Macmillan Company(Copyright Cappa Delta pi).

Gilligan, C.(1982), In a different voice : Psychological theory and women's development. Cambridge, Massachusetts : Harvard University Press.

Gilligan, C., & Attanucci, J.(1988), Two moral Orientation : Gerder differences and stimulities. Merrill-Palmer Qauarterly.

Glaser, (ed.)(1962), *Training Research and Education*, New York : John Wiley & Sons.

Gagné, R. M.(1970), *The conditions of Learning*(2nd ed.), New York : Holt, Rinehart & Winston.

Harlow, H. F., & Zimmerman, R.(1959), Affectional responses in the infant monkey. Science, 130, 421-432.

Jarvis, P.(1990), *An International Dictionary of Adult and Continuing Education*, New York : Routledge.

Maslow, A. H.(1965), A theory of human motivation. In D. E. Hamachek(Ed.), The self in growth, teaching and learning. New Jersey : Prentice-Hall.

Skinner, B. F.(1953), *Science and Humen Behavior*, New York : MacMillan.

Tyler, R. W.(1949), *Basic principles of Curriculum and Instruction*, Chicago : The University of Chicago Press.

Watson, J. B.(1920), and Rayner, R., *Conditioned emotional reactions*, Journal of Experimental Psychology.

Wertheimer, M.(1961), *Psychomotor coordintion of ouditory and visual space at birth*, Science.

저자 소개

이지중

동국대학교 대학원 교육학과(교육학 박사)
현) 한국재활복지대 교수

이상현

동아대학교 대학원 교육학과(교육학 박사)
현) 동주대학 교수

조정호

한국학중앙연구원(교육학 박사)
현) 한국체육대학교 교수

이현주

성신여자대학교 대학원 교육학과(교육학 박사)
현) 강원대학교 · 춘천교육대학교 · 칼빈대학교 · 한양여자대학 강사

실기교육방법론

초판발행 2012년 2월 15일
3판발행 2014년 8월 25일

2014. 8.

저 자 이지중 · 이상현 · 조정호 · 이현주
발행인 김현태
발행처 태영출판사

주 소 (152-705) 서울 구로구 구로동 104-10 동남오피스텔 201호
전 화 02 · 839-3757, 839-3752
팩 스 02 · 837-3754
등 록 2005년 5월 30일 제12-421호
http://www.taeyeongbook.co.kr
E-mail tys2005@hanmail.net
ISBN 978-89-6302-080-8 93370
정 가 16,000원

* 잘못 만들어진 책은 교환해 드립니다.

NAVER 태영출판사